21世纪高等院校财经管理系列实用规划教材

Mezzoeconomics

中观经济学

（第三版）

陈云贤　顾文静　王方方　◎著

内 容 简 介

传统经济学立足于微观和宏观二元结构框架，构筑起理论体系，考察经济增长及政府与市场关系问题，却忽略了影响日益深远的中观经济层面及区域政府行为。

本书基于资源生成将区域政府作为一类市场主体引入市场经济，由此搭建起中观经济学的理论体系，并与宏观经济学和微观经济学一起构成现代经济学的三元分析框架。从中观经济学的视角来看，一个国家有研究资源稀缺条件下资源配置的微观经济学，有研究资源生成基础上资源配置的中观经济学，也有研究资源优化配置中资源利用的宏观经济学，它们三者之间相互联动，形成了前置关联、后置关联的关联效应。

图书在版编目 (CIP) 数据

中观经济学 / 陈云贤，顾文静，王方方著. —3 版. —北京：北京大学出版社，2023.9
21 世纪高等院校财经管理系列实用规划教材
ISBN 978-7-301-34672-3

Ⅰ.①中⋯ Ⅱ.①陈⋯ ②顾⋯ ③王⋯ Ⅲ.①中观经济学—研究 Ⅳ.① F015

中国国家版本馆 CIP 数据核字（2023）第 230365 号

书　　　名	中观经济学（第三版）	
	ZHONGGUAN JINGJIXUE（DI-SAN BAN）	
著作责任者	陈云贤　顾文静　王方方　著	
策划编辑	王显超	
责任编辑	赵天思　李娉婷	
标准书号	ISBN 978-7-301-34672-3	
出版发行	北京大学出版社	
地　　　址	北京市海淀区成府路 205 号　100871	
网　　　址	http://www.pup.cn　新浪微博：@ 北京大学出版社	
电子邮箱	编辑部 pup6@pup.cn　总编室 zpup@pup.cn	
电　　　话	邮购部 010-62752015　发行部 010-62750672　编辑部 010-62750667	
印　刷　者	河北文福旺印刷有限公司	
经　销　者	新华书店	
	787 毫米 ×1092 毫米　16 开本　15.75 印张　255 千字	
	2019 年 9 月第 2 版	
	2023 年 9 月第 3 版　2023 年 9 月第 1 次印刷	
定　　　价	59.00 元	

未经许可，不得以任何方式复制或抄袭本书之部分或全部内容。
版权所有，侵权必究
举报电话：010-62752024　电子邮箱：fd@pup.cn
图书如有印装质量问题，请与出版部联系，电话：010-62756370

序言

"中观经济学"概念的提出，源于20世纪70年代中叶德国的国民经济学教授彼得斯博士。20世纪80年代，中国学者王慎之出版了《中观经济学》一书，阐述了彼得斯的中观经济理念，把中观经济的研究对象概括为部门经济、地区经济和集体经济。"中观经济学"概念由此萌芽，但相关著述并没有实质性地解决世界各国相关的经济问题。

生逢盛世，我在北京大学攻读完经济学博士之后，先在微观经济领域工作，创办广发证券，并将其发展壮大为全国排名靠前的大型证券公司。之后，我转到政府部门工作，历任广东省佛山市顺德区区委书记，佛山市常务副市长、市长、市委书记、市人大常委会主任，广东省副省长。亲身经历的中国改革开放伟大实践，给予我诸多启发，我不断思考如何真正破解堪称经济学"哥德巴赫猜想"的政府与市场关系难题。伴随着对这一问题的探索与解答，我与合作者陆续出版了一系列相关著作：于2011年出版了《超前引领：对中国区域经济发展的实践与思考》，2013年出版了《论政府超前引领：对世界区域经济发展的理论与探索》，2015年出版了《中观经济学：对经济学理论体系的创新与发展》，2017年出版了《区域政府竞争》，2019年出版了《经济新引擎：兼论有为政府与有效市场》，2020年出版了《市场竞争双重主体论：兼谈中观经济学的创立与发展》。这些著作系统地介绍了中观经济学的相关内容，确立了中观经济学的理论体系。

正是自2011年以来，中观经济学系统理论陆续问世后，中观经济学才真正算得上取得了实质性的进步。中观经济学的研究起源于中国改革开放的伟大实践，力图从区域政府这一中观视角破解政府与市场关系难题，并最终为世界各国区域政府改革、创新管理理念，以及选择合适的政策工具提供指引。

中观经济学作为一门新兴学科，发展前景广阔。自2019年"中观经济学"在北京大学开课以来，课程教学产生了广泛的影响。目前，北京大学、复旦大学、浙江大学、上海交通大学等十余所高校已经开展了"中观经济学"教学，包括本科生课程和研究生课程，并且得到了很好的反响。其中，中山大学、暨南大学、广东财经大学等高校在理论经济学一级学科下设置中观经济学为二级学科，划分和确定研究方向，进行硕博研究生招生。与此同时，中山大学中观经济学研究院和广东财经大学中观经济学研究中心联动聚力，致力于从学科体系建设上系统阐释和研究中观经济学原理。总的来说，中观经济学的影响力正在逐步扩大。

自2015年本书第一版出版之后，中国经济体制改革又取得了较大进展，经济社会发展日新月异，为此我们对本书进行了修订，于是第二版于2019年出版。之后，中美经贸摩擦加剧了国际经济格局的结构性转变，2020年，新冠肺炎疫情对全球经济格局造成了巨大冲击，当今世界正经历百年未有之大变局。有鉴于此，《中观经济学》（第三版）的编撰成为应然之举。此外，结合近年来的授课经验和授课时的学生提问，第三版的编撰也显得十分必要。

《中观经济学》（第三版）的修改和增删之处主要可从结构安排、内容设置、阅读材料这三个部分加以说明。

从结构安排来看，第二版共有六章，基本结构是：导论；区域政府超前引领；"三类型"资源界定；"四阶段"资源配置；区域政府竞争；成熟市场经济"双强机制"理论。第三版根据新增加的理论内容，对第二版原有章节进行整合和扩展，调整为七章，基本结构是：导论；"三类型"资源的界定；"四阶段"资源配置；区域政府双重属性与市场竞争双重主体；区域政府竞争与政府超前引领；成熟市场经济"双强"机制理论；经济增长新引擎。

从内容设置来看，第三版在对第二版章节内容进行修订的基础上，增加了新的理论内容，主要包括：对准经营性资源中的原生性资源、次生性资源、逆生性资源三个层次的界定，区域政府供给侧的"三驾马车"，对"四阶段"资源配置的重新阐释，区域经济竞争梯度推移理论，现代市场体系的横纵划分，国家、区域、企业三者的关联效应，等等。与此同时，第三版对市场竞争双重主体、经济增长新引擎等理论采用专列章节的方式进行阐述，以凸显其理论重要性。在此基础上，为方便教材使用者更好地把握各章节的核心思想和主要内容，第三版在每一章最后的复习思考题中新增了名词解释的问题设置，并对各章节的简答题进行了修订与更新。

从阅读材料来看，第三版对每一章的阅读材料都进行了相应的修订与更新，比第二版花费了更多时间和精力去研究、收集、核实和撰写这些阅读材料，以期能够帮助学生更好地理解中观经济学理论，更好地在现实中运用或检验这些理论。

本书前两版出版后，受到了许多高校老师和学生的青睐，他们对于中观经济学的创新与理论发展给予了高度评价。作为教材的主要撰稿人，我首先要感谢合作者——广东财经大学顾文静教授，她对本书的构思与写作做出了贡献。教材的修订得到了广东财经大学中观经济学研究中心的全力支持，其中特别感谢李景海教授、陈俊副研究员和研究助理陈柯年的深度参与。广东财经大学数字经济学院院长、中观经济学研究中心执行主任王方方教授从资料查找、内容编排，一直到审阅和校对，都付出了时间和精力。汕头大学商学院研究生李宜达是王方方教授修订教材时的主要助手，全程参与了教材的校对和补充工作。对于所有关心、支持本书的老师和同学，在此表示深深的敬意！

希望通过《中观经济学》（第三版）的出版，与广大老师、学生一起研究和探讨中观经济学理论，进一步补充和完善经济学学科体系，为破解世界各国经济理论与实践中的政府与市场的关系难题找出实质性的答案，为培养具有国际视野又了解中国国情的高层次经济学人才做出新的贡献。

陈云贤

2023 年 6 月 10 日

本书主要概念

1. 资源生成：资源生成不是计划设定的产物，而是原已存在或随着时代进程客观需要存在，由静态进入动态、由非生产性进入生产性，并在其中形成经济效应的产物。

2. 可经营性资源：是指与产业发展相对应的资源——在市场经济中称为可经营性资源。它以各区域产业资源为主，具有竞争性和排他性。此类资源包含三个层次：①产品或商品；②产业或行业（产业链）；③与商品或产业相关联的服务设施及其机构。此类资源配置应该完全遵循市场机制，交给企业经营，才能最大程度地实现资源的优化配置，所以被称为可经营性资源。

3. 非经营性资源：是指与社会民生相对应的资源——在市场经济中称为非经营性资源。它以各区域社会公益、公共产品为主，具有非竞争性和非排他性。由于这类资源往往无法依托企业实现有效配置，因此政府需责无旁贷地提供、调配、管理和发展此类资源，遵循其基本原则去制定配套政策，确保其基本保障。

4. 准经营性资源：是指与城市建设相对应的资源——在市场经济中称为准经营性资源。可经营性资源和非经营性资源在国家经济资源中是典型的两极，然而在现实中，随着世界各国经济的发展和时代的进步，一些原有的非经营性资源在一定程度上具备转变为可经营性资源的潜质，从而兼备公共产品与私人产品的特征，具有不充分的非竞争性和不充分的非排他性，这类资源称为准经营性资源。称这类资源为准经营性资源的原因在于，这类资源在传统经济学中还属于"模糊板块"，可被归类为政府与企业的"交叉领域"，即准经营性资源的投资、开发和建设，既可由企业来承担，也可由政府来负责，或是同时由企业和政府来合作完成。准经营性资源也即生成性资源，主要包括原生性资源、次生性资源、逆生性资源三大类。

5. 原生性资源：是指在自然界中一直存在的准经营性资源，既包括太空资源、深海资源、极地资源等有形资源，也包括技术资源、数据资源等无形资源。这类资源之所以没有被归入可经营性资源，是因为该类资源一直都被社会所知道且具有战略性意义，但是由于其前期投资过大，且短期内并不能创造实质性的价值，前期均为政府投资，在技术知识较为成熟且能创造一定价值后，个体才会介入投资，因此被定义为准经营性资源中的原生性资源。

6. 次生性资源：是指在原生性资源的基础上进行二次或多次生成后得到的资源，既包括基础设施等硬件资源，也包括政策措施、管理效率等软件资源。这类资源之所以没有被归入非经营性资源，是因为政府无法完全承担这部分资源的支出，会将一部分该类资源交由社会不同个体负责，因此被定义为准经营性资源中的次生性资源。部分城市基础设施建设隶属于该类资源，由于部分城市基础设施建设支出较高，全部交由政府部门负责基本不现实，政府会通过竞标等措施筛选出符合标准的企业来承担这部分资源的投资。

7. 逆生性资源：是指原为不可利用的，但在经过一系列操作后存在经济性的资源。这类资源并不是人类从事生产所需要的资源，但其一旦生成就会变成社会的公共产品。这类资源之所以不能归入可经营性资源或非经营性资源，是因为政府是推动这些不可利用资源实现转变的主体，而社会个体对这种资源的交易使其具备一定的经济性，因此被定义为准经营性资源中的逆生性资源。碳排放权是逆生性资源的一个典型，二氧化碳是一种难以利用的资源，但是在政府颁布了二氧化碳排放权的相关政策后，碳排放权就会变为一种经济资源，减排困难的企业可以向减排容易的企业购买碳排放权，后者替前者完成减排任务，同时也获得相应收益。

8. 政府"超前引领"：是指让企业做企业该做的事，让政府做企业做不了和做不好的事，二者都不能空位、越位。一方面，政府应遵循市场规则、依靠市场力量，发挥对产业经济的导向、调节、预警作用，对民生经济的保障、托底、提升作用，对城市经济的调配、参与、维序作用；另一方面，政府应运用规划、投资、消费、价格、税收、利率、汇率等政策手段，开展理念创新、技术创新、组织创新、制度创新，有效推动供给侧带动需求侧结构性改革，形成经济增长领先优势，促进经济科学、可持续发展。

9. 区域政府"双重属性"：是指区域政府同时具有"准宏观"和"准微观"两个角色属性。从"准宏观"属性来看，区域政府作为国家代理组织对本区域经济加以宏观管理和调控，反映的是区域政府的"协调"属性；从"准微观"属性来看，区域政府需要在尊重市场规则的基础上，与其他区域展开竞争，以实现本区域经济利益最大化，反映的是区域政府的"逐利"属性。这一对立统一关系犹如"一只看不见的手"，推动着区域政府竞争和区域经济发展。

10. 市场竞争"双重主体"：市场经济体系中存在着"企业"和"区域政府"双重竞争主体。不仅自然人和企业法人可以成为参与市场竞争的主体，区域政府也可以成为参与市场竞争的主体，并且二者在不同层面上进行各自的竞争：企业在微观经济领域展开竞争，是微观经济市场主体；区域政府在中观经济领域展开竞争，是中观经济市场主体。

11. 弱式有效市场：是指在现代市场体系下，若市场只具备市场要素体系和市场组织体系两个要素，那么这种类型的市场对于资源类型的划分还不够明确，市场对于应该负责的那类资源配置还处于一种自发的探索阶段。

12. 半强式有效市场：是指在现代市场体系下，若市场具备市场要素体系、市场组织体系、市场法治体系、市场监管体系这四大要素，那么这种类型的市场在资源类型划分上，对于"可经营性资源"和"非经营性资源"的划分已经基本明确，但对于"准经营性资源"该如何界定以及如何提高配置效率仍然不够清晰。

13. 强式有效市场：是指在现代市场体系下，若市场同时具备市场要素体系、市场组织体系、市场法治体系、市场监管体系、市场环境体系和市场基础设施这六大要素，那么这种类型的市场对于"准经营性资源"概念已经明晰，并且在该类资源配置上已经形成市场与政府的和谐分工，配置效率达到了新的高度。

14. 弱式有为政府：只关注非经营性资源的配置及相关政策配套的政府称为"弱式有为政府"。这类政府认为只要推行了基本的社会保障就算完成了政府职责，而对可经营性资源的配置和配套政策问题认识不清，对准经营性资源的配套参与问题界定不清，举措不明。

15. 半强式有为政府：只关注非经营性资源和可经营性资源的配置和政策配套的政府称为"半强式有为政府"。这类政府除了履行公共职责、社会保障等基本职能，对市场运行状态也予以关注，或者在市场运行失灵时，运用有效需求或有效供给的相关政策措施进行宏观调控和干预，防止经济陷入过度低迷而带来经济运行中的重大损失与破坏；或者开始着手经济战略发展，对产业布局规划、引导，对生产经营扶持、调节，对市场竞争有序监管，调控物价上涨，控制失业率，力图促进总供给与总需求动态平衡。但其对准经营性资源仍认识模糊，界定不清，政策不明，措施不力，效果不佳。

16. 强式有为政府：不仅关注非经营性资源和可经营性资源的配置和政策配套，而且参与和推动准经营性资源的配置和政策配套的政府称为"强式有为政府"。这类政府能够发挥政府的经济导向、调节、预警作用，依靠市场规则和市场机制，运用规划、投资、消费、价格、税收、利率、汇率等手段，开展理念创新、技术创新、组织创新、制度创新，对可经营性资源、非经营性资源、准经营性资源这三类资源分别按照相应的规制进行调节，从而促进经济科学、可持续发展。强式有为政府也可以理解为"超前引领"的政府。

17. 双强经济模式：是强式有效市场和强式有为政府的组合，是市场与政府组合的最高级模式，也称为"最佳模式"。一方面，市场同时具备市场要素体系、市场组织体系、市场法治体系、市场监管体系、市场环境体系和市场基础设施这六大要素；另一方面，政府能够发挥其超前引领作用，对可经营性资源、非经营性资源、准经营性资源这三类资源分别按照相应的规制进行调节。强式有效市场可以为市场参与者提供一个充分竞争、法治监管有序、社会信用体系健全的交易环境，实现要素资源的最佳配置。强式有为政府通过转变传统的政府职能，纠正市场的固有缺陷，对市场进行超前引领，并建立社会保障制度，可以为企业解除沉重的社会负担，创造良好的外部竞争环境，提供充足的人才和信息；也可以为有效的市场运行提供良好的运行基础。在双强经济模式下，政府与市场在动态调整中形成相互促进、相辅相成的格局，政府通过在市场体制引导、营商环境塑造和主体活力激发上"有为"，推动市场在方向把握、运行公平和创新突破上"有效"，从而进一步推动经济高质量发展，增进人民福祉，实现共同富裕。

18. 潜在经济增长率：是指一国经济在现代市场体系中所生产的产品和劳务总量的最大增长率，或者说是指一国在现代市场体系中，各种资源得到最优和充分配置的条件下，所能达到的最大经济增长率。这包括两方面内涵：一是市场有效，即现代市场体系中的市场基本功能（包括市场要素体系和市场组织体系）、市场基本秩序（包括市场法治体系和市场监管体系）与市场环境基础（包括市场环境体系和市场基础设施）是健全的；二是政府有为，即一国政府对可经营性资源、非经营性资源和准经营性资源能够有效调配、合理配套政策和制度。潜在经济增长率是在现代市场体系健全的条件下，一国政府对三类资源最大限度地充分利用时所能实现的增长率，是双强经济模式下实现的增长率。

19. 现实经济增长率：也称为实际经济增长率，是指一国末期国内生产总值与基期国内生产总值的比较。以末期现行价格计算末期国内生产总值，属名义经济增长率；以基期价格（即不变价格）计算末期国内生产总值，属实际经济增长率。现实经济增长率即为实际经济增长速度，它是反映一个国家一定时期内经济发展水平变化程度的动态指标。

20. 经济增长新引擎：受斯密的产业经济研究主线影响，一直以来经济学界认为国家与国家之间产生经济联动，进而实现经济增长的动力引擎只有一个，即"贸易引擎"。然而，在现代市场经济中，除了"贸易引擎"，一国经济的可持续发展还需要新的引擎，包括"投资新引擎""创新新引擎"和"规则新引擎"三个方面。"贸易引擎"主要从需求侧发力，而"投资新引擎""创新新引擎"和"规则新引擎"主要从供给侧发挥其对一国经济发展的推动作用，体现出政府在资源生成领域大有作为。

目 录

第一章　导论 … 1

第一节　中观经济学概述 … 1
一、中观经济学产生的背景 … 1
二、中观经济学产生的原因 … 2

第二节　中观经济学的理论体系 … 6
一、中观经济学的研究对象 … 6
二、中观经济学的学科范畴 … 11

第三节　学习和研究中观经济学的意义 … 14
一、中观经济学是对中国区域经济发展实践的提炼和创新 … 14
二、中观经济学是对中国经济发展理论的探索和总结 … 15
三、中观经济学是对世界经济改革发展体系的开拓和提升 … 15
复习思考题 … 22

第二章　"三类型"资源的界定 … 23

第一节　资源生成理论 … 23
一、斯密的研究思路考证 … 23
二、资源稀缺与资源生成 … 24
三、资源生成的特点 … 25

第二节　区域三类资源 … 26
一、可经营性资源 … 26
二、非经营性资源 … 28
三、准经营性资源 … 29

第三节　区域资源配置模型 … 32
一、可经营性资源配置 … 32
二、非经营性资源配置 … 33
三、准经营性资源配置 … 34

第四节　区域政府在资源生成配置领域中的角色 …………………… 37
　　　一、资源生成领域的三个层面 ……………………………………… 37
　　　二、区域政府在资源生成配置领域中的角色 ……………………… 39
　　第五节　区域政府供给侧"三驾马车" …………………………………… 41
　　　一、凯恩斯的特色经济思想 ………………………………………… 41
　　　二、凯恩斯特色经济思想的贡献与缺陷 …………………………… 43
　　　三、区域政府运用供给侧"三驾马车"助推经济增长 ……………… 44
　　　四、区域政府供给侧"三驾马车"的理论内涵 ……………………… 46
　　复习思考题 …………………………………………………………………… 51

第三章　"四阶段"资源配置 …………………………………………………… 52

　　第一节　产业经济导向阶段的资源配置 ………………………………… 53
　　　一、产业经济导向的内涵 …………………………………………… 53
　　　二、产业经济导向阶段的资源配置特点 …………………………… 54
　　第二节　城市经济导向阶段的资源配置 ………………………………… 58
　　　一、城市经济导向的内涵 …………………………………………… 58
　　　二、城市经济导向阶段的资源配置特点 …………………………… 60
　　第三节　创新经济导向阶段的资源配置 ………………………………… 62
　　　一、创新经济导向的内涵 …………………………………………… 62
　　　二、创新经济导向阶段的资源配置特点 …………………………… 62
　　第四节　共享经济导向阶段的资源配置 ………………………………… 64
　　　一、共享经济导向的内涵 …………………………………………… 64
　　　二、共享经济导向阶段的资源配置特点 …………………………… 65
　　第五节　区域经济竞争梯度推移 ………………………………………… 67
　　　一、不同阶段资源配置效率比较 …………………………………… 67
　　　二、区域经济竞争的梯度变格均衡律 ……………………………… 69
　　复习思考题 …………………………………………………………………… 76

第四章　区域政府双重属性与市场竞争双重主体 …………………………… 78

　　第一节　企业是微观经济资源调配主体 ………………………………… 78
　　　一、企业竞争是市场经济作用的表现 ……………………………… 78
　　　二、企业竞争在市场机制下进行 …………………………………… 80
　　　三、企业竞争是市场经济发展的原动力 …………………………… 82
　　第二节　区域政府双重属性 ……………………………………………… 83

  一、区域政府的内涵 ……………………………………………………… 83
  二、区域政府的"准微观"属性 ………………………………………… 84
  三、区域政府的"准宏观"属性 ………………………………………… 89
 第三节 区域政府是中观经济资源调配主体 …………………………… 94
  一、区域政府双重属性的有机统一 ……………………………………… 94
  二、区域政府对中观经济资源调配和参与竞争的目的 ………………… 94
  三、区域政府对中观经济资源调配的方式 ……………………………… 95
 第四节 现代市场经济横向体系和纵向体系 …………………………… 96
  一、现代市场经济横向体系 ……………………………………………… 96
  二、现代市场经济纵向体系 ……………………………………………… 97
 第五节 国家、区域、企业三者之间存在关联效应 …………………… 100
  一、国家、区域、企业三者之间关联效应的基本内涵 ………………… 100
  二、从关联效应完整把握现代市场经济体系 …………………………… 101
  三、从关联效应完整把握现代市场经济体系双重竞争主体 …………… 102
 复习思考题 ……………………………………………………………………… 114

第五章 区域政府竞争与政府超前引领 ……………………………… 115
 第一节 区域政府竞争理论 ……………………………………………… 115
  一、区域政府竞争理论的起源 …………………………………………… 115
  二、区域政府竞争的理论依据 …………………………………………… 116
 第二节 区域政府竞争的基本性质与实现形式 ……………………… 121
  一、区域政府竞争的基本性质 …………………………………………… 121
  二、区域政府竞争的实现形式 …………………………………………… 122
 第三节 区域政府存在"三类九要素"竞争 ………………………… 123
  一、"三类九要素"竞争的基本含义 …………………………………… 123
  二、区域经济发展水平竞争 ……………………………………………… 124
  三、区域经济政策措施竞争 ……………………………………………… 129
  四、区域经济管理效率竞争 ……………………………………………… 133
  五、区域政府竞争力决定机制——区域资源规划模型 ………………… 137
 第四节 区域政府超前引领理论 ………………………………………… 138
  一、经济发展的双重路径 ………………………………………………… 138
  二、区域政府超前引领的内涵 …………………………………………… 141
  三、区域政府超前引领的理论与实践依据 ……………………………… 144
 第五节 创新是区域政府超前引领的关键 ……………………………… 149

一、区域政府以创新实现超前引领 …………………………………………… 149
　　二、区域政府超前引领的重大理论意义 ……………………………………… 150
　　复习思考题 ……………………………………………………………………… 162

第六章　成熟市场经济"双强"机制理论　164

第一节　三种市场类型 …………………………………………………………… 165
　　一、弱式有效市场 ……………………………………………………………… 165
　　二、半强式有效市场 …………………………………………………………… 166
　　三、强式有效市场 ……………………………………………………………… 167

第二节　三种政府类型 …………………………………………………………… 169
　　一、弱式有为政府 ……………………………………………………………… 169
　　二、半强式有为政府 …………………………………………………………… 170
　　三、强式有为政府 ……………………………………………………………… 171

第三节　市场与政府组合模式 …………………………………………………… 173
　　一、市场与政府组合模式的理论演变 ………………………………………… 174
　　二、市场与政府组合模式种类 ………………………………………………… 174
　　三、市场与政府组合模式的评价依据 ………………………………………… 178

第四节　强式有效市场与强式有为政府的内涵及标准 ………………………… 180
　　一、强式有效市场的内涵与标准 ……………………………………………… 181
　　二、强式有为政府的内涵与标准 ……………………………………………… 183

第五节　强式有为政府＋强式有效市场＝成熟市场经济 ……………………… 188
　　一、华盛顿共识与中等收入陷阱 ……………………………………………… 188
　　二、经济增长率与成熟市场经济双强经济模式 ……………………………… 189
　　复习思考题 ……………………………………………………………………… 194

第七章　经济增长新引擎　195

第一节　资源生成领域大有作为 ………………………………………………… 195
第二节　构建全球投资新引擎 …………………………………………………… 198
　　一、推进供给侧结构性改革 …………………………………………………… 198
　　二、加快基础设施建设 ………………………………………………………… 200
　　三、加大科技项目投入与提升金融配套能力 ………………………………… 201

第三节　构建全球创新新引擎 …………………………………………………… 202
　　一、推进思想性公共物品创新 ………………………………………………… 202
　　二、推进物质性公共物品创新 ………………………………………………… 203

三、推进组织性公共物品创新 ………………………………………… 204
　　四、推进制度性公共物品创新 ………………………………………… 205
　第四节　构建全球规则新引擎 …………………………………………… 207
　　一、国际安全秩序规则——和平、稳定 ……………………………… 207
　　二、国际经济竞争规则——公平、效率 ……………………………… 208
　　三、国际共同治理规则——合作、共赢 ……………………………… 208
　　复习思考题 ………………………………………………………………… 216

参考文献 ……………………………………………………………………… 218
后记　中观经济学的几点共识与理论创新 ……………………………… 226

第一章

导　论

第一节　中观经济学概述

在当代，世界经济有两种主要的经济体制类型——以市场经济为主体的市场经济体制与以计划经济为主体的计划经济体制。随着世界经济的发展，这两种经济体制出现不断融合的趋势，政府与市场之间也不断发生交叉，政府经济行为的方式和结果越来越多地影响到经济总量和经济结构，原有的经济理论体系框架不断被突破。世界经济发展实践中所反映出的市场的失效性、政府行为的主动性与竞争性、关键职能的多重性、市场与政府不同边界的产出率等问题，都对原有的微观经济学和宏观经济学理论提出挑战，仅从企业的市场经济行为和政府的宏观调控角度来解释所有的现实经济问题已显得力不能及，亟需一种新的理论体系来揭示现实经济发展规律，并对未来经济发展趋势作出有效引领。对这些问题的探索和解答构成了中观经济学的主要内容。

一、中观经济学产生的背景

市场经济体制和计划经济体制都是社会资源配置的方式，即在资源稀缺的情况下，决定一定时期社会生产什么、生产多少、怎样生产，以及如何分配的方式。在计划经济体制下，资源配置的决定者是政府，由中央政府制定一个无所不包的计划，指挥安排一切经济活动。而在市场经济体制下，市场价格这只"看不见的手"成为指挥人们生产什么、生产多少、怎样生产的决定力量。在现实经济中，纯粹的计划经济体制和纯粹的市场经济体制都不多见。计划经济体制作为一种完全排斥市场的经济体制，在现代国家中已经基本退出了历史舞台，但是计划作为调控经济的手段之一，仍然被保留并经常使用。在市场经济体制中，并不是完全没有计划，市场经济体制国家也会制定宏观战略与规划来参与资源配置，只是这些计划相对于市场而言是辅助性的、指导性的，市场机制仍是资源配置的决定性因素。

在传统微观经济学理论中，市场价格机制是推动经济运行的根本力量，价格的变动影响市场供求机制，消费、生产、分配等活动在市场价格这只"看不见的手"的引领下实现均衡，形成资源配置的最佳状态。传统微观经济学理论认为，政府对微观经济领域应该采取不干预态度，任何一种政府对微观企业或市场机制的干预都会造成效率的损失。但这种传统理论在20世纪30年代的世界经济危机面前变得有些苍白了，政府干预经济的时代由此开始，政府宏观调控下的市场经济模式成为主流，凯恩斯主义经济学以及后来的新古典综合派成为宏观经济学理论的主体理论体系。在经济发展的实践中，尽管大多数国家自称是市场经济体制，但由于政府调控与市场机制的组合边界不尽相同，造成各国的经济效率、发展态势有显著不同。以中国为代表的一些国家在市场主体、竞争领域、经济发展速度等方面，都对传统意义上的宏观经济学理论产生了一定的突破，其经济行为和发展规律是传统的微观经济学理论和宏观经济学理论都难以涵盖和有效解释的，需要一种新的理论体系对其进行丰富和完善。

二、中观经济学产生的原因

中观经济学产生于现代市场经济。现代市场经济的本质属性有别于传统意义上对市场和政府间关系的界定，而中观经济学恰恰对市场和政府的定位作出了突破性回答，从而成为现代市场经济体系的重要理论支柱。现代市场经济的确立是在梳理和明确政府与市场的不足中逐渐形成的。

（一）政府不足

按照目前的西方经济学理论体系，政府的主要经济职能是宏观调控，只在市场运行出现问题时才动用财政政策手段和货币政策手段来平衡总供求关系，政府基本处于一种消极被动的地位。市场经济的主要竞争主体是企业，政府无权对企业的行为进行干预。近些年来新古典主义等流派的崛起，更加强化了约束政府行为、回归完全竞争的市场体系的认识，对于政府干预经济的做法提出了诸多质疑。从现实的政府调控实践来看，也确实存在着政府失灵的情况。

政府失灵是指政府为了矫正和弥补市场机制的功能缺陷，而采取立法、行政管理及各种经济政策手段干预市场，但干预结果适得其反，不但没能有效克服市场失灵，还阻碍和限制了市场功能的正常发挥，导致经济关系扭曲，市场混乱加重，以致社会资源最优配置难以实现，造成政府干预经济效率低下和社会福利损失。具体地说，政府失灵表现为以下几种情形：其一，政府干预经济活动达不到预期目标；其二，政府干预经济活动虽达到了预期目标但成本高昂；其三，政府干预经济活动达到预期目标且效率较高，但引发了负效应。之所以发生政府失灵，无外乎两种情况——或者是调节不足，或者是调节过度。

1. 调节不足导致政府失灵

那些本该由政府发挥作用的领域，政府由于财力不足、制度不完善等原因，没有进入或没有完全进入。从结果上看，政府在这些领域的调控手段缺乏力度，调控机制运转不灵，调控效果难以到位，从而导致了政府失灵。

2. 调节过度导致政府失灵

那些本该由市场发挥作用的领域，政府应该退出而没有退出或没有完全退出，相反，却过多地使用行政手段来管理经济，权力集中，责任无限。结果，不但不能弥补市场的缺陷，反而扬短抑长，妨碍了市场机制正常发挥作用，导致了政府失灵。

总的来说，政府失灵主要是因为政府作为人的一种组合形式，对经济规律很难有全面准确的认识，在进行经济干预时可能会出现干预的范围、时机和力度不够准确的问题，进而造成调控失灵的结果。

政府调节的过度和不足同时并存。按照西方传统经济学理论，这种政府失灵的表现就意味着政府应当全方位调整活动领域，对于市场经济领域，应当尽可能收缩自己的权限，把市场的还给市场；而在维护市场机制顺利运行方面，应当加大调节力度，保证市场资源配置的主体地位和市场机制的顺利运行。

政府失灵能否否定政府在市场经济体制中的作用？政府到底应该按照什么样的标准来设置自己的活动边界？政府应当如何定位自身在市场经济体制中的角色？传统的西方经济学理论还不能就上述问题给出较为完善的答案。

（二）市场不足

市场机制在古典经济学中被视为非常完美的资源配置方式，可以在价格机制的作用下自动实现供求均衡，保持资源配置的最佳效率。但经济发展的实践证明，完全的市场机制并不能避免供求失衡的经济危机，仅通过价格机制这只"看不见的手"

无法实现资源最佳配置与效率最高的目标。市场失灵就意味着自由的市场均衡背离了帕累托最优。

换句话说，微观经济学说明，在一系列理想的假定条件下，自由竞争的市场经济可以使资源配置达到帕累托最优。但理想化的假定条件并不符合现实情况，现实中存在不完全竞争的领域，公共物品、外部性、信息不对称、信息不完全等问题，单纯靠市场机制并不能得到合理的解释与解决。

市场失灵有其内在的深刻原因。

第一，完全竞争的市场状态主要存在于理论假定中，而现实状况要复杂得多。一方面，市场经济中也存在垄断、过度竞争等人为因素，这些原因导致的市场效率的损失不是市场机制自身能够消除的。另一方面，市场价格的调节也不像理论分析那样及时有效，价格变动会有时滞性，也会遇到价格底线。所以市场的非均衡状态才是常态，市场机制难以实现真正的均衡，诸如失业等资源浪费现象想要完全靠市场解决是不现实的。

第二，个人价值和社会价值的矛盾。基于个人效用最大化原则的帕累托最优概念与社会公平原则不一定完全一致，关于效率与平等的定义和划分也并不统一。所以仅依靠市场机制无法解决整个社会对公平与效率的均衡判断，也无法解决个人价值与社会价值的矛盾。

第三，市场机制不一定适用于一切经济领域。例如经济研究与开发、基础设施投资等外部效应较大的领域，具有一定的公共物品属性，社会效益巨大，但市场的激励作用却不够充分，若完全依赖市场，则难以实现有效供应。

第四，市场经济的信息完备性和对称性也与现实不符。私人的信息获得是有限的，而且信息在私人交易中会发生扭曲；市场行为主体所掌握的信息也是不对称的。

鉴于市场本身的局限性，政府需要有一定的计划干预和宏观调控措施对其进行干预和调整。第二次世界大战结束以后，科学技术迅速发展，出现了革命性变化，生产的社会化程度大大提高，各部门、各地区及各国家间的经济联系更加密切，政府对经济运行的干预进一步加强，计划的作用明显增大。同时，随着经济的不断发展，资源、环境等问题更加突出，人类的生存条件面临严峻局面。这些都要求政府和国际社会对经济和社会发展进行统一协调，加强计划性。因此，建立现代市场经济体制成为必然要求。

（三）现代市场经济体制的标准

理论上讲，市场在资源配置方面有其他方式难以比拟的优势。市场借助价格信号传递复杂的经济信息,引导各类市场主体作出理性选择,促使生产要素不断优化配置;市场具有强大的激励功能,能够让一切劳动、知识、技术、管理、资本的活力竞相迸发,让一切创造社会财富的源泉充分涌流;市场具有涓滴效应,通过激发各类要素,创造就业岗位,可以使劳动者获得提高收入的机会,让发展的成果惠及全体人民;市场借助竞争机制,优胜劣汰,促进创新,能够带来经济效益和提升发展质量。

因此,市场在资源配置中起决定性作用,这一点是毋庸置疑的,但必须有一个完善的现代市场体系来预防市场失灵等类似的效率损失问题的出现。中观经济学所倡导的现代市场体系包括六大方面,即市场要素体系、市场组织体系、市场法治体系、市场监管体系、市场环境体系和市场基础设施。这六大方面构成的"大市场观"要求区域政府必须处理好政府和市场的关系,使市场在资源配置中起决定性作用,并更好地发挥政府作用。

传统经济学一直倡导"大市场"和"小政府"的结合,也就是由市场对资源配置起绝对主导作用,政府处于被动地位。政府只在市场失灵时对市场进行有限调节,甚至不能对经济进行干预。也可以把这种状态的市场称为"强市场",把这种调控职能较小的政府称为"弱政府"。但从世界各国经济发展的客观实际看,只存在"强政府"与"强市场"、"弱政府"与"弱市场"的组合,未观察到"弱政府"与"强市场"的组合[①]。因此,现代市场经济不可能弱化任何一方,问题的关键是市场和政府的正确定位。市场经济首先需要借助政府的权威力量界定和保护产权,建立并维护公平竞争的市场秩序,营造良好的营商环境,扩展市场体系,履行市场合约,反对垄断和其他不正当竞争行为。没有这些条件,市场不可能正常运转。从这个意义上说,有效的市场从一开始就离不开政府。在此基础上,政府职能还可以列出相当长的清单,包括提供各种公共服务、缩小收入和发展差距、保护生态环境、宏观调控和确立中长期发展规划等方面。不论这个清单的内容如何变化,其立足点都应是维护和促进市场更好地发挥作用。如果偏离这个方向,政府这只"手"伸得过长,试图替代市场的作用,甚至搞大一统的集中计划体制,就会使市场受到严重伤害。

综上所述,现代市场经济是在市场机制的基础上运行的,是"有为政府"和"有效市场"相融合的经济模式。市场规律是一种自然规律,我们能做的是认识它、理解它;而政府行为是主观的,我们拥有更多的主动权。因此,在发挥市场在资源

---

① 刘世锦:《新常态下强而有道政府才能支撑强而有效市场》,《财经界》2014年第34期。

配置中决定性作用的同时,要更好地发挥政府的作用,要找准政府在现代市场体制中的位置,科学处理政府与市场、政府与社会的关系,合理划分政府与市场、政府与社会的边界,构筑"有效市场"和"有为政府"这两个现代市场经济的轮子,使其相互补充,相互支撑,实现"双轮驱动"的现代市场经济体制。

没有充分和成熟的市场经济的发展,就难以有成熟的现代市场经济理论。当今世界市场经济的成熟与发展,孕育了多种市场经济模式,无论是英美的有调节的市场经济、法国的有计划的市场经济、德国的社会市场经济、北欧的福利主义模式,还是中国特色社会主义市场经济体制,都是对市场和政府的有效组合的不断尝试和探索。

显然,当前的理论研究和实践探索,都不能简单地用微观经济学理论和宏观经济学理论进行有效概括和解读。越来越多的政府间的竞争行为、政府对市场和企业的规划和超前调整、政府行为对简单宏观调控的突破、政府目标对GDP稳定增长的超越,都有别于微观经济学和宏观经济学中对市场竞争主体的界定和政府职责的定位。理论和实践都迫切需要明确,在现代市场经济中,政府本身到底应如何定位?政府的经济行为到底应作出哪些调整?调整的标准是什么?哪些方面需要放手?哪些方面需要填补?这一系列超越微观经济学和宏观经济学的问题,正是中观经济学的切入点与核心问题。

第二节 中观经济学的理论体系

一、中观经济学的研究对象

(一)"中观"概念的界定

经济学虽然属于社会科学,但在研究结构和研究方法上常常会受到自然科学的启发,尤其是物理学在物质发展规律上的一些新发现和新成果。

物理学的研究表明,在自然物质领域中存在着微观、中观、宏观这三个层次,那么以人类社会为研究对象的社会科学领域应该也同样存在着这样三个层次。从经济学的角度看,微观、中观、宏观是基于比较而产生的空间的相对概念或范畴。在一个国家内部,这个国家属于宏观范畴,每一个个体、家庭、企业构成了微观单位,而介于国家和微观单位之间的某个区域、行业、部门等自成体系的独立系统则构成中观范畴。但如果把世界看作宏观范畴，则中观范畴也可以是指某个国家、某个地区。因此，中观的概念在这里可以理解为世界范围内的一个区域，而中观经济学就是以区域为单位，研究其经济发展规律的理论学科。

（二）区域政府的双重属性

区域政府的双重属性是指区域政府同时具有"准宏观"和"准微观"的性质，也可以称为具有"双重角色"。区域政府代表国家对本区域经济加以宏观管理和调控，可以运用地方财政政策在税收或财政开支上平抑区域经济波动，以及从事社会保障等公共福利事业，这意味着区域政府在执行"准宏观"角色；同时，区域政府又要以本区域产出效率最大化为目标，充分利用手中所掌握的生成性资源来进行资源的最优调配，进而与其他区域展开竞争，吸引更多的优质资源，以实现本区域经济利益最大化。这种思维、行为和企业家非常相像，因此，区域政府不是传统宏观经济学所描述的仅处于宏观调控层面，它还同时具备"准微观"的特性，扮演着"准企业家"的角色。

（三）现代市场经济的双重主体

前文已经提到，市场和政府是现代市场经济的两个"轮子"，市场是现代市场经济中资源配置的决定力量，那么政府该如何定位呢？按照传统的西方经济学的解释，政府只做市场做不了的事，即政府只在市场失灵的情况下进行边缘性调控，行为上应当是消极被动的，维护市场秩序是政府的主要职责。但现代市场经济中政府的角色定位是驱动轮之一，若是其行为仍停留在消极被动的层面，则不可避免会发生"翻车"或是"一路的大幅度颠簸"。因此，现代市场经济平稳运行的根本保障在于，政府这个轮子要有效配合市场这个轮子。

包括中国在内的一些国家的经济发展实践表明，现代市场经济中，政府这个角色具有一定的复合性，即单个政府的秩序维护者角色和多个政府间的市场竞争者角色。当政府作为一个独立个体面对自己的管辖区时，比较多从事宏观调控的行为；但当作为区域政府面对其他区域政府时，就会转化为竞争者身份，积极主动地参与到更大范围的市场竞争中来，也可以将其称为"竞争性区域政府体系"。这些区域政府间的竞争既丰富了政府角色，也未打破市场作为资源配置决定性因素的规律，一个自由竞争的市场和一个复合角色的区域政府体系构成了现代市场经济的两大支柱。

由此可以引出中观经济学研究的出发点，即在维护市场功能的前提下，重新认识区域政府的职能。

（四）成熟市场经济的"双强机制"

成熟的市场经济体制应该是"强市场"+"强政府"的经济体制。"强市场"是指市场在资源配置上居于主导地位，任何经济运行都必须先遵守市场规律。"强政府"是指政府在遵循市场规律的前提下主动对区域内的生成性资源进行优化调配，发挥超前引领的作用，促进市场机制的正常运行和区域经济的可持续发展。在成熟的市场经济体制下，"强市场"和"强政府"是相辅相成、缺一不可的。"强政府"不是为了代替"强市场"，"强市场"同样需要"强政府"作为保障。有了"双强机制"，才能纠正市场失灵，减少政府失灵。

（五）政府超前引领的主要内涵

政府超前引领是指充分发挥区域政府的经济导向作用、调节作用、预警作用，依靠市场规则和市场机制，通过引导投资、消费、出口，运用价格、税收、利率、汇率、法律等手段，以及引领组织创新、制度创新、技术创新、理念创新等方式，有效调配资源，形成领先优势，促进区域经济科学、可持续发展。

政府超前引领理论不同于凯恩斯的国家干预经济理论，后者主要强调政府对经济的事中和事后干预作用，虽然承认政府的调控行为可以在一定程度上平复经济波动，但没有对经济的事前干预给予论述。而中观经济学中的政府超前引领理论明确了政府在事前、事中、事后都可以对经济进行科学规划和积极引导，体现了区域政府在经济运行中更积极主动的一面。也正是政府超前引领理论和区域政府竞争理论，把经济学划分成了宏观经济学、中观经济学和微观经济学。

（六）中观经济学的研究对象和研究内容

中观经济学以区域政府行为与资源配置为主要研究问题，通过对政府与市场的不同组合模式的分析来寻找成熟市场经济的理论规律。

1. 中观经济学的研究对象是资源生成基础上的资源配置问题

微观经济学的研究对象是资源稀缺条件下的资源配置问题，研究核心是市场价格机制，由市场价格机制的供求两端引出微观经济学的研究主体——消费者和生产者，研究内容是家庭和企业市场行为，由此演化出消费理论、生产理论、成本理论、市场类型分析、利润最大化原则、分配机制、福利最大化问题等一系列理论。

宏观经济学的研究对象是资源配置优化中的资源利用问题，围绕一国国内生产总值展开论述，着重于研究一国国内生产总值的核算与决定机制，在总供给和总需求的矛盾中找到政府宏观调控的介入点，借助一系列政府宏观调控手段间接干预市场，平衡总供求之间的矛盾，提高资源利用的效率，解决经济增长、就业、物价、国际收支平衡等一系列国家经济目标。

那么中观经济学的研究对象该如何定位呢？

微观经济学的观究主体，无论是消费者还是生产者，关注的都是价格，都是通过价格信号来指导家庭和企业内部的消费与生产决策，以实现家庭消费的效用最大化和企业的利润最大化。说到底，微观经济学所愿意关注和能够控制的范围仅在一个家庭或企业之内，属于个量经济范畴。至于家庭、企业之外的事务则完全不在其控制范围之内，全部作为外部效应归为市场失灵的范畴。

而宏观经济学通常是总量经济范畴，指一个国家范围内的国民收入的实现和增长。而对于某一区域、某一行业、某一集团的运行，宏观经济很难把握细节。当区域之间、行业之间发生经济关联时，常常超出企业范围，但还尚不能达到国家的范围，运行规律和经济效应不同于简单的宏观管理。

以上所述为微观经济学、宏观经济学研究领域中的空白区间，这个区间是微观经济学、宏观经济学的研究盲点，其具体内容具有很明显的特质：微观经济学难以达到的高度和宏观经济学无法掌握的细节。而这个区间就是中观经济学的研究范畴：介于宏观和微观、总量经济与个量经济之间，既是个量经济的集合，又是总量经济的分解。而在这个区间内，既能够推动超出企业行为范畴的区域性经济发展，又长于更细致的宏观调控行为的主体就是区域政府，区域政府理所当然成为中观经济学的研究主体。

很显然，区域政府既要在超出企业的层面上解决区域或行业、集团的生产和消费问题，在市场大背景下展开各区域之间的经济竞争，又要对本地区的物价、就业、经济增长等问题进行宏观调控，这就演化成为区域政府的双重属性——类似企业的"准微观"生产经营者身份和类似中央政府的"准宏观"调控者身份。"准微观"和"准宏观"的双重属性实现了微观经济与宏观经济之间的承上启下，区域政府也因此成了中观经济活动的主导者。

所以，中观经济学是以区域政府及其行为为研究对象，研究资源生成基础上的资源配置的理论学科。区域本身只是一个地理概念，真正能让区域活起来的是市场与区域政府。区域政府的双重属性或双重角色，修正了传统经济学体系或传统市场理论的缺陷。在现代经济学体系和现代市场理论中，不仅企业是市场竞争主体，区域政府也是市场竞争主体，所以不仅有以企业及其行为为研究对象的微观经济学和以国家（或全球）及其行为为研究主体的宏观经济学，还有以区域政府及其行为为研究对象的中观经济学。

2. 中观经济学的研究内容是区域政府对三类资源的界定及其政策配套

中观经济学的研究内容是资源生成条件下的资源配置优化问题，具体到研究内容，就是区域政府对三类资源的界定及其政策配套，这关系到区域经济的市场竞争力和经济持续增长的问题。

（1）中观经济学研究的重点。

中观经济学研究的重点是城市资源配置（或生成性资源配置）。政府对区域经济活动的管理主要体现在经济发展、城市建设、社会民生三大职能上。与经济发展相对应的是产业资源，谓之"可经营性资源"；与城市建设相对应的是城市资源，谓之"准经营性资源"（既有公益性一面，又有商业性一面）；与社会民生相对应的是公共物品、公益资源，谓之"非经营性资源"。城市资源的配置，取决于各区域政府的财政收支、市场需求和社会民众的可承受程度，同时也决定着区域政府在区域市场中竞争力的大小。

三类资源的整合可以称为广义的城市资源，而狭义的城市资源则专指准经营性资源。

与可经营性资源相配套的产业政策、贸易政策、人力政策等，配置原则应该是"规划、引导；扶持、调节；监督、管理"。与准经营性资源相配套的财政政策、金融政策、投资政策等，配置原则应该是"遵循市场规则、维护经济秩序、参与区域竞争"。与非经营性资源相配套的收入政策、就业政策、保障政策等，配置原则应该是"基本托底、公平公正、有效提升"。

（2）中观经济学研究的核心。

中观经济学研究的核心是区域政府竞争。区域政府需要通过对区域内的城市资源进行配置来实现竞争目的，由于城市资源有广义和狭义之分，所以区域政府竞争也存在广义和狭义之分。本书所探讨的区域政府竞争主要指广义上的竞争，即可经营性资源、非经营性资源和准经营性资源的全方位配置竞争。但对狭义城市资源（即准经营性资源）的配置是体现区域政府竞争力的关键，是中观经济学特色所在，有别于微观经济学中的可经营性资源配置和宏观经济学中的非经营性资源配置。

广义区域政府竞争主要包括区域政府间的项目竞争、产业链配套竞争、人才和科技竞争、财政和金融竞争、基础设施竞争、进出口贸易竞争、环境体系竞争、政策体系竞争和管理效率竞争等。区域政府竞争要发挥超前引领的作用，并在理念、组织、制度和技术上实现全方位、全过程、全要素的不断创新。

政府对资源配置行为应进行超前引领。让企业做企业该做的事，让政府做企业做不了或做不好的事,二者不能空位、越位。政府超前引领,就是要充分发挥政府的经济导向、调节、预警作用,依靠市场规则和市场力量,通过引导投资、消费、出口,运用价格、税收、利率、汇率、法律等手段,以及引领理念创新、制度创新、组织创新、技术创新等方式,有效配置资源,形成领先优势,促进科学可持续发展。

其中,理念创新在区域要素驱动阶段对资源配置具有实质推动作用;组织创新在区域投资驱动阶段对资源配置具有乘数效应作用;制度创新与技术创新在区域创新驱动阶段对资源配置具有关键制胜作用;全方位、全过程、全要素的不断创新对区域各阶段发展及其资源配置具有科学可持续的促进作用。

二、中观经济学的学科范畴

(一) 中观经济学与微观经济学、宏观经济学的关系

现代经济学的基本逻辑框架是围绕着稀缺资源的有效配置这一核心问题展开的,所有经济学的学科都离不开这一核心问题。微观经济学和宏观经济学属于经济学的基础学科,为经济学各个领域的研究提供概念基础和分析框架。中观经济学是介于宏观经济学与微观经济学之间的一门学科,是研究资源生成条件下的资源优化配置问题,研究框架和分析工具依然以微观经济学和宏观经济学为基础,属于理论经济学的范畴。微观经济学、中观经济学和宏观经济学研究的侧重点不同,但又互相联系,共同构成经济学体系三个层面的有机整体,同属于理论经济学的主流经济学科。

微观经济学研究的基本问题是资源稀缺条件下的单个经济单位的资源配置问题,通过市场均衡价格理论来决定资源配置的方式,目的是实现个体利益的最大化。其主要内容包括产品市场理论、消费理论、厂商理论、要素市场理论等。微观经济学体系框架如图1-1所示。

宏观经济学以国民收入的核算、决定因素、增长为研究问题的核心,以国民经济总过程的活动为研究对象,研究既定前提下的资源充分利用问题,其中国家干预经济的宏观政策是其重要组成内容,主要包括财政政策、货币政策、收入政策、人力政策、就业政策、汇率政策和贸易政策等。宏观经济学体系框架如图1-2所示。

宏观经济学在"宏观"的范畴上一直比较模糊,从一般定义上看,宏观主体主要是指"国家"范畴上的经济总量和经济现象。但实际上"宏观"是个相对概念,某个地方、整个世界的经济总量和经济现象是宏观吗?地方政府、国家政府、

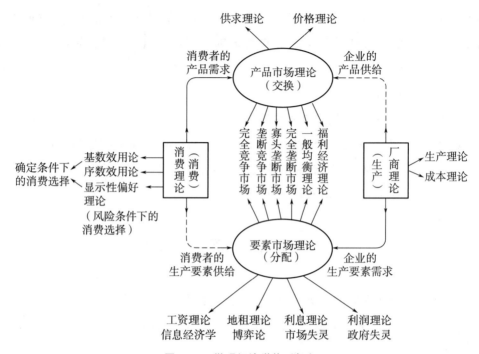

图1-1 微观经济学体系框架

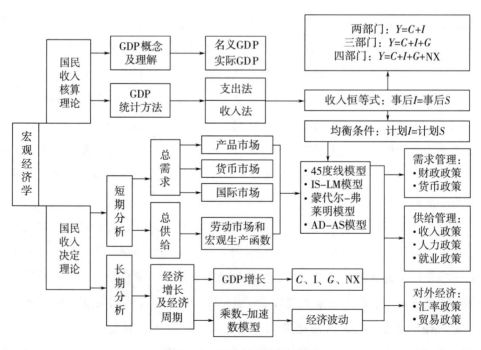

图1-2 宏观经济学体系框架

国际组织的特征和经济行为完全一致吗？上述问题说明"宏观"这个概念是有些混沌的，如果把企业以外的其他经济主体统称为"宏观"显然是不准确的，所以宏观经济学的研究主体需要分层和重构，"中观"的视角可以对宏观经济学的研究范畴做一个较好的修正。对经济运行具有较强主动性的区域政府，应该划入中观经济学的领域。

中观经济学的研究内容是资源生成条件下的资源配置优化问题。研究对象是区域政府及其行为。区域政府需要对城市资源进行调配，城市资源既不同于微观层面的个体拥有的竞争性资源，也不同于宏观层面的公共资源，它介于微观和宏观之间，又与微观和宏观层面的资源存在交叉，而且有自己独有的生成性资源（准经营性资源），属于一种复合性资源。鉴于这种交叉和独有之处，广义的中观经济学资源具体可以划分为经营性资源、非经营性资源和准经营性资源三类，而狭义的中观经济学资源特指准经营性资源。

区域政府竞争是中观经济学研究的核心问题。"准微观"和"准宏观"的双重属性也使得区域政府和市场之间的关系变得更立体和丰富。区域政府的竞争目标是区域收入的产生和增长，竞争手段包括区域产业政策、投资政策（生产政策）、贸易政策、人力政策、就业政策、保障政策等。区域收入与区域政府对市场的判断和关系定位直接相关，是与区域政府竞争能力直接相关的国民收入的初次分配。

（二）中观经济学与产业经济学、区域经济学等分支学科的关系

中观经济学侧重于理论研究，从区域角度入手，以发现政府市场行为的规律为己任，以区域政府及其行为作为研究对象。在研究范畴上与区域经济学及与区域发展紧密联系的产业经济学或结构经济学等分支学科有交叉，在一定意义上，也含有区域经济学、城市经济学的内涵，是现代经济学的一个分支。

但在研究角度上，中观经济学又不同于区域经济学和产业经济学等分支学科。把区域经济、产业经济和城市经济视为中观经济是可以的，但是把区域经济学、产业经济学和城市经济学等分支学科直接视为中观经济学则未必确切，这些学科仍属于应用经济学，不属于作为理论经济学的中观经济学。中观经济学必须在这些应用学科的基础上进一步加以抽象和总结才能形成。

如前所述，中观经济学是从区域政府这一主体的职能出发，系统阐述区域政府在区域经济发展中的内在规律和发展趋势。因此，中观经济学的研究范围与宏观经济学、微观经济学及其他应用经济学之间既有区分，又有联系。

第三节　学习和研究中观经济学的意义

中观经济学的产生与发展有其自身的实践与理论的逻辑规则，在实践中凝练升华，在理论上突破创新，其逻辑规则可以概括为三部曲：中观经济学的实践铺垫——对中国区域经济发展实践的提炼和创新；中观经济学的理论开创——对中国经济发展理论的探索和总结；中观经济学理论体系的最终形成——对世界经济改革发展体系的开拓和提升。这三部曲都是围绕着区域政府及其双重属性和职能这一主线来展开的，从实践和理论上都意味着中观经济学研究和学习的时代已经到来。

一、中观经济学是对中国区域经济发展实践的提炼和创新

中国的经济发展奇迹与中国区域政府间的竞争模式密不可分，政府在引领区域经济发展上起到了至关重要的作用。中国自改革开放以来，从过去的计划经济体制向市场经济体制过渡，其核心就是市场逐渐成为调配资源的主体。

从中国区域经济发展的实践来看，区域政府始终起着超前引领的作用，像广东省佛山市这样的中国先发地区，其走过的路和未来呈现的方向都说明，中国的发展走过了"摸着石头过河"阶段，应该要进入"超前引领"的阶段了。在发展还处于极低水平的时候，我们需要"摸着石头过河"，大胆地试、大胆地闯。但发展到了一定阶段，我们就需要对发展进行引领，进行规划，实施推进。《超前引领：对中国区域经济发展的实践与思考》（陈云贤，2011）开始系统提出政府超前引领这一重要的经济理论，强调要充分发挥政府作用，特别是区域政府的经济导向、调节、预警作用，依靠市场规则和市场力量，通过引导投资、消费、出口的作用，运用价格、税收、汇率、利率、法律等手段，以及引领理念创新、制度创新、技术创新、组织创新等方式，有效调配资源，形成领先优势，促进区域经济科学、可持续发展。此书对中国区域政府一系列超前引领的成功实践经验进行了总结，为中观经济学的构建提供了实践上的依据。

二、中观经济学是对中国经济发展理论的探索和总结

张五常（2017）把中国区域政府间的竞争模式定义为县际竞争，他认为经济权力越大，地区竞争越激烈。今天的中国，主要的经济权力，不在镇，不在市，不在省，也不在北京，而是在县的手上，他的理由是：决定如何使用土地的权力在县的手上。因为县的经济权力最大，所以这一层级的区域竞争最为激烈。只依靠主张自由主义的微观经济理论和主张政府干预的宏观经济理论已经不能够很好地诠释这种区域政府间的竞争模式和其取得的巨大成功，经济学家不得不思考，在传统的宏观经济学和微观经济学的经典经济理论框架下，是否有新的理论有待去挖掘、发现和系统化。

陈云贤和邱建伟（2013）在《论政府超前引领：对世界区域经济发展的理论与探索》一书中对政府超前引领理论进行了系统阐述。认为政府不仅可以依靠市场经济的基础、机制和规则来"超前引领"经济，用"有形之手"填补"无形之手"带来的缺陷和空白，纠正市场失灵；而且，通过发挥区域政府这一重要的中观经济主体的竞争作用，以及超前引领的事前调节作用，还可以减少政府失灵，最大程度降低经济的纠错成本。基于中国经济发展的政府超前引领理论提出了区域政府双重职能理论，在"准宏观"角色和"准微观"角色之间的平衡为政府和市场之间关系提供了清晰而崭新的思路，将企业之间的竞争扩展到区域政府之间的竞争，从制度创新提升到组织创新、技术创新和理念创新。一系列理论上的突破大大拓展了经济学的研究空间，为我们开创了一个新的理论研究视角和新的经济学框架体系，中观经济学呼之欲出。

三、中观经济学是对世界经济改革发展体系的开拓和提升

"中观"或"区域"是个相对的概念，放在全球经济的角度看，主要指的是国家；放在国家经济的角度看，主要指的是城市。在微观经济的层面，市场竞争的主体要素只有一个，那就是企业。但在宏观经济的层面，市场竞争的主体还包括另一重要主体要素，即区域政府。比如在全球经济中，国家与国家之间存在竞争。在国家经济中，区域与区域之间也存在明显的竞争。

20世纪70年代以后，西方国家出现了大量失业与剧烈通货膨胀并存的"滞

胀",这种情况标志着凯恩斯主义的失灵。于是,西方经济学界形成了众多经济流派纷争的局面。

从某种意义上讲,凯恩斯主义的失灵表明这种经济理论已不再适应当前的生产关系,只依靠微观经济学和宏观经济学已经不能解释复杂的现实经济世界,需要产生新的上层建筑,来适应新的生产关系。与凯恩斯主义产生的时期相比,当今的世界经济格局已经悄然发生了巨大的变化。

我们在对中国经济增长的研究中发现,区域政府在区域经济发展中具有至关重要的作用。由此产生的政府超前引领理论和区域政府竞争理论,被定义为中观经济学。中观经济学是对经济学理论体系的重大创新。在以企业为代表的微观经济和以国家为代表的宏观经济之间,多了一个以区域为代表的中观经济。中观经济学不仅从理论上回答了中国经济发展奇迹的原因,也丰富和完善了经济学理论体系。如果说市场经济理论奠定了微观经济学的基础,凯恩斯主义使经济学划分为微观经济学和宏观经济学,那么政府超前引领理论和区域政府竞争理论则使经济学又划分成了宏观经济学、中观经济学和微观经济学。可以这样说,中观经济学不仅可以填补经济学理论体系的研究空白,指导经济体制改革的重要方向,还可以通过将区域经济和区域政府纳入经济理论体系中,创造出多层次的市场,增强国民经济的稳定性。

在实践层面,中观调控系统在整个国民经济系统中具有不可替代的作用。

首先,有了中观经济,就可以利用其创新和突破功能,为宏观经济起到"试验田"的作用。20世纪80年代中期,中国各地根据自身情况探索出了一些中观经济发展模式,如苏南模式、温州模式、珠江三角洲模式等。这些模式是各地区审时度势、主动发展的结果,对宏观经济发展具有重要的推动作用。对于新生事物成长来说,区域政府能为其提供直接便利的服务;新生事物的成长,反过来又能解决中观经济发展中某些迫切需要解决的问题。而这些问题通常也是宏观经济中的热点和难点,往往一经解决就会逐步得到国家的确认和完善,产生良好的示范和带动效应。中国绝大多数改革措施和政策的出台,走的都是中观先"摸石头"、宏观再"过河"的路子。

其次,有了中观经济,还能更好地发挥稳定和协调功能,有效削弱宏观经济的过度震荡。对于宏观经济来说,中观经济具有一定的"稳定器"和"减压阀"的作用。这包括自上而下、自下而上两个方面。一是自上而下方面,当宏观经济出现大的震荡或者不利于中观经济发展时,发挥中观经济的主观能动性,通过中观经济各个层次的逐层"吸收",可以将震荡"辐射"降到最低程度。20世纪80年代初期,国家进行国民经济调整，大力压缩基本建设投资，但有些省份发挥中观经济的调节功能，在基本建设投资大幅度下降的情况下，主要经济指标仍保持全面增长的好势头；20世纪90年代中期，国家出台房地产业降温、消除"泡沫经济"的政策措施后，海南省经济受到极大冲击，但该地政府通过开发旅游业、高效农业，以及为微观经济创造良好的外部环境等途径，将冲击波大大减轻，使中观经济经过短期波折后很快重现生机与活力。二是自下而上方面，当微观经济出现不良征兆时，中观经济主体可以及时干预，以弥补宏观经济主体的"鞭长莫及"。

最后，中观经济能完善国民经济控制系统，分散集中控制的风险。从改革的角度来看，中观调控系统在整个国民经济系统中具有不可替代的作用。根据控制论的观点，国民经济系统多目标最优化的问题，归根到底是求函数极值的问题。在集中控制的条件下，函数自变量的个数急剧增加，使最优化系统空间的维数急剧增加，给精确的计算带来巨大的困难。同时，集中控制的结构具有高度刚性，系统对随机变化和环境变化的适应仅仅来自它的中心。虽然集中控制可以使系统长期保持稳定，但是系统的不变结构和其各部分进化创新的矛盾最后将发展到十分尖锐的地步。另外，集中控制还会降低系统工作的可靠性。一旦发生失误，各子系统都难以预防和纠正，从而使整个系统的状态恶化。如果不同层次的决策分别由不同的主体提出，各子系统具有较强的独立性，就将其称为分级（或分散）控制。分级控制对权力的纵向分割，在很大程度上可以克服集中控制的上述弱点，能够适应环境和系统内的变化，使每个层次具有自主应变的功能。同时，下级层次由于自行接收和处理的信息增加，控制效率也会随之提高。实行分级控制的经济运行机制，就是由中央管理地区、部门和大型集团，再由地区、部门和大型集团管理企业或微观经济层。

基于政府超前引领理论提出区域政府竞争理论，又提出中观经济学，既是一种偶然，又是历史的必然。中观经济学可以极大地完善和弥补当代的经济学理论体系，与宏观经济学和微观经济学一起构成新的经济学上层建筑，更好地促进和服务于生产关系，从而促进生产力的发展。

从政府超前引领理论到区域政府竞争理论，再到中观经济学，中国特色社会主义道路，在创造世界奇迹的同时，也必然伴随经济学的理论突破。中国的各级政府能在复杂的经济形势下驾驭大局并创造奇迹，同样，中国的经济学者也应有挑战传统经济学理论的勇气并必有所获。

阅读材料一

中国的实践可以创造世界性理论成果

中国特色社会主义道路，不仅给老百姓带来财富，也为经济理论研究者提供了机会。特别是中国多年的改革、开放和发展，不仅凝聚了众多经济学者的智慧和心血，也收获了许多理论成果。

《论政府超前引领：对世界区域经济发展的理论与探索》的出版，就是其中一项重要成果。作者陈云贤立足于中国这块区域经济学的高地放眼世界，对世界区域经济发展提出了理论与探索。

陈云贤在获得经济学博士学位后，先后在金融机构和政府部门工作，他根据自己的研究心得，提出了"政府超前引领理论"。他还大胆地提出市场竞争的双重要素论。他认为，从全球经济的角度来看，市场竞争的主体存在双重要素，即企业和政府。

他认为，这种双重要素的竞争，推动了中国经济的增长，同时也是区域（省、市、县）政府"超前引领"的实践依据。

我感到作者的上述观点是以中国经济近年来的实际情况为依据的。以前，我曾在各种场合提出，在经济运行的调节中，政府调节要有预见性，不能滞后，不能仅限于"事后调节"，在很多情形下需要有预调。这和作者的观点不谋而合。

政府与市场的关系问题，是经济学面临的一个重要问题。在中国的改革发展历程中，不同力量的交锋与碰撞，基本上是围绕着政府与市场关系问题而展开的。但无论如何，政府的"有形之手"和市场的"无形之手"，对任何一个自主经营的经济体的发展来说都十分重要。近年来，中国的经济社会发展之所以取得显著成效，一个重要因素就是既发挥了市场的基础性调节作用，又拥有一个强有力的政府。我们不能把"强市场"和"强政府"简单对立起来：在经济中，既要有一个"强市场"来有效配置资源，也要有一个"强政府"来保护和营造好市场环境。"强政府"不是为了代替"强市场"，"强市场"同样需要"强政府"作为保障。有了"双强"，才能纠正"市场失灵"，减少"政府失灵"。

中国在发展中有一个很重要的现象，就是许多利益相对独立的区域经济体一直在展开竞争，各自发挥自己的比较优势，从而调动了区域的积极性，也为中国整个经济体系带来动力和活力。有的学者把这种态势概括为县际竞争、市际竞争、省际竞争，而陈云贤在这本书中则从经济理论和区域经济实践的角度将其概括为"中观经济学"。这是一个重要创新，值得经济理论界注意。

经济学作为一个与实践联系紧密的学科，总是和经济发展联系在一起，研究重心也是随着世界经济重心的转换而转换。20世纪30年代前，世界上著名的经济学家主要集中在欧洲，第二次世界大战结束后则主要集中在美国。这是世界经济发展重心转移的结果。随着中国经济的崛起，中国经济必将受到更多的关注，我们的经济学理论研究者也将迎来最好的时代。

资料来源：厉以宁，2014.中国的实践可以创造世界性理论成果[N].光明日报，01-13（15）.

阅读材料二

深刻把握中国式现代化的中国特色

中国式现代化是人口规模巨大的现代化，是全体人民共同富裕的现代化，是物质文明和精神文明相协调的现代化，是人与自然和谐共生的现代化，是走和平发展道路的现代化。这是中国式现代化的5个中国特色。以中国式现代化全面推进中华民族伟大复兴，必须切实把握好基于自己国情的中国特色。

一、坚持从中国国情出发

我国14亿多人口整体迈入现代化社会，规模将超过现有发达国家人口的总和，艰巨性和复杂性前所未有，发展途径和推进方式也必然具有自己的特点。当今世界，虽然许多国家都在努力建设现代化，但真正全面建成现代化的国家并不多。一些发展中国家不顾自身发展的国情和历史方位，全盘照搬西方模式，结果发展过程极为艰难。归根结底，人类历史上没有一个民族、一个国家可以通过依赖外部力量、照搬外国模式、跟在他人后面亦步亦趋实现强大和振兴。我国的现代化建设之所以能够取得今天这样的好局面，根本在于我们的现代化是中国共产党领导的社会主义现代化，既有各国现代化的共同特征，更有基于自己国情的中国特色，是符合中国实际的。我国仍处于并将长期处于社会主义初级阶段，仍然是世界最大的发展中国家，把我国建设成为社会主义现代化强国需要付出长期艰苦的努力。要始终从国情出发，想问题、作决策、办事情，既不好高骛远，也不因循守旧，保持历史耐心，坚持稳中求进，循序渐进，持续推进。坚持集中精力办好自己的事，继续抓住并用好重要战略机遇期，在准确把握历史规律、时代大势、发展条件的基础上科学谋划、积极作为、顺势而为，在一步一个脚印的扎实推进中破解难题、实现目标。

二、坚持全体人民共同富裕

共同富裕是中国特色社会主义的本质要求，也是一个长期的历史进程。实现共同富裕是我们党的重要使命，这不仅是一个经济问题，而且是关系党的执政基础的重大政治问题。中国式现代化坚持把实现人民对美好生活的向往作为现代化建设的出发点和落脚点，着力维护和促进社会公平正义，着力促进全体人民共同富裕，坚决防止两极分化。要坚持以人民为中心的发展思想，在高质量发展中促进共同富裕，自觉、积极、主动地解决地区差距、城乡差距、收入分配差距，提高发展的平衡性、协调性、包容性。在共同奋斗中促进共同富裕，鼓励勤劳创新致富，为人民提高受教育程度、增强发展能力创造更加普惠公平的条件，防止社会阶层固化，畅通向上流动通道，给更多人创造致富机会。正确处理效率和公平的关系，构建初次分配、再分配、第三次分配协调配套的基础性制度安排，建立科学的公共政策体系，让发展成果更多、更公平地惠及全体人民。坚持尽力而为、量力而行，把保障和改善民生建立在经济发展和财力可持续的基础上，重点加强基础性、普惠性、兜底性民生保障建设。全体人民共同富裕不是少数人的富裕，也不是整齐划一的平均主义。要允许一部分人先富起来，同时要强调先富带后富、帮后富。按照党中央部署，到"十四五"末全体人民共同富裕迈出坚实步伐，到2035年全体人民共同富裕取得更为明显的实质性进展，到21世纪中叶全体人民共同富裕基本实现。要坚持循序渐进，充分估计长期性、艰巨性、复杂性，实打实把一件件事办好，扎实推进共同富裕。

三、坚持物质文明和精神文明相协调

物质富足、精神富有是社会主义现代化的根本要求。物质贫困不是社会主义，精神贫乏也不是社会主义。中国特色社会主义是全面发展、全面进步的伟大事业，没有社会主义文化繁荣发展，就没有社会主义现代化。要不断厚植现代化的物质基础、不断夯实人民幸福生活的物质条件，同时大力发展社会主义先进文化，加强理想信念教育，传承中华文明，促进物的全面丰富和人的全面发展。要坚持马克思主义在意识形态领域的指导地位，不断推进马克思主义中国化、时代化。大力弘扬和践行社会主义核心价值观，通过教育引导、舆论宣传、文化熏陶、实践养成、制度保障等，使社会主义核心价值观内化为人们的精神追求、外化为人们的自觉行动。推动理想信念教育常态化、制度化，加强党史、新中国史、改革开放史、社会主义发展史教育，加强爱国主义、集体主义、社会主义教育，促进全体人民在思想上、精神上紧紧团结在一起。推动中华优秀传统文化创造性转化、创新性发展，继承革命文化，发展社会主义先进文化，建设社会主义文化强国。坚持把社会效益放在首位、社会效益和经济效益相统一，推进文化事业和文化产业全面发展，繁荣文艺创作，完善公共文化服务体系，为人民提供更多更好的精神食粮。

四、坚持人与自然和谐共生

人与自然是生命共同体，无止境地向自然索取甚至破坏自然必然会遭到大自然的报复。中国式现代化既要创造更多物质财富和精神财富以满足人民日益增长的美好生活需要，也要提供更多优质生态产品以满足人民日益增长的优美生态环境需要。我们必须把握好发展与保护的关系，决不能走"先污染后治理"的路子。要坚持可持续发展，坚持节约优先、保护优先、自然恢复为主的方针，像保护眼睛一样保护自然和生态环境，坚定不移地走生产发展、生活富裕、生态良好的文明发展道路，实现中华民族永续发展。践行绿水青山就是金山银山理念，坚持不懈推动绿色低碳发展，把实现减污降碳协同增效作为促进经济社会发展全面绿色转型的总抓手，加快推动产业结构、能源结构、交通运输结构、用地结构调整，形成绿色发展方式。加快形成节约资源和保护环境的空间格局，把经济活动、人的行为限制在自然资源和生态环境能够承受的限度内，给自然生态留下休养生息的时间和空间。集中攻克老百姓身边的突出生态环境问题，坚持精准治污、科学治污、依法治污，以更高标准打好蓝天、碧水、净土保卫战。推进山水林田湖草沙一体化保护和修复，加快构建以国家公园为主体的自然保护地体系，加强生物多样性保护，提升生态系统质量和稳定性。建立健全体制机制和政策体系，完善环境保护、节能减排约束性指标管理，提高生态环境治理体系和治理能力现代化水平。

五、坚持走和平发展道路

中国式现代化强调同世界各国互利共赢，推动构建人类命运共同体，努力为人类和平与发展作出贡献。历史上一些国家通过战争、殖民、掠夺等方式实现现代化，给广大发展中国家人民带来深重苦难。中华民族是热爱和平的民族，600多年前郑和下西洋时率领的是当时世界最庞大的船队，带去的是丝绸、茶叶和瓷器，而不是战争。我们坚定站在历史正确的一边、站在人类文明进步的一边，高举和平、发展、合作、共赢旗帜，在坚定维护世界和平与发展中谋求自身发展，又以自身发展更好维护世界和平与发展。坚持胸怀天下，坚持独立自主的和平外交政策，坚持相互尊重、平等协商，以对话弥合分歧，以谈判化解争端，反对一切形式的霸权主义、强权政治，推动各国共同走和平发展道路，推动建设新型国际关系。推进合作共赢开放体系建设，全面提高对外开放水平，推动贸易和投资自由化便利化，推动共建"一带一路"高质量发展，支持开放、透明、包容、非歧视的多边贸易体制。积极发展全球伙伴关系，同世界各国增进政治互信、深化务实合作。坚持不懈推动完善全球治理，坚定维护以联合国为核心的国际体系、以国际法为基础的国际秩序、以联合国宪章宗旨和原则为基础的国际关系基本准则,维护和践行真正的多边主义,积极推动经济全球化朝着更加开放、包容、普惠、平衡、共赢的方向发展。

资料来源:韩正,2022. 以中国式现代化全面推进中华民族伟大复兴(认真学习宣传党的二十大精神)[N]. 人民日报,11-01(3).

复习思考题

一、名词解释

微观经济学、宏观经济学、中观经济学

二、简答题

1. 中观经济学的主要研究对象是什么?
2. 中观经济学与微观经济学、宏观经济学的研究范畴有何不同?
3. 如何看待中观经济学对现代经济学理论体系的创新与发展?

第二章

"三类型"资源的界定

第一节 资源生成理论

一、斯密的研究思路考证

英国经济学家斯密是古典经济学的奠基者和经济理论的系统化者,他的两部重要著作《道德情操论》和《国富论》在经济学的形成和发展过程中有重要贡献,至今仍是经济学研究和实践指导的经典理论。在这两部书中,斯密对个人的社会行为、经济行为的动机和规律进行了系统阐述,并在《道德情操论》中提及将在另一本论著中阐述"法律和政治的一般原理"。也就是说,斯密的研究思路是从个人行为过渡到政府行为,虽然随着他的过世,关于"法律和政治的一般原理"的第三本书未能问世,但他的研究思路对于理解从市场资源配置到政府资源配置的理论渊源有很重要的参考价值。

(一) 第一本书《道德情操论》

《道德情操论》的分析起点是人类本性和自保原则。斯密认为,每个人生来首先和主要关心自己;而且,因为每个人比任何人都更适合关心自己,所以这样做是恰当和正确的。然而."首先和主要关心自己"的人,也就是有自我心的人,如何才能过一种社会性生活呢?斯密引入了同理心这只看不见的手,认为尽管每个人生来首先和主要关心自己,但幸好人类还有一种设身处地想象的能力,这种能力就是同理心。借助这种能力,每个人就能够设身处地综合考量自己和他人的感受,并采取适宜的行为;而适宜的行为,就是美德。自我心与同理心的有机融合,可以调节个人社会行为。自我心和同理心也可以理解为利己性和利他性。

(二) 第二本书《国富论》

斯密的《国富论》共有五篇内容,以《道德情操论》提出的自我心为基础,开始分析个人在经济领域的行为。斯密认为利己性与利他性的有机融合也可以调节企业社会行为,因为每个人都关心自己,但又需要同他人进行平等互利的交换。人类交换的倾向引起了分工,而分工能够提高劳动生产率;在对分工和交换的进一步分析中,斯密依次探讨了货币理论(便于交换)、价值理论(度量交换比例)、供求理论(交换机制)、分配理论(反馈机制)等。除了劳动生产率的提高,斯密还着重论述了调节企业社会行为的商品、价格、供求、竞争等看不见的手的市场规律,并且对经济思想史和政府的财政政策进行了探讨,为政府的角色定位提供了研究思路。

(三) 未能问世的第三本书的可能内容

斯密在 1759 年《道德情操论》中就说了打算写一部"法律和政治的一般原理"的著作。在 1790 年《道德情操论》第六版出版时又旧事重提,说明他一直没有完成他的第三本著作,几个月后他便与世长辞,第三本书终究没能问世。但我们可以从他的研究思路中感知到个人、企业、政府这样的研究脉络,政府应该是经济学当中的一个重要研究主体,传统经济学中对政府经济职能的消极定位应该得到纠正。

通过对斯密经济学思维的研究,可以推断在他的第三本书中或许包含以下五个方面内容:①政府与法律;②国家经济基本职能与政府管理(政府行为特征);③国家发展的内在动力;④国家与国家之间的内在牵制力(国家之间的竞争规律及维护国家之间关系的公共规则的建立);⑤政府的角色定位。

时代所限,斯密的经济学理论也存在着一些缺陷,比如对产业经济、产业资源的表述还不够清晰完整,对产业经济中的政府与市场角色也没有进行充分的分析,在某些理论的阐述上也存在自相矛盾的一面。总而言之,斯密开启了一个经济学研究的时代,也开拓了众多经济学理论发展的空间,这些内容也正是中观经济学所要探讨的问题。

二、资源稀缺与资源生成

经济资源通常被定义为具有稀缺性且能带来效用的财富,是人类社会经济体系中各种经济物品的总称。所谓经济资源,必然具备有用性和稀缺性两种特性。其中,有用性是一项资源的先决条件,而稀缺性则是经济资源之所以为经济资源的前提。

资源稀缺与资源生成是资源配置中的一对孪生儿。经济行为都是建立在两个假设基础之上——经济活动的利己性和资源稀缺；同时也是建立在一个统一的原则之上——资源优化配置与经济良性发展。

稀缺法则是传统经济学研究的出发点，中观经济学也不例外，但中观经济学又不是简单地、泛泛地在资源稀缺的假定下搭建理论框架，而是特指区域政府所掌握的这部分稀缺资源，如何创造性地在政府投资下形成一种新型的、可供市场配置的资源，这种政府投资开发而形成的新型资源等于政府创造了一个新的市场，既不同于市场可以直接开发利用的纯商业的稀缺资源（可经营性资源），也不同于用于提供公共服务的政府社会性资源（非经营性资源），而是介于非经营性资源和可经营性资源之间的准经营性资源，即由政府投资开发生成的资源，既可以由政府继续经营，也可以选择由市场进行经营。这类资源可以被称为生成性资源，除了以基础设施投资开发为主题的城市经济之外，还有今后亟待开发的深海经济、太空经济、极地经济等，都需要政府的先行介入，然后才可能成为一个繁荣的经济市场。

三、资源生成的特点

资源生成不是计划设定的产物，而是原已存在或随着时代进程客观需要存在，由静态进入动态、由非生产性进入生产性，并在其中形成经济效应的产物。这一定义呈现出资源生成具备动态性、经济性、生产性和高风险性四大特点，其投资开发具有前期投资额大、建设周期长、成本高、市场窄小，以及投资回收可能面临失败或遭遇突发性事件等特点。因此，其在投资开发过程中，一方面不断地拓展着市场领域，另一方面又亟需与产业经济不同的投资主体和游戏规则。

资源生成的动态性体现为这类资源在非经营性资源和可经营性资源之间的过渡性和可转化性。通过政府投资开发，这类资源可以由原来的非经营性资源变为准经营性资源，此时，政府可以选择继续经营，也可以交给市场作为可经营性资源来配置。随着政府投资开发的不断进行，这类资源也在不断增多，也意味着为市场提供了更多的可经营性资源的可能。所以，资源生成是一个动态的过程。资源生成是各类市场主体投资的产物，可以作为准经营性资源由市场资源配置机制和政府资源配置机制共同发挥作用，也可以作为可经营性资源遵循市场机制进行资源配置，因此具备经济性。资源生成的过程实质上是一个新市场的缔造过程，有了基础性的设施建设可以创造出更多更新的价值,生成新的产业资源和城市建设资源,因此也具备显著的生产性。

除了动态性、经济性和生产性,资源生成还具有高风险性。资源生成是在政府主导和市场参与下的投资再生产行为,接受市场机制对资源的配置作用。投资必然就会有风险,开辟新的资源或新的市场面临着昂贵的成本和巨大的不确定性,所以资源生成的高风险性也是其显著特征。对于此类高风险性和高不确定性的资源,企业通常没有足够的魄力、动力和实力去投资。这一特点也再次表明资源生成应当、也必须由政府来主导投资。

第二节 区域三类资源

一、可经营性资源

(一) 可经营性资源的内涵

与产业发展相对应的资源在市场经济中称为可经营性资源。可经营性资源以各区域产业资源为主,具有竞争性和排他性。由于经济条件、地理条件和自然条件不同,各区域通常以三次产业中的某一产业为主导方向。当然,在现实区域经济发展进程中,也不乏在发展第一产业或第二产业的过程中,伴随着强盛的物流业、会展业、金融业、旅游业、中介服务业和商贸零售业等第三产业发展的状况。可经营性资源包含三个层次:①产品或商品;②产业或行业(产业链);③与产品(或商品)或产业(或行业)相关联的服务设施及其机构。可经营性资源的配置应该完全遵循市场机制,交给企业经营才能最大程度地实现资源的优化配置,所以称之为可经营性资源。

西方经济学中与可经营性资源对应的机构主要为实业企业。

在中国,对应可经营性资源的政府管理机构有:

(1) 发展改革、统计、物价管理机构;

(2) 财政、金融、税务、工商管理机构,工业、交通、安全、能源、烟草管理机构,科技、信息、专用通信、知识产权管理机构,商务、海关、海事、口岸、邮政、质检、外事、旅游管理机构;

(3) 审计、国土监察、食品药品监督管理机构。

比如，各种日用消费品、一般生产资料、普通通信和交通工具等在生产和生活中大量使用的物品，以及生产、生活服务，都可以通过企业、家庭和个人的自主决策在市场交易中获得。市场通过自由选择机制和竞争淘汰机制，推动可经营性资源的优化配置，实现消费者效用的最优和企业利润的最大化。像家电业等制造行业就是典型的可经营性资源，家电企业不断进行技术创新和成本控制，目的就是在市场竞争中获得先机，引领行业趋势，获取更大的市场份额。由家电业带动起来的人工智能、绿色环保等行业又引发新一轮的行业理念、技术和经营模式的革命。这些都说明了可经营性资源只有交给市场进行资源配置，才能激发出最大的潜力，创造出更多的价值。

（二）配置原则

可经营性资源的竞争性意味着由市场规则配置该资源。由市场以某种价格提供或配置可经营性资源，可以确保人们在生产和使用产品的过程中，考虑成本和收益提高经济效率。可经营性资源的排他性意味着企业可以获得经营资源的收益，市场愿意提供这种资源。总之，对可经营性资源来说，商品、产业及其相关配套服务行业应当按照市场配置原则、市场运行机制和市场运行规则来运行和管理。

既然可经营性资源属于私人产品而非公共物品范畴，那么区域政府在经营上就不宜插手干预，而应尽可能地将区域可经营性资源项目通过资本化手段、措施和调节方式，交给市场、社会、区域内外的各类投资者来经营，从而使可经营性资源根据市场需求、社会供给和国际经济发展的客观趋势进行有效投资，优化结构，促进市场化机制健全发展，并且，应根据对市场的预测进行风险有效调控，防止大起大落。

既然可经营性资源是市场配置的范畴，政府就应当遵循市场规律，在政策措施上制定和形成符合市场规律的基本准则或政策生态，并在政策配套中阐明各项政策应该怎么干。比如，不干预政策、鼓励扶持政策、反垄断政策、风险处置政策等。这一系列的政策措施就成为遵循市场规律的基本准则或政策生态。

总而言之，区域政府对可经营性资源的配置原则应遵循三点：第一，对产业进行规划和引领；第二，对市场或企业整体进行扶持和调节；第三，对区域或局部市场进行监督和管理。

二、非经营性资源

（一）非经营性资源的内涵

与社会民生相对应的资源在市场经济中称为非经营性资源。它以各区域社会公益产品、公共物品为主，具有非竞争性和非排他性。非经营性资源包括经济（保障）、历史、地理、环境、形象、精神、理念、应急、安全、救助，以及区域其他社会需求。

西方经济学中与此类资源对应的机构主要为社会企业。

在中国，对应此类资源的政府管理机构有：

（1）财政、审计、编制、文史、参事、档案，民政、社保、扶贫、妇女、儿童、残联、红十字会，民族、宗教、侨务等管理机构；

（2）地质、地震、气象等管理机构；

（3）应急、安全、人防，人民武装、公安、司法、监察，消防、武警、边防等管理机构。

世界各国对此类资源的管理形同名异，但对此类资源的配置原则主要是基本托底、公正公平、有效提升。这点实践认识也很一致。

（二）配置原则

对于非经营性资源，即在市场达不到的领域，政府应责无旁贷地、全面地、确保基本保障地承担起此类资源的配置、管理和发展事务，按照"基本托底、公平公正、有效提升"的原则配套政策。这也就是取之于民、用之于民的财政要弱化其建设性财政职能、强化其公共性（公益性）财政作用的原因。

非经营性资源的配置原则实质就是社会公共物品的保障原则，或者说是"民生托底、公平公正、社会福祉政策"的实施原则。社会公共物品因其消费的非排他性和非竞争性，很难通过市场交易实现"谁生产谁获益"的基本利益原则，对于以利润最大化为主要宗旨的企业，难以提供利益激励，所以在社会公共物品的提供上无法获得市场的认可，生产动力严重不足。但这些社会公共物品又涉及民生福祉、公共利益，对于整个社会和国民经济而言具有重大的战略意义，所以这部分非经营性资源的配置必然要由政府完成，也就是主要采用公共生产和公共提供的方式，免费供给公共物品或服务。

为解决公共问题、达成公共目标、实现公共利益、规范和指导有关机构、团体或个人的行动，政府需要通过一系列法律法规、行政规定或命令、政府规划等对社会利益进行权威性分配，集中反映和促成社会利益。这些以公共利益为价值取向和逻辑起点的公共政策形成了非经营性资源配置的政策生态。政府要做到社会公平、社会稳定、社会基本保障，对非经营性资源配置的最基本政策或措施就应该包括公共物品投资政策、转移支出政策、公共物品定价政策等。

公共物品投资政策是指政府直接对涉及公共利益的基础设施和公共服务进行投资，提供全部财政支撑来保证基础设施和公共服务的运行。

转移支出政策则是通过社会保障、财政补贴等相应手段对涉及社会公共安全、民生福利的项目进行货币化投入，并制定降低税费负担的一系列政策措施，确保社会危机阶段的社会平稳和民众的基本福利维持，这种政策职能与政府作为国民政府的本质意义完全相符。

公共物品定价政策因公共物品的提供目的不同、种类不同、运营和管理等方面的要求不同也有所差异。比如，对于国防、外交、司法、公安、行政管理、生态环境保护等这些政府负有义不容辞的责任的纯公共物品，政府必须用税收来保证其全额费用，实行零价格政策。

三、准经营性资源

（一）准经营性资源的内涵

与城市建设相对应的资源在市场经济中称为准经营性资源。它以各区域城市资源为主，具有不充分的非竞争性和不充分的非排他性。准经营性资源主要用于保证国家或区域社会经济活动正常进行的公共服务系统，以及为社会生产、居民生活提供公共服务的软硬件基础设施，包括交通、邮电、供电供水、园林绿化、环境保护、教育、科技、文化、卫生、体育事业等城市公用工程设施和公共生活服务设施。其设施的软硬件水平，直接影响着一个国家或区域的外形、特征、品位、功能和作用。完善的软硬件基础设施将促进区域社会经济各项事业发展和推动城市空间形态分布和结构的优化。我们之所以称这类资源为准经营性资源，是因为该类资源在西方经济学中还是"模糊板块"，在传统经济学中归类为政府与市场的"交叉领域"——既可由市场来承担，也可由政府来完成的经济发展、社会民生事业。

在中国，对应此类资源的政府管理机构有：

（1）国有资产、重大项目等管理机构；

（2）国土资源、环境保护、城乡建设等管理机构；

（3）人力资源、公共资源交易等管理机构；

（4）教育、科技、文化、卫生、体育、新闻出版、广播影视、研究院所等管理机构；

（5）农业、林业、水利、海洋渔业等管理机构。

（二）配置原则

区域政府竞争有广义和狭义两个层面：广义的区域政府竞争是区域全要素的竞争，包括可经营性资源及其配套政策的支持、非经营性资源及其政策体系的有效实施、准经营性资源及其开发与配置政策；狭义的区域政府竞争主要就是指对准经营性资源的开发、运营、实现其可持续发展以及政策体系的支撑和保障。

对于准经营性资源，我们应根据区域发展、财政状况、资金流量、市场需求和社会民众的接受程度与承受力等因素，来确定其是按可经营性资源来开发配置还是按公益性事业来运行管理。

1. 遵循市场规律的原则

准经营性资源具有双重属性，也就是说，准经营性资源配置既可以由市场来完成，也可以由政府来承担，是市场资源配置机制和政府资源配置机制发挥作用的交叉领域。而区域政府本身也具有双重属性，在具备"准宏观"角色的同时也具备"准微观"性质，"准微观"的性质决定了区域政府要在准经营性资源配置上参与竞争，但区域政府对准经营性资源的配置必须充分尊重市场在资源配置方面的主导地位，坚持按照市场规律发挥管理职能，强化区域政府行为的市场适应性，展开区域政府间的良性竞争，以各地区市场运转的效率、实现的经济和社会收益作为竞争的主要考核目标。区域政府因此可以实现从远离市场竞争的"准宏观"的权力机构到参与市场竞争、提高管理绩效的"准微观"的角色的转换。

对于这类区域准经营性资源，区域政府和市场都可以介入。也就是说，在区域准经营性项目上，区域政府和市场的边界关系可以看作是相互替代的，是一种"非此即彼"和"此消彼长"的博弈关系，即选择通过发挥区域政府职能作用来获得一定的产出，就意味着必须放弃一定的市场机制的作用。或者说，选择通过市场机制的作用来获得一定的产出，就意味着必须放弃一定的区域政府职能作用。区域政府与市场的这种相互替代关系意味着由区域政府和市场共同影响的作用边界存在一个最优组合的问题,而最优组合点由二者的等产量线和等成本线的切点位置决定,在这一点上,可以实现成本在一定条件下的产出最大或产出在一定条件下的成本最小,符合资源配置效率最大化的基本原则。

2. 调控市场运行的原则

准经营性资源的配置、开发、运营和管理,有载体确定和资金运营的问题。

对于载体确定的问题,如果把准经营性资源放入市场体系中去配置、开发、运营和管理,区域政府则可以通过独资、合资、合作、股份制,甚至国有民营等方式组建建设项目的载体。这种方式不仅能根据市场需求、社会供给和国内外经济发展的客观趋势进行有效投资,优化结构,促进经济和社会稳步发展,而且能根据对市场的预测进行有效调控,防范政府在以往的城市建设和发展中"只为社会提供无偿服务型、共享型的公共物品;只投入、不收益;只建设、不经营;只注重社会性,而忽视经济性;只注重公益性,而忽视效益性,从而造成城市资源的大量损耗,城市建设的重复浪费,城市管理的低层次、低水平和无序性运转"的问题,以避免重大损失。因此,在世界各国对准经营性资源的配置、开发、运营、管理方式的变革过程中,各区域政府应对原有配置的城市资源——"存量资产"的载体进行产权改造,让其按照客观规律和市场经济发展的要求,形成与运用资本市场手段相适应的载体,即将"存量资产"的载体改制为国有民营、股份制、合资、合作、拍卖给国内外投资者等形式,使其成为符合市场经济运行规则的载体,参与市场竞争。对于新增城市项目——"增量资产"的载体,则应从一开始就以独资、合资、合作或股份制等形式入手组建,使其能够按照市场规则奠定好载体基础和发展条件,成为市场竞争参与者。要防止区域在"增量资产"的配置、开发中重回政府作为唯一管理载体的老路。

对于资金运营的问题,如果把准经营性资源放入市场体系中去配置、开发,区域政府则可主要通过资本市场融资方式去解决。如发行债券或可转换债券,发行股票,设立项目基金或借助于海内外基金投资项目,以项目为实体买卖上市,项目资产证券化,项目并购组合,捆绑经营、租赁、抵押、置换、拍卖,等等。区域政府也可以通过收费权、定价权等手段,运用 DBO(设计—建设—运营)、BOT(建设—运营—转让)、BOO(建设—拥有—运营)、BOOT(建设—拥有—运营—转让)等方式实施特许经营权资本运营。区域政府还可以根据各准经营性资源项目的不同特点和条件,采取不同的资本运营方式,或交叉运用不同资本运营方式——如采用

PPP（公共私营合作制）方式作为载体，运用 BOT 等特许经营权运营，在条件成熟时改组项目公司为上市公司，通过发行股票或债券进一步把资源项目做强做大，从而帮助区域政府克服资金瓶颈制约，促进城市资源的配置、开发、运营和管理科学可持续发展，用有限的公共财政更有效地满足社会人民群众日益增长的公共物品、公益事业需求。

3. 参与市场竞争的原则

区域政府"准微观"的性质决定了其在准经营性资源配置上可以参与市场竞争。区域政府内部的组织管理可以充分借鉴企业管理的丰富的理论模型和优秀的实践经验，建立高效运转的内部管理模式，成为制度创新、组织创新、技术创新和理念创新的重要力量。同时，区域政府拥有较强的经济独立性，以实现本地区经济利益最大化为目标，自身具有强烈的开展制度创新和技术创新的动力，在竞争中培养了改革魄力和超前思维，具有鲜明的，如熊彼特（1990）所说的"政治企业家精神"。

总而言之，准经营性资源在配置、开发、运营、管理过程中的"政府推动、企业参与、市场运作"方式，一开始就奠定了：①区域政府是市场竞争参与者之一；②区域政府必须依靠市场规则，按市场规律办事；③区域政府同时又是宏观经济代表的引导者、协调者、监督者。

第三节 区域资源配置模型

一、可经营性资源配置

可经营性资源具有较强的排他性和竞争性。其中，排他性是指某部分不满足特定条件的个体或企业会被排除在开发某种可经营性资源（商品或服务）所带来的利益之外，且在某个或某些个体或企业对某种可经营性资源投资后，其他个体或企业就不能享受此种可经营性资源所带来的利益。竞争性是指可经营性资源的拓展将引起生产成本本身和边际生产成本的增加，每多生产一件或一种私人产品，都要增加生产成本以及边际生产成本。

可经营性资源可以表示为以下公式：

$$x_j = \sum_{i=1}^{n} x_j^i \qquad (2-1)$$

在式（2-1）中，x_j 为第 j 种可经营性资源的总量，n 为经济中的企业数（或总人数）；x_j^i 为第 i 个企业（或个人）对这种可经营性资源的拥有量。式（2-1）表明：可经营性资源的总量等于每一个企业（或个人）对这种可经营性资源的拥有数量之和；可经营性资源在企业（或个人）之间是可分的。

对于可经营性资源，即产业资源、产业经济，各国应遵循市场配置资源的原则，发挥其作用，尽可能通过资本化的手段，把它交给企业、社会和各类国内外投资者。政府应按照"规划、引导；扶持、调节；监督、管理"的原则去制定配套的政策。政府在产业发展方面行使经济职能的本质是对可经营性资源进行更深度的开发和更合理的分配。

在本书中，笔者将对可经营性资源的开发定义为改变可经营性资源的总量，而将对可经营性资源的分配定义为改变企业数、人数，或是改变不同个体对这种可经营性资源的拥有量。在这种情况下，对可经营性资源的开发及分配需要同时进行，否则式（2-1）左右两侧数值将不会相等（大部分情况为左侧数值小于右侧）。若左侧数值小于右侧，则代表区域范围内可用的可经营性资源并没有被所有个体完全利用，会导致可经营性资源的浪费。

通过对可经营性资源的开发，政府会在开发现有可经营性资源的同时将区域内部分潜在的经济资源转变为真实的经济资源。在这个过程中，区域内第 j 种可经营性资源的总量可能会增加，即 x_j 的数值增加，或者可经营性资源的种类可能会增多，即 j 增大（例如开发之前 $j=1, 2, \cdots, 100$，开发成功后会变为 $j=1, 2, \cdots, 101$）。对经济资源总量有所影响的因素不仅包含技术知识，还包括经济投资量，这是因为潜在的经济资源需要一定的技术知识才能被发现并被转化为真实的经济资源，而经济投资则是开发可经营性资源的前提之一，两者都是开发可经营性资源的前提条件。

二、非经营性资源配置

非经营性资源具有非排他性与非竞争性。与排他性相反，非排他性代表着在部分个体开发非经营性资源或享用公共物品带来的利益的同时，不能排除区域内的其他个体也从开发非经营性资源或公共物品中获得收益。非竞争性则指增加对非经营性资源或公共物品的开发不会引起生产成本的增加，即边际生产成本为 0。非经营性资源可以表示为以下公式：

$$x_m^i = \sum_{k=1}^{m} x_k = x_m \qquad (2-2)$$

在式（2-2）中，m 为非经营性资源或公共物品的种类，x_m^i 为第 i 个区域的非经营性资源或公共物品的总量，x_m 是该区域内每个个体所拥有的非经营性资源或公共物品的总量，k 为哑变量，$\sum_{k=1}^{m} x_k$ 表示总共有 m 种资源可以用（即从第 1 种加到第 m 种，从 x_1，x_2 加到 x_m）。式（2-2）表明：任何一个消费者（个人或企业）都可以支配非经营性资源或公共物品；非经营性资源在消费者（个人或企业）之间是不可分的。

政府在非经营性资源方面行使经济职能的本质是对非经营性资源进行更合理的利用与分配，且对分配过程进行更深入的监管。通过合理利用非经营性资源，政府会关注到更多的社会民生问题，且颁布更多的民生政策解决或完善这些社会民生问题。在这个过程中，x_m 和 x_m^i 都会增加，即该区域内每个个体所拥有的非经营性资源或公共物品的总量及第 i 个区域的非经营性资源或公共物品的总量均会增加。同时，非经营性资源或公共物品的种类也会增加，即 m 也会增加。而在分配过程中，政府通过相关政策及措施改变非经营性资源或公共物品的分配，确保每个个体都享有同样数量的非经营性资源或公共物品，因此过程中 x_m^i、x_m 及 x_k 会发生变化，且 $x_m^i = x_m$。而监督政策则是在已知 $x_m^i = x_m$ 的情况下确保其与 $\sum_{k=1}^{m} x_k$ 相等，即确保区域内所有非经营性资源或公共物品被充分利用且合理分配到每个个体上。准确来说，利用与分配非经营性资源是初步的社会民生政策，但政府需要进一步颁布监督政策确保利用与分配相关的政策能够顺利执行。

三、准经营性资源配置

用变量 λ（$0<\lambda<1$）来表示准经营性资源在公共部门当中的配置比例。在理论上的极端情况下，如果 λ 为 0，表示准经营性资源完全属于私人部门，即在定义上是完全的可经营性资源；如果 λ 为 1，表示准经营性资源完全属于公共部门，即在定义上是完全的非经营性资源。λ 是指准经营性资源向非经营性资源和可经营性资源的转换程度，该变量受到市场经济发展程度（Y）、财政收支状况——包括财政预

算（B）和财政支出（FE）、居民（或社会）认知程度（γ）的共同影响，可表达为如下公式。

$$\lambda = F(Y, B, FE, \gamma) \qquad (2-3)$$

首先，市场经济发展程度 Y 介于 0 到 1 之间，代表着区域中的经济发展水平处于高度不发达（$Y=0$）和高度发达（$Y=1$）之间的状态。市场经济发展程度会影响居民可支配收入水平，而居民可支配收入水平又会影响流入准经营性资源领域的资金量大小。市场经济发展程度较高的情况下，居民可支配收入水平较高，此时私人部门将有足够的能力和较强的意愿投资准经营性资源，即 λ 值变小，准经营性资源转换为可经营性资源的比例变高。如果原有的 λ 值较大，则意味着准经营性资源市场上原本的私人部门资金供给较少，在总需求不变的情况下，市场会给予新入资金更高的收益率，从而加速私人部门资金流入。因此，λ 的增长率与 Y 呈现负相关的状态，假设 a 为正的常数，则

$$\frac{\partial \lambda / \lambda}{\partial Y} = -a \qquad (2-4)$$

其次，政府对于准经营性资源的投入同时会受到政府财政收支状况的影响。如果政府的财政预算低于其财政支出，代表政府资金不足，可能将更愿意推动准经营性资源向可经营性资源转换以减少政府开支；且政府由于财政资金供给不足，可能更愿意使私人部门获得更高的收益率，减轻区域政府本身的财政压力，因此私人部门资金流入该领域的速度也会加速。在这种情况下，准经营性资源转向私人部门的比例升高，λ 变小。因此 λ 与财政收支状况，即财政支出与财政预算的比值（FE/B）负相关。另外，政府财政支出受到原有的 λ 水平影响，如果原有的 λ 值较大，即准经营性资源由公共部门出资的比例较高，则意味着政府具有更高的财政支出。因此，λ 的增长率与财政收支状况的关系可用下列公式表示，假设 b 为正的常数，则

$$\frac{\partial \lambda / \lambda}{\partial \left(\dfrac{FE}{B}\right)} = -b \qquad (2-5)$$

最后，私人部门对准经营性资源的投入不仅受到资金供求的影响，还受到居民（或社会）认知程度 γ 的影响。居民（或社会）认知程度对于其投入资金意愿的影响在不同经济阶段是不同的：如果经济发展阶段落后，即 $Y < Y^*$（Y^* 为经济成熟的临界值，根据各国标准而定），则居民（社会）认知程度越高，其越能意识到基础设施投资对于经济发展的带动价值，从而越愿意将资金投入准经营性资源，这时 λ 与 γ 负相关；如果经济发展处于成熟阶段，即 $Y > Y^*$，则代表着居民（社会）认知程度

越高,其越能意识到过度的基础设施投资对于环境可持续发展具有负面影响,从而在同样的收益率水平下,这些有足够认知的社会个体更愿意投资其他资源而非准经营性资源,这时 λ 与 γ 正相关。因此,我们在公式中加入 $\ln(Y/Y^*)$ 作为上述讨论的校正系数。另外需要考虑的是,原有的 λ 水平对居民(或社会)认知程度有较大影响。如果市场发展落后,则 λ 越高,越会增强居民投资公共资源的偏好;反之,如果市场发展成熟,则 λ 越高,越会加强居民控制基建规模的期望,而不愿投资于公共资源。

因此,λ 的增长率与居民(或社会)认知程度(γ)的关系可用下列公式表达,假设 c 为正的常数,则

$$\frac{\partial \lambda/\lambda}{\partial \left[\gamma \ln\left(\dfrac{Y}{Y^*}\right)\right]} = -c \tag{2-6}$$

基于上述分析,可以建立一个公式来表达准经营性资源在公共部门当中的配置比例(λ)的变化率与市场经济发展程度(Y)、财政收支状况(包括财政预算 B 和财政支出 FE)及居民(或社会)认知程度(γ)的关系。

$$\frac{\partial \lambda}{\lambda} = -aY - b\frac{FE}{B} - c\gamma \ln\left(\frac{Y}{Y^*}\right) \tag{2-7}$$

式(2-7)表达了准经营性资源向可经营性资源和非经营性资源转换时对于不同变量的依赖性。值得注意的是,当 λ 为 0 时,该资源的运作将与财政收支状况、居民(或社会)认知程度等变量完全无关,既不可以也不可能借助财政收支状况等变量影响可经营性资源的性质。

通过上述式子可以求解得到显式解如式(2-8)所示。

$$\lambda = e^{-\left(aY + b\frac{FE}{B}\right)} \left(\frac{Y}{Y^*}\right)^{-c\gamma} \tag{2-8}$$

式(2-8)给出了准经营性资源在公共部门中配置比例的表达式,不同时期的经济状况发生变化会导致该配置比例也随之变化。

而在实际应用中,准经营性资源在公共部门中配置比例的计算结果的准确度并不确定,理由如下:Y(市场经济发展程度)及 Y^* 是一个相对的值,即其单独存在并无意义,因此在比对不同区域准经营性资源总量时,需要统一 Y^* 才有参考价值;居民(或社会)认知程度的量化标准在不同区域可能有所不同。

第四节　区域政府在资源生成配置领域中的角色

一、资源生成领域的三个层面

准经营性资源就是资源生成，即生成性资源，它包括了原生性资源、次生性资源和逆生性资源三个层面。其中，次生性资源以城市经济作为对应主体进行分析（现实中也是最普遍、最主要的，是凯恩斯一直推崇运用，但在经济学理论上又没有解决的问题），但次生性资源，并不是对准经营性资源的概括，它只是其中的一个方面或一个领域。

（一）原生性资源

原生性资源是指在自然界中一直存在的准经营性资源，既包括太空资源、深海资源、极地资源等有形资源，也包括技术资源、数据资源等无形资源。原生性资源之所以没有被归入可经营性资源的范围，是因为这些资源一直都被社会所知道且具有战略性意义，但是因为其前期投资过大，且短期内并不能创造实质性的价值，所以前期均为政府投资，在技术知识较为成熟且能创造一定价值后，个体才会介入投资，因此被定义为准经营性资源中的原生性资源。

原生性资源是在目前的知识、技术和经济条件下尚待开发的自然资源，比如太空资源、深海资源、极地资源等，它们是国际公共品，如果不去开发，它们就是静态的自然资源；如果对它们进行投资开发，就会形成资源生成领域的原生性资源。

从另一个角度来看，原生性资源是指具备经济价值，但是限于目前的技术、成本等因素，尚未开发利用的自然资源。对这类资源的探索、研究，需要极大量的资金、技术、人才投入。这类资源开发的关键在于重大技术的突破，需要长周期的高投资来推动，一般由政府来进行投资。

原生性资源作为国际公共物品，没有开发利用的历史，因此其产权并未确立，一般按照"先占先得""先用先得"的原则进行分配。因此，各国在这一领域的竞争，实际上已经成为未来发展潜力与发展空间之争。

以太空资源为例，人类对太空的探索从冷战时期拉开帷幕，美苏太空竞赛受到政治因素影响，从而不计成本地探究太空的战略价值。而现在掌握航天技术的各国对太空的探索与航天发展会更多地考虑经济与发展因素，基本转变到了资源生成的轨道。在太空探索的过程中，各国都期待能够获取生存资源，拓展人类的生存空间，以及挖掘其中的商业价值。

除太空资源外，深海资源、极地资源及地球深探资源的生成开发具有一些同样的特点。

一是开发利用意义重大，各国都将对这些资源的探索提升到了国家战略层面。已知资源是有限的，为了满足人类的延续发展，不断开拓新资源是国家的重大使命。

二是开发投入难度巨大，要实现原生性资源向生产要素的转化，需要重大技术的突破和新兴市场的建立。市场主体因缺乏经济效益而欠缺投资开发的动力，也因为没有足够的开发能力望而却步。从这一点上，政府责无旁贷地成了原生性资源开发的主导者。

（二）次生性资源

次生性资源是指在原生性资源的基础上进行二次或多次生成后得到的资源，既包括基础设施、生态环保等硬件资源，也包括政策措施、管理效率等软件资源。次生性资源之所以没有被归入非经营性资源的范围，是因为政府在无法完全承担这部分资源的支出后，会将一部分该资源交由社会不同个体负责，因此被定义为准经营性资源中的次生性资源。

部分城市基建隶属于次生性资源，由于部分城市基建支出较高，全部交由政府部门负责基本不现实，因此政府会通过竞标等措施筛选出符合标准的企业，来承担这部分资源的投资。

次生性资源一般不直接参与经济生产，而是保障国家和地区社会经济活动和人们日常生活正常进行的公共物品系统。次生性资源具有准公共物品的性质，要求政府在其决策、提供和管理等全环节发挥作用。

次生性资源内涵丰富，包含三个层次。

第一层次包含城市的软硬件公共设施。一是城市的硬件公共设施，多指六大系统工程性基础设施，即能源供应系统、供水排水系统、交通运输系统、邮电通信系统、环保环卫系统、防卫防灾系统。二是城市的软件公共设施，主要是指行政管理、文化教育、医疗卫生、商业服务、金融保险、社会福利等社会性基础设施。

第二层次是指随着城乡一体化的进程，次生性资源还包括了乡村生产性基础设施、生活性基础设施、生态环境建设和乡村社会发展基础设施四大类。

第三层次是指随着城乡管理现代化的进程，逐步开发和建设的智能城市等系列工程，也就是当今风行的"新基建"及其运用的项目设施。

（三）逆生性资源

逆生性资源，是指在经过一系列操作后，可以存在经济性的资源。逆生性资源并不是人类从事生产所需要的资源，但其一旦生成，就会变成社会的公共物品。逆生性资源之所以不能归属于可经营性资源或非经营性资源，是因为政府推动了这些不可利用资源实现转变，而社会个体对这类资源的交易使其具备一定的经济性，因此被定义为准经营性资源中的逆生性资源。

逆生性资源中最具代表性的是温室气体，在经济领域表现为碳排放。在全球气候问题日趋严重的背景下，各大经济体都在倡导绿色发展，控制碳的排放，由此产生了碳排放权这种独特的经济资源。碳排放权是具有经济价值和法律效力的资源，可以作为商品进行交易，激发市场机制来优化企业节能减排的效率。中国作为世界上最大的碳排放经济体，为有效解决国家和全球的温室效应问题，提出了"双碳"目标，提出要在2030年实现碳达峰，在2060年实现碳中和。"双碳"目标对于这样一个庞大的发展中国家而言，既是挑战，也是机遇。第一，以减排为目标倒逼经济结构向绿色低碳化转型，可以推动理念创新、技术创新、组织创新和制度创新。第二，不断完善的全国碳排放权交易市场通过国际自愿和国内强制减排的结合，将碳交易强制纳入全国统一的交易市场，可以以市场手段将外部成本内化为排放主体的内在成本。第三，促进排碳企业进行技术升级，取缔粗放型生产，可以实现发展的高质量和可持续性。

通过碳排放权的例子可以发现，逆生性资源与次生性资源的作用机制截然不同，次生性资源通过基础保障来生成新的资源，而逆生性资源则是通过约束市场主体按照合意的方式进行经济活动，进而达成经济发展目标。

二、区域政府在资源生成配置领域中的角色

（一）区域政府是生成性资源开发的引导者

资源生成不同于资源的积累，不单是已有资源的简单增加，而是通过对已有资

源的合理配置，培育新的市场、催生新的资源。资源生成是一个动态的过程，并非由市场自发地进行，而是由区域政府预先进行引导，随后由市场选择性参与。生成新的资源后，产业经济得到发展，政府获得更多的税收等收入，借此进一步发挥资源配置作用，实现经济的循环增长。区域政府对资源生成的引导落脚于对准经营性资源的配置，主要是对城市基础设施进行建设。通过政府的引领性开发，准经营性资源可以形成新的市场，吸引市场微观竞争主体进入。

中国改革开放的历程，始终贯穿着中国政府对资源生成领域的规划引领。将中国整体作为一个区域对外招商引资，吸引了大量外企入驻开拓中国市场，助力发挥市场机制对区域资源的配置作用。区域资源的丰富为政府带来更大的空间"施展拳脚"，中国政府充分发挥政府配置资源的能力，大量投资城市基础设施，有机地将区域资源配置效率和企业资源配置效率进行相互叠加，实现了一国经济发展最优目标模式。从国家层面的五年规划到地方各级政府的经济计划，中国各级政府一直在对经济发展提前布局、超前引领，公共工程基础设施往往领先于区域产业的发展，达到资源稀缺与资源生成相配对的状态，实现经济的持续高速增长。

（二）区域政府是生成性资源开发的推动者

生成性资源的开发可以总结为政府推动、企业参与、市场运作。政府在资源生成领域起主导作用，不论是事前的规划和决策，还是开发过程的投资建设，政府都应充分发挥资源配置的作用。在这一前提下，再根据开发资源的特性，加之生成性资源经济性的驱动，由市场主体选择性地参与开发过程。这里的选择性指的是区域政府和市场主体依据实际情况选择最适宜的合作方式，确定政府和市场作用边界的最优组合。市场运作则是让市场对资源配置起决定性的作用。资源生成是准经营性资源向可经营性资源转换的结果，两类资源具有的共同点是都要求遵循市场规律，借此获得配置的有效率。

生成性资源的开发过程涉及载体确定和资金运营的问题。载体的选择应根据市场需求、社会供给和国内外经济发展的客观趋势确定，促进经济和社会稳步发展。并且根据对市场的预测进行有效调控，避免政府在城市建设和发展中只注重社会性，而忽视经济性。对经济性的忽视会造成城市资源的大量损耗，城市管理的低层次、低水平和无序性运转的问题，导致政府的引导推动能力降低。资金运营方面，政府可以将财政出资和资本市场融资两种方式结合运用。应根据项目的特点和条件，采取不同的资本运营方式。总而言之，不管采用怎样的手段和载体，政府始终是生成性资源开发的核心推动者。但值得注意的一点是，政府必须按照市场的规律办事，在充分尊重和把握市场规律的基础上发挥政府职能。

（三）区域政府是生成性资源开发的第一投资人

不论是财政出资还是资本市场融资，生成性资源的开发都离不开全周期的投资。生成性资源的开发领域集中在未能有效开发的物质资源或亟待建设的新兴市场，一般具有建设周期长、投资支出大、技术要求高、不确定性高等特点，具有高风险性。企业在进行投资时一贯秉持收益最大化原则，尤其对新领域进行投资时更是审慎，相较于政府的超前引领往往是短视的。生成性资源开发中会遇到特有的投资风险、运营风险、管理风险，却未必伴有高收益，因此企业通常没有魄力、动力和实力去投资。高风险性与投资不足在客观上要求政府成为该类资源开发的第一投资人。

生成性资源最显著的特点是生成性，意味着缔造新的市场，为创造更多新价值奠定基础，具有显著的经济正外部性。如果由企业独自开发，且新兴市场没有壁垒，那么后续进入的市场主体相当于把生成性资源的开发成本转嫁给了开拓者。基于这种情况，开拓企业不得不设置壁垒维护利益，造成市场整体的福利降低。而由政府注入资本开发后，能够通过创造更多的税收等方式回收投资支出，达到生成性资源的经济性，同时也实现区域经济新的增长。这一特点同样要求政府应该首当其冲地承担起投资建设的角色。

第五节　区域政府供给侧"三驾马车"

一、凯恩斯的特色经济思想

生成性资源的开发和供给主要取决于政府行为，这一点凯恩斯在其相关学术著作中已有所涉及。凯恩斯被后世奉为国家干预主义、现代宏观经济学的开山鼻祖，与其本人的特色经济思想有很大的关系。凯恩斯擅长数学和经济学，且在学界、政界均有丰富经历，这使他的经济学思考与研究别具一格。

第一，在1919年的《和约的经济后果》一书中，凯恩斯详尽分析了第一次世界大战前欧洲状况、巴黎和会谈判、《凡尔赛和约》的条款尤其是赔款事宜，以及《凡尔赛和约》签订后的欧洲前景与补救措施。他认为，协约国对德国的巨额赔款要求将毁灭德国经济，从而导致欧洲进一步的冲突。凯恩斯提出修改《凡尔赛和约》的有关条款，解决各国之间的债务问题，进行国际贷款，改善国际的关系，以补救《凡尔赛和约》带来的隐患。从这本书中我们可以看到，首先，凯恩斯深刻地预见了政府行为不符合经济逻辑时可能带来的严重后果，因此力图阻止与修正。其次，凯恩斯分析政府行为，并试图运用政府的经济手段改变可能产生的后果，从而把人们（尤其在当时）对经济学的认知和接受程度带到了一个更新的阶段、提高到了更高的水平。最后，凯恩斯从国家权力和整体经济趋势的角度，阐述了政府在其中扮演的角色、发挥的作用，从而与传统经济理论决裂，开启了政府政策直接影响国家经济的客观分析。

第二，1924年，面对英国失业人数已达一百万的状况，凯恩斯提出，政府每年应支出一亿英镑来促进经济增长，特别是用来投资建设住房、道路、电力能源设施等，国家的储蓄应投资于国内的公共基础设施，而不是国外。政府应该去做私人投资者没有或未能去做的事，并不断提高政府效率。凯恩斯认为，首先，政府应促进经济增长，措施包括在国内加大住房、道路、电力能源等公共基础设施投资建设力度。其次，这些公共基础设施的运营组织应属于私人投资和国家管理之间的半自治实体，而公共基础设施的投资建设能有效促进经济增长。最后，对政府而言，重要的不是去做私人投资者已经做过的事，而是应去做现代社会需要但还没有人去做的事。这一阶段，凯恩斯的经济学研究已经从发挥政府作用，进一步引申到政府投资公共基础设施建设对经济增长的促进作用，并试图在理论上有所解释，有所突破。

第三，1936年，凯恩斯出版了《就业、利息和货币通论》。该书主要论述了如下要点：①凯恩斯重新解释了充分就业概念，指出现实中存在自愿失业、摩擦失业和非自愿失业三类，非自愿失业的存在意味着传统就业理论的失效；②凯恩斯提出了有效需求原理，指出就业量实际上取决于与总供给相均衡的社会有效需求的大小；③凯恩斯提出了简单的国民收入决定理论，认为决定国民收入和就业水平的因素主要是三大心理变量（边际消费倾向、资本边际效率、流动性偏好）和货币供应量；④凯恩斯提出了上述三大心理变量的运行规律，即边际消费倾向递减、资本边际效率递减和流动性偏好规律；⑤凯恩斯提出了乘数理论，认为初始的投资增加可以使诱致性投资增加，通过连锁式效应，最终带来数倍于初始投资的社会有效需求扩张，反之亦然；⑥凯恩斯提出了经济周期理论，认为经济周期主要包括繁荣、萧条、衰退和复苏四个阶段，这是由投资率波动引起的，而投资率的波动又主要取决于资本边际效率的变动。此外，凯恩斯还研究了物价理论、工资理论、国际贸易理论等。

二、凯恩斯特色经济思想的贡献与缺陷

《就业、利息和货币通论》从宏观的视角对大量经济概念进行了归纳和整合，使经济学的发展在20世纪翻开了崭新的一页。凯恩斯在"亦学亦政"的特殊经历中找到了一国促进经济增长的新领域。这个领域不是重商主义的"对外贸易"，不是重农学派的"农业和畜牧业"，不是斯密的"商品物质生产部门"和"产业经济"，而是以基础设施投资为主的公共工程、公共物品投资领域。

基础设施投资领域的第一主体，或者说国家在此领域干预经济并促进经济增长的第一主体是政府。政府在基础设施投资领域运用的主要政策手段是财政政策而非货币政策。因此，凯恩斯经济学的发展突破了古典经济学和新古典经济学的边界。古典经济学和新古典经济学遵循"商品价格形成→形成围绕物质生产部门的产业经济→始终坚持企业为自由经济的主体→主体共同遵循市场规律"的思路来推动经济增长；凯恩斯及凯恩斯主义则借助"国家投资公共工程和公共物品→以基础设施投入或城市经济拓展为主→基础设施投资领域的第一主体是政府→政府运用积极财政政策"的路径，有效推动经济增长。由此，从经济增长的运行轨迹上来说，凯恩斯及后来的凯恩斯主义确实使经济学的发展跳出了商品价格分析的限制，这是凯恩斯及凯恩斯主义极为成功且独树一帜的贡献。

但随着凯恩斯理论及相关政策的深化与推动，我们发现凯恩斯理论存在一些问题。

第一，在基础的经济学理论当中，凯恩斯并没有在本质上严格区分公共工程、公共物品与物质商品，而是有意无意又自然而然地把公共工程、公共物品装进了商品价格分析的框架之中。

第二，没有严格区分和界定基础设施、城市经济与物质生产、产业经济的不同点。其实，凯恩斯最早提出政府干预的动因是解决失业问题，促进增长，而政府干预是通过积极的财政政策，在以基础设施投资为主的公共工程、公共物品领域大量投资，这主要属于城市经济范畴，而这又恰恰是那时还没有重大发展、深入涉及的范畴。时代的局限性使那时的经济学家把基础设施、城市经济拓展定义为公共物品，且是私人投资者不能赚取利润、需要靠政府提供的公共物品。凯恩斯虽然把此类公共工程、公共物品定义在私人投资者和国家之间的半自治领域，但并没有旗帜鲜明地提出这不属于产业经济而属于城市经济范畴。

第三，凯恩斯没有严格区分基础设施投资领域/城市经济领域的参与主体与产业

经济的参与主体。产业经济中商品生产的主体就是企业；而基础设施投资领域/城市经济领域的投资主体首先是政府，但同时又包含私人投资者和投资者联盟。凯恩斯认为，有效需求包括投资需求和消费需求，其中，投资需求不足是因为资本边际效率递减和流动性偏好，资本边际效率递减是指投资利润率下降，流动性偏好是指人们保留现金的偏好。在凯恩斯对投资利润率下降的原因分析中，基础设施建设的投资主体显然既包含了政府，又包含了个人投资者和投资者联盟，他们共同参与投资，共同遵循市场运作机制，因此才会有"投资利润率"的概念，即在基础设施投资领域/城市经济领域，参与主体包括政府、个人投资者、投资者联盟三类投资者，经济运行依靠市场规则，范围主要包括公共工程和公共物品。但由于凯恩斯及凯恩斯主义没有区分城市经济中的政府参与或政府干预与产业经济中的企业参与，而把它们混为一谈，于是就出现了其经济学说中政府与企业在产业经济或市场经济中同分一杯羹的问题，这使得斯密的古典经济学与马歇尔的新古典经济学的维护者，或者说所谓市场经济的捍卫者，站出来拼命反对所谓的"政府干预"，从而产生了一系列理论和实际问题的争论。

第四，凯恩斯及凯恩斯主义也没有明确市场规则是否只局限在产业经济中，还是也包括在城市经济或基础设施投资领域中，因而也没有明确作为参与主体之一的政府在公共工程、公共物品领域的投资是否也应遵循市场规则。

第五，政府参与公共工程、公共物品投资，那么它与区域内其他政府、个人投资者、投资者联盟是否也是竞争关系？政府在产业经济发展中的角色与在城市经济开拓中的角色到底如何区分、如何界定？

这些问题都没有得到有效解决，凯恩斯及凯恩斯主义在找到了一国促进经济增长的新领域之后，就急急忙忙着手于研究此领域相关的政策措施与实效问题，推动解决当时的实际问题，而把该理论中需要首先澄清的基础问题搁置一旁。这就导致其理论在前提假设乃至后面的分析上有含混的问题，产生了"模糊区域"。

三、区域政府运用供给侧"三驾马车"助推经济增长

按照凯恩斯在《就业、利息和货币通论》中的观点，通过扩张性财政政策刺激投资和消费，可推动一个国家或地区实现充分就业。这一基本观点经后人学者进一步发展和提炼，演化为现今经济学界经常提及的从需求侧发力拉动经济增长的"投资、消费、出口"这"三驾马车"。

虽然凯恩斯理论抛弃了斯密的理论支撑，自成系统，独树一帜，但又有意无意地将斯密的产业经济市场理论作为支撑。斯密理论支撑的要点，在《道德情操论》中是利己心与同理心有机融合的"一只看不见的手"，在《国富论》中是利己性与利他性有机融合的"一只看不见的手"。而凯恩斯找到了一国促进经济增长的新领域——对基础设施资源、城市资源的开发和利用，但在论述政府职能和国家角色时，其理论却又缺乏合理内核的支撑。

凯恩斯或凯恩斯主义促进经济增长的调控方式无不体现着供给均衡、有效需求、优化资源配置、经济良性发展等原则，但在理论上却忽略了一个关键点，即随着一国的繁荣、科技的进步，出现了城市资源甚至是国际资源如太空资源、深海资源、极地资源等的发掘问题，国家经济增长的课题中新增了新生资源或资源生成的问题，需要进一步研究。这里，资源稀缺与资源生成，是经济学中资源配置的一对孪生儿。

凯恩斯借用了斯密产业资源配置的理论，却又不去讨论基础设施资源/城市资源的生成问题，这样就产生了"就问题论问题""就政策论政策"的情况，此时的凯恩斯经济学作为致用之学，就表现为那种"头疼医头、脚疼医脚"的药方了，这应该是凯恩斯理论真正的问题所在。新的资源生成、资源的有效配置，需要制度建设的配套与保障。有了制度建设才能确定，作为资源开发和利用主体之一的政府，应该如何面对原有资源（产业资源）的开发和利用，应该如何调控新生资源（城市资源）的开发和利用。而配套的制度建设的欠缺，又成为凯恩斯理论的另一缺陷。

经济学理论基础受"演化范式"的规范。因此，我们应借鉴经济实践中的成功案例，借鉴历史的动态演绎过程，以经济学核心原则——资源配置中的资源稀缺和资源生成为切入点，分析、演化出现代市场理论乃至现代经济学体系。

相较于传统的需求侧"三驾马车"，区域政府在对城市经济中的资源生成领域进行开发和建设的过程中，实际上客观地在供给侧形成了推动本地经济增长的新"三驾马车"，即"要素供给、环境供给、市场供给"。

要素供给主要是指对原生性资源的开发与利用，既包括太空资源、深海资源、极地资源等资源生成领域中的有形资源供给，也包括技术资源、数据资源等资源生成领域中的无形资源供给。这实际上是遵循着"劳动、土地——资本、管理——技术、数据"的演化路径，从供给侧解决微观经济市场主体的要素供给问题，推动着世界各国微观企业生产要素的内涵深化及其变革。

环境供给主要是指对次生性资源和逆生性资源的开发与利用，既包括基础设施、生态环保等资源生成领域中的硬环境供给，也包括政策措施、管理效率等资源生成领域中的软环境供给。这种以经济环境供给为依托的政府行为，从供给侧为微观经济市场主体营造合适的营商环境，推动着世界各国营商环境的内涵深化及其变革。

市场供给主要是指对市场领域的开拓与市场体系的完善，既包括由产业经济、城市经济、国际经济等构成的市场横向体系开拓，也包括由市场要素、市场组织、市场法治、市场监管、市场环境、市场基础设施等构成的市场纵向体系开拓。从横向延伸与发展的角度来看，市场经济的发展会沿着"以生产要素、市场商品等为依托的产业经济——以基础设施、城市资源等为依托的城市经济——以太空资源、深海资源等为依托的国际经济"的演化路径实现市场领域的开拓。从纵向延伸与发展的角度来看，市场经济从原先的农业经济、工业经济向信息经济、数字经济发展，进而向生态经济、生物经济演进，反映的是市场体系纵向完善的需求。政府从供给侧出发，一方面对市场领域进行开拓，另一方面对市场体系进行完善，推动着世界各国市场经济的内涵深化及其变革。

四、区域政府供给侧"三驾马车"的理论内涵

区域政府供给侧"三驾马车"理论与凯恩斯主义所延伸出的传统"三驾马车"理论有着本质的区别，主要体现在以下四个方面。

其一，行为节点不同。区域政府供给侧"三驾马车"理论对于经济的干预与调节主要是一种"事前"的经济行为；而传统"三驾马车"理论对于经济的干预与调节更多时候是一种"事中、事后"的经济行为。

其二，调节侧重点不同。区域政府供给侧"三驾马车"理论主要是从供给侧发力，对可经营性资源、非经营性资源及准经营性资源这三类区域资源进行全方位、全过程的调节；而传统"三驾马车"理论主要是从需求侧发力，以刺激投资、消费和出口的方式拉动经济增长。

其三，政府的作用和定位不同。区域政府供给侧"三驾马车"理论将区域政府视为资源生成领域中的市场主体，本质上体现的是有为政府的思想；而传统"三驾马车"理论实际上将政府界定于市场的边缘。

其四，运行模式不同。区域政府供给侧"三驾马车"理论主要依托"政府引领＋供给侧"的模式发挥市场在资源配置中的决定性作用，同时更好地发挥政府的作用；而传统"三驾马车"理论主要依托"政府干预＋需求侧"的模式对市场经济进行调节。

与此同时，区域政府供给侧"三驾马车"理论与西方经济学中的"供给学派"也不是同一回事。二者确实有着相同点，都是将供给侧作为自身理论的主要出发点，也都重视对政府政策的经济效应分析。然而，二者也有着非常显著的本质区别，主要表现在以下四个方面。

其一，理论基础不同。区域政府供给侧"三驾马车"以资源生成理论为基础，强调以需求牵引供给、以供给创造需求；而西方经济学中的"供给学派"以萨伊定律为基础，与需求管理是决裂的。

其二，政府的作用和定位不同。区域政府供给侧"三驾马车"理论强调政府对于市场经济发展的超前引领作用；而西方经济学中的"供给学派"否认政府干预经济的行为。

其三，政策目标不同。区域政府供给侧"三驾马车"理论以对区域三类资源的调节为重点，其目标是推动区域经济的可持续增长；而西方经济学中的"供给学派"以治理"滞胀"为目标。

其四，政策手段不同。区域政府供给侧"三驾马车"理论通过财政、金融、环境、效率、法治五大手段对市场经济发展进行干预与调节；而西方经济学中的"供给学派"只局限于单一的减税手段。

区域政府供给侧"三驾马车"理论对于推动市场经济发展具有重大意义。

第一，该理论扩大了微观企业生产要素的内涵，推动了产业生产要素的变革。区域政府在遵循市场规律的基础上开发、利用和管理资源生成领域资源，从而把微观企业生产要素的内涵扩展到现阶段有形生产要素与无形生产要素相融合的要素体系。

第二，该理论扩大了中观区域营商环境的内涵，推动了一国营商环境的变革。区域政府为推动经济的可持续增长，不断投资建设，改善硬环境、完善软环境，推动了一国营商环境的变革与提升。

第三，该理论扩大了一国市场作用的领域和空间，构建了全新的多层次市场体系。市场横向体系由产业经济、城市经济、国际经济等构成，市场纵向体系由市场要素、市场组织、市场法治、市场监管、市场环境、市场基础设施等构成。

第四，该理论阐明了政府在市场经济中的定位及其作用。区域政府的"有为"体现在供给侧对三类资源的调配、政策配套和目标实现上。

第五，该理论发掘和开拓了一国经济增长重要的新引擎，包括投资新引擎、创新新引擎、规则新引擎。

阅读材料一

<h3 style="text-align:center">关于将数据资源纳入资源生成理论的思考</h3>

中观经济学将资源分为三类，即可经营性资源、非经营性资源和准经营性资源。

可经营性资源以各区域经济中的产业资源为主，由于各区域自然条件及先天禀赋可能存在不同，所以不同区域会根据自身情况选择某一产业作为区域经济的主要发展方向。

非经营性资源是与社会民生相关的资源，以区域内保障社会民生的各类公益产品、公共物品为主，用以满足区域内各方面的社会需求。

准经营性资源是指，伴随着社会经济的发展和时代的进步，一些原有的非经营性资源具备了一定程度上转变为可经营性资源的潜质，从而兼备公共物品与私人产品的特征，这类资源称为准经营性资源或准公共物品。该类资源具有不充分的非竞争性和不充分的非排他性，其转变程度是由不同区域的市场经济发展程度、财政收支状况和居民（或社会）认知程度决定的。

"稀缺法则"是经济学研究的起点，中观经济学也不例外，但中观经济学并不仅是在"稀缺法则"的假定下搭建理论框架，而是特指区域政府所掌握的稀缺资源如何创造性地在政府投资下形成一种新型的可供市场配置的资源。因此，准经营性资源的转化即为资源生成。

自从互联网技术飞速进步以来，人类社会已然迈入了信息时代的新纪元，数字技术的快速发展和广泛应用衍生出了数字经济，数字经济作为一种新的经济、新的动能、新的业态，毫无疑问将会引发社会和经济的深刻变革。作为数字经济核心要素的数据资源，蕴含着巨大的经济潜力，势必将成为给社会发展赋能的重要力量。

在资源生成理论中，资源分类十分重要，数据资源作为新生的资源类型，如何分类是构建数据资源利用结构的首要问题。数据资源不属于是自然资源类型，作为伴随数字技术发展而诞生的全新资源，它的出现无疑是数字信息时代的附属产物。同时，数据资源目前还不能够如同土地、矿产、河流一般塑造某一区域经济发展的具体形态。因此，将数据资源划入可经营性资源并不妥当。数据资源的诞生过程与准经营性资源的定义如出一辙，伴随着数字技术和信息时代的发展，数据资源具备一定程度上转变为可经营性资源的潜质，成为日后数字经济的支柱。因此，可以将数据资源归类为准经营性资源。

既然将数据资源划分为准经营性资源，那么在准经营性资源中，数据资源又是何种角色呢？我们认为，在准经营性资源中，数据资源是次生性资源的一种。在中观经济学的研究框架中，次生性资源是指城市经济中基础设施的投资、建设与开发。原有经济学理论称这类资源为公共物品，由政府来提供。但在现实的经济发展中，它不断地由国内外投资者来共同参与，由此转化成被市场接受并可经营的物品。因此，我们把它称为资源生成领域中的次生性资源。数据资源产生自日常生活当中的方方面面，虽然并不由政府提供，但数据资源自产生之后，便进入了公共物品的行列，因为大数据条件下才能发挥数据资源的最大价值。同时，越来越多的企业开始重视数据资源，使得数据资源成为投资者热衷的投资目标，从而促使数据成为一种被广泛认可并且能够经营的物品。

数据资源的特点也十分明显。首先，数据资源具有动态性。数据在日常的生活之中不断生成，大到国家统计的各类经济数据，小到个人日常的需求数据，整个社会的数据都处于一种不断产生、不断被储存的状态。其次，数据资源具有生产性。数据资源作为现如今大数据技术的基础，不断衍生出新的价值，从更加准确的天气预报到实时播报的道路信息，从更加人性化的购物体验到更加智慧的城市建设，数据资源所带来的产出增值无可否认。最后，数据资源具有较高的经营风险。面对数以万计的数据，如何获取、筛选、处理这些数据资源成为提高其使用效率的当务之急。只有充分整合日常的数据，建立有效的数据获取和筛选机制，才能有效利用数据资源，这势必要求巨大的投入和长期的建设，带来的也必然是较高的经营风险。

这样的特征要求区域政府必须成为数据资源的第一投资人。在中观经济学的分析体系中，区域政府作为区域经济的重要参与者，其理想的类型应该是"强式有为"的政府，要求政府在生成性资源领域或者说准经营性资源领域有所作为。换言之，为了达到"强式有为"政府的标准，能够引领、促进经济发展，即使资源生成过程中存在很大的风险性，区域政府依旧应该担负起应有的责任，积极参与生成性资源的开发。正因如此，数据资源的开发与利用毫无疑问需要由区域政府超前引领。

阅读材料二

政府与社会资本合作模式的创新与超越

PPP模式是政府与社会携手开展基础设施建设、提供公共服务的一种治理创新。欧美政府与社会资本合作的模式主要有两种：一种是BOT模式，引入私人资本建设基础设施、提供公共服务，由消费者支付费用，解决政府资金短缺问题；另一种是PFI（私人主动融资）模式，由政府招标私人资本建设基础设施、提供公共服务，由政府用公共支出买单，重在提高政府支出效率。近年来，PPP模式在我国得到广泛应用。但随着其深入发展，外来理论已经越来越难以解释和指导我国的实践，西方传统模式在我国出现了水土不服。为解决这一问题，我国对PPP模式进行了复合创新，实现了对西方模式的超越。

一方面，实现了实施对象的超越。基础设施及相关公共服务可分为三类：一是经济型，如道路交通、市政工程等；二是社会型，如养老、教育、文化等；三是环境型，如污染治理、生态建设等。西方的PPP模式通常以单个项目为主：BOT模式多见于消费者付费的经济型项目；PFI模式多见于政府付费或补贴的社会型和环境型项目。与之相比，我国的PPP模式通常是涉及多个领域的综合项目，如特色小镇建设就是经济型项目和社会型项目的结合。即使是以某一方面为主导的项目，也常与其他基础设施和公共服务捆绑起来开展。例如，北京一些地铁站在建设中将传统的交通建设与棚户区改造有机结合，既优化了周边环境，又实现了轨道交通、机动车交通和人行交通的合理配置。我国的PPP模式的优点在于可以避免社会资本过多关注经济型项目、忽视社会型和环境型项目；相关的项目评估也已逐步超越单纯的经济考量，要求充分考虑社会影响和环境影响，体现了以人民为中心的发展思想。

另一方面，实现了实施主体的超越。在西方模式中，社会资本通常是以单一主体的形式与政府开展合作。而我国参与合作的社会资本常以联合体形式出现。其中，有的是跨行业、跨部门联合，比如园区项目通常包含市政建设、环境保护、文教旅游等多个部门；有的是供应链上下游联合，比如一些有较强市场竞争力的项目常常包括金融、规划、建设、运营等企业；也有的是不同所有制之间的联合。这种采用联合体形式、组建大PPP项目公司的方式，具有重要的治理创新意义。经过正确引导，将可能发展出介于政府和市场之间的、具有创新意义的混合经济组织，为经济社会可持续发展注入更多活力。

同时，我国PPP模式正在实现实施过程的超越。PPP项目的最终绩效不仅体现在融资和建设环节，而且体现在运营维护环节。相应地，社会资本参与项目的长期竞争力更多来自其在运营维护方面的管理能力和技术水平。当前，我国参与合作实践的社会资本大多是建造或制造企业，建设施工能力强，但运营维护能力较弱。随着新型城镇化的深入推进，未来基础设施建设"硬件"项目将逐步减少，服务运营"软件"项目将成为主导。这对许多以建设施工见长的企业提出了加强服务运营能力的转型要求。可以预见，经过PPP项目的磨炼与考验，这些中国企业将会实现建造业运营化、制造业服务化转型，实现由"中国建造""中国制造"向"中国运营""中国服务"拓展，进而形成新的国际竞争力。

资料来源：诸大建，2017. 政府与社会资本合作模式的创新与超越［N］. 人民日报，08-22（7）.

复习思考题

一、名词解释

资源稀缺、资源生成、可经营性资源、非经营性资源、准经营性资源、原生性资源、次生性资源、逆生性资源

二、简答题

1. 简述资源稀缺与资源生成。
2. 区域经济发展存在哪三类资源？各有什么特点？
3. 资源生成领域主要包含哪三个层面？各有什么特点？
4. 为什么生成性资源的第一投资者主要是政府？

第三章

"四阶段"资源配置

竞争力理论体系存有两条发展轴线，如图3-1所示。

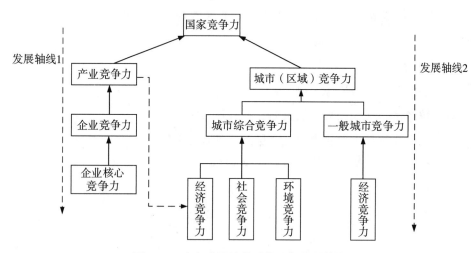

图 3-1　竞争力理论体系的两条发展轴线

发展轴线1是以波特的企业竞争优势和国家竞争优势为理论基础，是一种"条"的发展，下一层次对上一层次的支撑作用比较明显，上下层是密不可分的，主要集中于产业经济领域[①]。它以企业和产业的竞争力之和来体现国家竞争力水平，因此是一种相对狭义的竞争力。因为国家竞争力不仅体现在经济方面，还体现在社会、生态等各个方面。

发展轴线2是城市综合竞争力理论，是从国家竞争力的具体实践中逐步建立和发展起来的。它包含一般城市竞争力和城市综合竞争力。一般城市竞争力主要依靠经济竞争力，而经济竞争力的主要来源是产业竞争力，即主要集中于产业经济领域，即可经营性资源领域；而城市综合竞争力除了依靠经济竞争力，还应依靠社会竞争力和环境竞争力，与前面章节所述的城市经济领域和民生经济领域相对应。

---

① 郁鸿胜：《中国经济引擎：长三角城市综合竞争力发展报告》，格致出版社，2012年。

无论是企业利润的实现还是地区收益的增长，都是一个投入产出的过程，都离不开资源的投入和配置，但资源的投入和配置路径，又是一个不断调整和变化的动态过程，一方面，资源的概念已经突破了传统的有形资源的范畴，越来越多地向无形资源扩展；另一方面，配置的主导因素也在不断由简单要素向技术、创新等全要素过渡。波特在《国家竞争优势》一书中提出，一个国家（或地区）经济发展会历经四个阶段，分别是：要素驱动阶段、投资驱动阶段、创新驱动阶段、财富驱动阶段。从世界各国的经济发展来看，区域政府的资源配置路径同样会经历四个阶段，分别是：产业经济导向阶段、城市经济导向阶段、创新经济导向阶段、共享经济导向阶段。区域政府所处的阶段不同，政策生态环境也就不同，所运用的资源配置手段也必须因时而定。因此，区域政府必须有效判断经济增长的核心驱动力，并运用一系列的资源配置手段进行政策生态引领。

第一节　产业经济导向阶段的资源配置

一、产业经济导向的内涵

任何产出都需要资源的投入，各种资源的不同配置路径决定了产出效率的不同。在产出过程中，资源一般以生产要素的形式出现，生产函数一般被定义为：在生产技术给定的条件下，一定时期内生产要素的各种投入组合与产品的最大产出量之间的物质数量关系，是生产过程中存在于投入与产出之间的关系在技术上的说明。

在经济发展的最初阶段，技术水平较低且长期内不会有显著提高，资本也缺少有效积累，常常显得不足，所以经济增长更多依靠劳动、土地、自然资源等生产要素在投入数量上的简单扩张来获得和维持发展动力。虽然这种经济增长驱动方式比较简单易行，短期效果也比较显著，但长期看必然会很快遇到资本、技术等发展瓶颈，导致边际生产率下降，发展潜力非常有限，难以获得发展的持久驱动力。所以这种要素驱动的资源配置方式只适用于经济发展初期。

与要素驱动的资源配置方式相对应的是产业经济导向阶段的资源配置。产业经济导向阶段一般是区域经济增长的第一阶段，主要特征是对原生性资源的一种开发与争夺。在这一阶段中，区域发展的核心或焦点，即区域政府竞争的指标函数，是区域产业竞争力。所谓区域产业竞争力，是指某国或某地区的某个特定产业相对于他国或其他地区同一产业来说，在生产效率、满足市场需求、持续获利等方面所体现的竞争能力。

产业竞争力涉及两个基本方面：比较的内容和比较的范围。

具体来说，产业竞争力比较的内容就是产业竞争优势，而产业竞争优势最终体现于产品、企业及产业的市场实现能力。因此，产业竞争力的实质是产业的比较生产力。所谓比较生产力，是指企业或产业能够以比其他竞争对手更有效的方式持续生产出消费者愿意接受的产品，并由此获得满意的经济收益的综合能力。

产业竞争力比较的范围是国家或地区，是一个区域的概念。

因此，产业竞争力分析应突出影响区域经济发展的各种因素，包括产业集聚、产业转移、区位优势等。

产业经济导向阶段主要依靠区域的产业经济推动区域的初始经济发展。这一阶段的主要竞争主体是企业，而政府不仅要发挥其"准宏观"属性，对产业经济进行调节、监督、管理，还要发挥其"准微观"属性，对产业经济进行规划、引导、扶持。具体而言，在产业经济导向阶段的初期，主要依靠区域的"天生基因"——要素。企业通过充分利用区域要素大力发展产业经济，这是把蛋糕做成型的过程；然后，当产业经济在"天生基因"的基础上发展到一定程度时，就需要区域政府发挥其"准微观"属性展开竞争，招商引资、招才引智，这是把蛋糕做大的过程；最后，区域政府需要在前期竞争的基础上更深层次地展开政策配套和环境优化的竞争，这是巩固做大的蛋糕的过程。

二、产业经济导向阶段的资源配置特点

区域产业链配套或产业集群发展的实质是区域生产要素配置的竞争，是区域政府对原生性资源的一种调配与争夺，主要表现为：其一，区域依赖本地资源创业发展；其二，区域全力开展招商引资、招才引智；其三，区域展开政策配套和环境优化的竞争。

区域产业政策的匹配，是市场经济争论的一个焦点，主要涉及以下三个方面的内容：一是要不要产业政策；二是什么样的产业政策才是核心，即如何对世界各国的产业政策进行客观评价；三是支撑产业政策的理论框架是什么。

针对产业政策的以上问题，波特在《国家竞争优势》一书中做过如下表述：政

府之所以会制定产业政策，其目的是提高生产力，进而鼓励和刺激产业发展。因此，为了给产业创造良好的环境，政府应该在人力资源和与之相关的产业资本等方面促进其发展。从政策本身来讲，提高生产力是一个国家的长期经济政策目标，这个政策方向不能产生偏差。要健全地区产业政策，第一个条件是政府应制定适当的目标，第二个条件是应建立适当的模型，进而支撑区域经济竞争。具备以上两个条件之后，政府下一步要做的就是制定产业政策，在这一方面，政府的主要（或一般性）政策有：货币贬值、民营化、自由化、区域发展、放宽产品和环境的标准、倡导企业之间各种形态的合作、鼓励合并、努力改善一般的教育体系、税制改革、对进口产品设限、安排市场秩序、政府投资研究发展、以政府名义设立创业基金、更主动的国防采购等，其中，每一项政策都有它的特定考虑，需要适应其所适用的范围。

总体来说，如果产业政策目标是提升国家竞争优势的话，需要注意以下几个前提。

第一，产业竞争的主体是企业，而非政府。这其中最主要的原因是政府不能创造有竞争力的产业。政府需要做的是创造一个企业能从中获得竞争优势的环境。根据波特提出的国家竞争力模型，一国产业的国际竞争力主要由四个因素构成：一是生产要素；二是需求条件；三是相关产业和支持产业的表现；四是企业的战略、结构与竞争对手的表现。这四个因素具有双向作用，具体如图 3-2 所示。

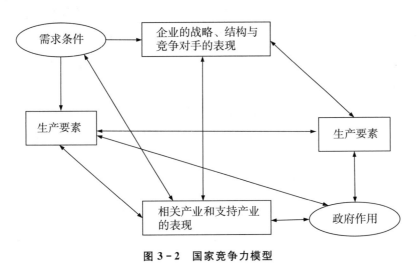

图 3-2　国家竞争力模型

波特指出，政府必须直接投入的领域应是企业无法行动或外部效应过大造成企业不宜投资的领域。在这种情况下，企业倾向不参与投资或低度投资，并希望国家承担起负责人的角色。这些领域包括普通教育、环境质量、某些具有提高产业生产力的研究发展等,而这就是前面章节所讲到的非经营性资源或者准经营性资源。这些资源会产生较大的外部效应,最后只能主要由政府去完成。

第二,产业的国家竞争优势是一种比较优势,而非绝对优势。也就是说,评估竞争优势的标准绝不能只看国内的表现,而是需要比较其与对手国家的差异,看其在和其他国家比较时能否有较好的表现。而这主要取决于其本国的工人素质和工作动机。

第三,要保持产业的国家竞争优势,需要依靠的是国家永不停止的改善和创新能力,而不是短期的成本优势。短期的成本优势即使不能被其他国家复制,也会逐渐因过时而失去价值。所以,政府在制定产业政策时,不能只着眼静态、短期的成本趋势,而应该关注整个产业的创新与活力。政府想要真正地协助产业,就不能犯下"爱之适足以害之"的毛病,进而使企业的竞争基础逐渐崩溃。

第四,要保持产业的国家竞争优势,必须着眼于提升产业竞争优势,即提升产业生产力。这种产业生产力的提升应该主要来自原有产品技术水平的稳定提升,新产品推陈出新的风潮,与客户联系密切的投资,以及在全球市场发展出的经济规模,等等,而非仅仅是建立在充沛的自然资源、廉价的劳动力成本或货币贬值等价格竞争上。历史已证明,这种价格竞争战略是脆弱的,是经不起其他国家的企业或保护主义的挑战的。主要有两个方面的原因:其一是这种战略往往会带来其他国家对倾销的抗议,甚至以提高关税作为报复;其二是这种类型的优势也很容易被其他发展中国家模仿,或因对手政府的补贴手段而丧失殆尽。所以,政府在制定产业政策时,不应该过于维护已有优势,而应该着眼于提升产业竞争优势,并督促企业努力做到。

第五,地理集中性是具有国家竞争优势的产业通常具备的特性。在国际市场上,具有极强竞争力的产业或产业集群,通常会聚集在某个城市或区域,而它们的优势是完全本土化的。地理集中性不仅是产生竞争优势的重要条件,更是扩大和持续竞争优势的良机,因此,区域政府的角色将会越来越重要。尤其是随着全球分工的进一步细化,产业或产业集群的出现就成了必然,而这往往与区域政府的规划布局及政策支持相互关联。所以,研究区域政府在产业竞争中的作用才是最重要的。

第六,产业要形成国家竞争优势,往往需要十年或更长的时间。因为这涉及人力资源的提升、产品与流程的投资、产业集群的建立和对海外市场的渗透等。然而,相比于瞬息万变的各国政治来说,十年显得很遥远和漫长。而且,在现实中,产业政策往往已成为救急与应对短期经济变化的药方,对产业建立长期竞争优势并没有实质的帮助。要让政策在短时间内见效，政府倾向选择补贴、保护或促成企业合并等做法，但这些做法只会使产业创新的机能受挫，同时会腐蚀经济的平均生产力。政府真正该做的是去创造生产要素，制定鼓励竞争、提升需求质量的政策。只有这样，才能真正有助于产业发展。然而，其效果往往不能立竿见影，甚至很多有利于长期发展的政策，短期都会带来阵痛，因为长期被保护的产业一旦自由化，失调便成了必然。

第七，国家竞争优势往往不在于该国与其他国家的一致性，而在于差异性。每个国家的产业竞争力都有大小强弱之分。全球没有一个国家能在所有产业上维持绝对的竞争力，各国独具的环境与特定产业竞争优势的结合才是其产业竞争成功的来源。所以，把另一个国家的政策模式全盘搬到本国使用，本身就是一个错误。这样做不太可能产生与原有国家并驾齐驱或超前的效果，甚至效果可能会远低于原有国家。所以，各国政府要做的是真正了解自己国家的优势与基本条件，并通过特定的政策使环境特色表现出来。

第八，产业分类方式与形成国家竞争优势的产业并无关联性。很多国家基于经济发展研究需要，习惯把一个国家的产业分类处理，出现所谓的高科技产业或低科技产业、朝阳工业或夕阳工业、成长型产业或成熟型产业、制造业或服务业、劳动密集产业或知识密集产业等说法。这种分类某种程度上暗示着某个范畴的产业可能优于另类范畴的产业。尤其是在产业被冠上高科技、朝阳、成长型、制造业或知识密集等名词时，更是令人兴奋。这种区分甚至已影响到政府制定产业政策时的考虑。但是，这种分类经不起深入的分析。其中缘由在于，有些成熟型产业通过引进现代化制程技术，增加新的设计知识和观念，使用新材料并在这个过程中加速创新等方法，实际上已经赋予产业新的内涵。所以，政府的产业政策应该给任何产业都提供能创新和提高生产力的环境。

第九，对产业中的企业和员工而言，要维持竞争优势并不轻松。要保持持续的竞争优势，必须面对持续的压力和挑战，并投以持续的改善与投资。关于政府政策，波特还提出必须注意两个层面的问题：其一，政府不能去协助或允许企业和工会避开必须面对的问题，因为这样企业就不会去求变；其二，政府可以对产业所面对的不确定性和恐惧表示感同身受，但是不能通过制定产业政策去讨好产业界和工会，因为这样做会降低整个产业的生产力。

通过以上梳理，我们现在就可以回答关于区域产业政策匹配问题的相关争论。

第一，支撑产业政策的理论框架来源于现实存在的由产业经济导向的经济增长的需求，而大多数的政策又会影响到产业竞争，所以从这一角度思考，制定产业政策很有必要。

第二，现实的发展需要政府运用产业政策来克服市场失灵。市场失灵主要分为三类：市场机制缺陷性失灵，主要是指市场机制在产业经济中发挥不了作用；市场机制空白性失灵，主要是指市场机制不能在生成性资源领域发挥作用；市场机制障碍性失灵，主要是指市场主体行为违背市场规则。因此，政府需要运用三个层面的产业政策来克服市场失灵：一是通过规划与引导，克服市场机制缺陷性失灵；二是通过扶持与调节，克服市场机制空白性失灵；三是通过监督与管理，克服市场机制障碍性失灵。

第三，产业政策不只包括产业补贴，政府必须摒弃脱离市场规则的干预行为。产业政策应该建立在让市场决定产业资源配置和更好地发挥政府规划与引导、扶持与调节和监督与管理作用的基础上。产业政策的目的是使市场在资源配置中起决定性作用，脱离这个原则，产业政策的效果将会大打折扣，甚至可能会有害经济发展；产业政策的方式不能只是补贴，补贴会使产业内企业形成依赖，从而丧失其进步的可能，所以除了产业补贴外，政府应该努力创造生产要素，制定鼓励竞争、提升需求质量的政策，促进产业的健康发展。

第二节　城市经济导向阶段的资源配置

一、城市经济导向的内涵

在区域经济发展的不同阶段，投资总量和投资结构呈现不断变化的趋势。一旦区域人均收入水平大幅上升，人们开始追求高品质的生活，这在客观上会迫使区域政府提供更好的环境、更发达的交通、更快捷的通信，以及更高水平的教育、卫生、保健服务，等等。区域政府投资总量和投资结构的变化，取决于投资者和社会民众对区域公共物品的需求结构和需求弹性，而这又是随着经济发展的阶段变化而变化的。

投资驱动也可以称为效率驱动，是以投资形成的资本来带动经济增长的一种模式。资本也是生产要素之一，之所以将投资驱动从要素驱动中抽离出来，是因为在经济发展过程中，带动经济增长的力量逐渐从资源禀赋的优势转移为资本的优势，资本相对于其他生产要素而言，驱动能力更为突出，且不受时空的限制。因此，资本成为主宰经济发展的关键因素。这里所探讨的投资驱动更多从投资效率的角度出发，是有效率的投资驱动模式。

与投资驱动相对应的，是城市经济导向阶段的资源配置。城市经济导向阶段一般是区域经济增长的第二阶段，主要特征是对次生性资源的一种开发与争夺。在这一阶段中，区域发展的核心或焦点，即区域政府竞争的指标函数，是区域投资增长率。所谓区域投资增长率，是指根据国民经济与社会发展的需要和国家的财力、物力、人力的可能，经统筹安排、综合平衡后，确定的投资增长率。其计算方法有两种：一是年投资增长率，即年度计划投资增加额与上年实际投资额的比率；二是年平均投资增长率，即计划时期（五年）投资增加额与上个时期（五年）实际投资额的比率。

城市基础设施建设是提升区域投资增长率的关键抓手，它主要包括三个层次。第一，满足城市建设基本需要的基础设施建设，具体包括：城市硬件基础设施，即城市能源供应系统、供水排水系统、交通运输系统、邮电通信系统、环保环卫系统和防卫防灾安全系统等六大方面工程性基础设施；城市软件基础设施，即行政管理、文化教育、医疗卫生、商业服务、金融保险和社会福利等社会性基础设施。第二，推动城乡一体化的基础设施建设，即乡村生产基础设施、乡村生活性基础设施、生态设施环境建设和乡村社会发展基础设施四大类。第三，赋能城乡智能化发展的基础设施建设，既包括城乡智能管理的系列开发和建设工程性基础设施等，也包括了现阶段"新基建"内涵的具体实施运用。

城市基础设施的完善，既能改善区域经济的投资环境，又能突破区域以生产要素驱动经济增长的瓶颈，转向以投资驱动发展，进入城市经济导向阶段。特别是安全便捷的智能社会建设，对于这一阶段的经济发展意义重大。安全便捷的智能社会具有以下基本特征：一是便捷高效的智能服务，包括智能教育、智能医疗、智能健康和养老等；二是社会治理智能化，包括智能政务、智能法庭、智能城市、智能交通、智能环保等；三是运用人工智能提升公共安全保障能力；四是社会交往共享互信；五是夯实安全高效的智能化基础设施体系，包括网络基础设施、大数据基础设施、高效能计算基础设施等。

二、城市经济导向阶段的资源配置特点

城市经济导向阶段主要依靠的是区域政府的城市基础设施投资对经济的推动。这一阶段的主要竞争主体是政府，也将资源配置由产业经济领域扩展到生成性资源领域。这一阶段区域政府主要根据区域内企业和民众的需求不断生成资源，其生成资源的总量和结构会随着产业经济的发展而不断优化。例如，在经济发展初期，区域经济的发展更加需要硬件基础设施建设，因此区域政府会"大兴土木"为企业和产业经济的发展"铺路"，此时硬件基础设施建设投资的边际效益最大，生成性资源的结构也就倾向于硬件基础设施。当经济发展到一定阶段，经济的总量不断扩大，硬件基础设施建设达到一定的存量后，就更加需要软件基础设施建设，因此此时需要区域政府加大软件基础设施建设，这将增加区域政府的竞争力，此时软件基础设施建设投资的边际效益最大，生成性资源的结构也就倾向于软件基础设施。根据上述分析可以看出，无论是硬件基础设施还是软件基础设施，都体现出了城市基础设施建设与产业经济的互补性，即二者同生同长，相互促进。而城市经济导向阶段中的配套政策，将通过区域政府"规划布局、参与建设、有序管理"的三重角色来体现。

1. 规划布局

城市经济的规划布局涉及区域资源配置的三个层次。

第一层次是区域经济发展的概念规划，它体现了一个区域的主要经济和社会功能的界定，其目标是使区域朝着宜居、宜业、宜游的方向，实现创新发展、协调发展、绿色发展、开放发展、共享发展。

第二层次是区域经济发展的城乡规划，它侧重于基础设施软硬件的布局、开发、投资与建设，这将直接影响城市经济的竞争力。

第三层次是区域经济发展的土地规划，区域政府应严格按照用地性质，区分不同的投资项目，制定严格的准入制度，构建科学合理的城市资源配置格局。

概念规划、城乡规划和土地规划三位一体，划定了城市经济竞争的政策范围，使区域政府在城市经济的战略规划、实施标准、项目评估、市场准入、法治保障等方面制定细则，发挥作用，促进城市经济发展。

2. 参与建设

区域政府为了在城市基础设施投资建设中获得收益，既会对原有的存量资产进

行股权改造，又会对增量资产进行股权结构优化，使其符合市场竞争规则，并通过资本市场的各种融资方式，以及收费权、定价权等手段，运用 DBO、BOT、BOO、BOOT 等方式实施特许经营权的资本运营。同时，区域政府还根据城市基础设施项目的不同特点和条件，采取不同的资本运营方式，或交叉运用不同的资本运营方式，如以 PPP 或 PPC（港口—工业园区—城市）方式为载体，运用 BOT 等特许经营权运营模式，在条件成熟时改组项目公司为上市公司，通过发行股票或债券，进一步把城市基础设施项目做大做强。在这一阶段中，区域政府参与城市经济力度的大小，财政投资性支出和社会消费性支出的规模，结构市场开放的程度，以及相关政策措施，都将直接影响区域的经济增长状况。

3. 有序管理

正如存在不同类型的市场失灵一样，国家或区域也存在三种不同类型的政府失灵。

第一种是民生经济不足型政府失灵。此类政府把民生经济当作一种负担，既没有做到基本托底，又没有做到有效提升，更没有考虑到公平、公正的民生基础对营造稳定、和谐、宜商、宜居、宜业、宜游的投资环境的重要作用。此类政府失灵是政府"缺知型"的失灵。

第二种是产业政策缺失型政府失灵。它既包括政府对产业经济的"规划、引导、扶持"政策的缺失，又包括政府对产业经济的"调节、监督、管理"政策的缺失。如果区域政府缺乏上述两方面的政策，或者只偏重其中一类政策，就会出现放任自流或干预失当的状况。此类政府失灵是政府"错知型"失灵。

第三种是城市建设空白型政府失灵，指政府缺乏或几乎没有通过城市建设（基础设施软硬件的投资建设乃至智能城市的开发运营）促进区域经济增长；或者存在某些基础设施的投资建设，但规模小，布局分散，政府既没有作为主体之一参与竞争，又没有作为主要监管者在其中发挥调节作用；又或者政府参与竞争，但没有遵循市场规则，而只是为了行政政绩，只负责投入、不在乎收益，只注重建设、不重视经营，只考虑公益性、而忽视效益性。这会造成城市基础设施大量耗损、城市建设低质运作、城市管理无序运行等问题，此类政府失灵是政府"无知型"的失灵。

这些问题从另一个角度阻碍着区域经济在城市经济导向阶段的可持续增长。

第三节 创新经济导向阶段的资源配置

一、创新经济导向的内涵

创新驱动是围绕全要素生产率的增长展开的。在劳动、资本、土地等有形资源的生产效率都释放到最大,而且都呈现出边际生产率递减态势的情况下,区域经济增长还能依靠什么,这是经济学家非常感兴趣的一个话题。20世纪50年代,索洛提出了全要素生产率这一概念。所谓全要素生产率的增长,实质是指技术进步率,是除去所有有形生产要素(劳动、资本、土地等)以外的纯技术进步的生产率的增长。

与创新驱动相对应的,是创新经济导向阶段的资源配置。创新经济导向阶段一般是区域经济增长的第三阶段,主要特征是对逆生性资源的一种调控与遏制。在这一阶段中,区域发展的核心或焦点,即区域政府竞争的指标函数,是科技进步贡献率。所谓科技进步贡献率,也称技术进步率,是指科技进步对经济增长的贡献份额,它是衡量区域科技竞争实力和科技转化为现实生产力的综合性指标。对科技进步贡献率的测算,主要采取生产函数法。

企业是创新的主体,但是技术的创新和进步还需要区域政府的理念创新、技术创新、组织创新和制度创新,因为区域政府的"双重属性"决定其不仅服务于微观企业主体,还将参与到区域竞争中来,因此政府的理念创新、技术创新、组织创新和制度创新将助力企业创新。理念创新指区域政府对区域发展规划和未来展望的理念需要与时俱进,与时创新;技术创新指区域政府应该将产业发展带来的技术应用到区域政府的日常工作和竞争中来,提高区域政府的技术水平;组织创新指区域政府应该加强管理的规范性,提高组织管理创新能力,从而提高区域政府竞争力,以应对日趋庞大复杂的市场;制度创新指政府应确定区域竞争优势的起点和根本。

二、创新经济导向阶段的资源配置特点

在创新经济导向阶段,区域政府创新对于区域经济发展至关重要。在这一发展阶段中,创新型城市将逐渐形成。创新型城市是指主要依靠科技、知识、人力、文化、

体制等创新要素驱动发展的城市,对其他区域具有高端辐射与引领作用。创新型城市的内涵一般体现在思想观念创新、发展模式创新、机制体制创新、对外开放创新、企业管理创新和城市管理创新等方面。创新经济导向阶段的资源配置具有如下特点。

第一,区域政府理念创新是该阶段区域竞争的突破点。如前所述,在区域经济发展处于要素驱动阶段和投资驱动阶段时,其经济增长主要依靠土地、劳动、资本和其他生产要素的简单数量扩张来实现。这种增长以拼资源、拼成本为主,容易产生过分掠夺,导致产业资源和城市资源枯竭、生产效率低下、技术滞后、人才流失、社会矛盾激化等问题,必须尽快转型。这时,区域下一阶段的发展思路、发展方向和发展方式就至关重要,需要先进理念来引领。区域政府的理念创新不仅包括对区域资源的整体把握和调控,对区域未来发展战略的定位和发展模式的全面规划,也包括在顶层设计上解决好发展方式和发展动力等问题。在要素驱动阶段和投资驱动阶段之后,区域政府应该用创新发展、协调发展、绿色发展、开放发展、共享发展等新发展理念超前引领,推动区域经济可持续发展。

第二,区域政府技术创新是该阶段区域竞争的关键点。技术创新对经济发展的驱动作用是爆发式的,能够推动区域经济产生从量变到质变的飞跃,使经济实现全过程、全要素的突破性创造,使资源得到优化配置。在此阶段,技术创新是核心驱动力,能够催生新产品、新产业、新模式、新业态。技术创新与金融创新、产业创新相融合,将激发持续的创新驱动力。

第三,区域政府组织创新是该阶段区域竞争的推动力。为了防止片面追求投资的短期刺激,造成"投资饥渴""投资依赖",出现经济大起大落、技术与创新能力落后等一系列症状,区域政府应加强管理的规范性,强化快速反应能力,贴近市场,服务企业,发展网络结构和矩阵结构,减少管理层次,以更高的效率和灵活性有效提高管理水平,促进经济稳定、有序发展,助力区域竞争。

第四,区域政府制度创新是该阶段区域竞争的必要保障。制度创新是理念创新、技术创新和组织创新的根本保障,能够促进三者的融合发展。如果世界各国的区域经济发展都基本沿着要素驱动、投资驱动、创新驱动和共享驱动阶段的轨迹前行,那么,在三大产业发展日新月异、民众环保意识越来越强、新的经济发展模式和个人成长模式推陈出新的创新驱动阶段,区域政府就不仅需要理念创新、技术创新和组织创新,更需要制度创新来确保区域的竞争优势。因为在创新驱动阶段,经济发展呈现灵活、迅捷、多样的特点,政府只有使制度、政策与之相匹配,才能把握创新驱动时代的脉搏,引领经济发展方向,保持经济的持久活力。

为了进一步说明创新驱动的重要性，下面以碳排放交易资源为例进行分析。对于逆生性资源——碳排放，中国应对的关键在于构建科技、产业、金融协同互促的政策体系和措施。

首先，碳排放权交易是优化中国产业区域配置的一种制度创新。中国地域辽阔，区域经济发展不平衡，一些地方政府存在盲目追求区域生产总值增长的发展导向。由于自然环境的限制和生态保护的需要，不少中西部欠发达地区不适合发展高强度制造业。加快碳交易市场体系建设，能够鼓励欠发达地区通过保护生态环境、开展森林碳汇等方式实现碳减排，同时促使高耗能的经济发达地区通过购买碳减排量的方式扶持欠发达地区发展，这能够将现有的不平衡的发展模式转化为市场化的生态与经济协调发展模式，从而促进区域协调发展，优化产业区域配置。

其次，标准化的中国碳排放权交易市场体系建设是中国"21世纪海上丝绸之路"组织创新的重要切入点。目前，亚洲地区仅日本、印度等国开展了规模较小的碳排放权交易活动，东盟十国在碳排放权交易领域尚无探索，可以说，基于强制减排机制的碳排放权交易市场在亚洲地区刚刚萌芽。加快推进中国的碳排放权交易市场体系建设，形成覆盖东南亚等国家和地区的区域性碳排放权交易体系，是中国构建"21世纪海上丝绸之路"重要的组织创新切入点，有利于展现中国与周边国家和地区"共享机遇、共迎挑战、共同发展、共同繁荣"的诚意和决心，有利于在中国与东南亚国家和地区之间建立服务于低碳经济发展的金融体系，有利于增强中国金融市场的辐射力和影响力。

最后，"碳排放权交易捆绑人民币结算"的技术创新可开辟人民币国际化"弯道超车"的新路径。煤炭与英镑的绑定、石油与美元的绑定都催生了两种货币的崛起，展示了一条简单而明晰的货币地位演化之路。这启示我们，应推动碳排放权交易和人民币的绑定。创新发展和低碳经济将成为未来世界各国的经济增长模式。随着清洁能源技术的新突破、新利用和新组合，以低碳为特征的新的能源贸易，如碳信用、碳商品、碳排放权等的交易，会蓬勃兴起。

第四节 共享经济导向阶段的资源配置

一、共享经济导向的内涵

门槛假说理论阐述了这样一种经济增长的状态——每个国家都存在一个特定的阶

段，该阶段经济增长带来的生活质量的改善将达到一个门槛点，超过此门槛点后的经济增长反而可能带来生活质量的下降。这个假说实际上是对经济增长的意义提出质疑，也就是当经济增长引起环境压力和社会压力时，这一区域就从生态盈余转向生态亏损，社会福利会随着经济增长而下降，明显违背了经济增长的初衷，而好的经济发展应该是在生态规模一定的情况下，社会福利持续增加的状态。这个阶段就是波特提出的经济发展的第四个阶段——财富驱动阶段。

财富驱动阶段的资源配置是以经济增长与社会福利的同步提升为目的，以单位自然资本消耗所产生的经济社会福利为生态绩效的主要衡量指标，将社会经济发展的动力定位为人们对美好家园、幸福生活的不懈追求，将财富的内涵进一步扩大为除了经济利益之外的生命体验和人本价值的回归，也就是人的幸福体验感——效用最大化将成为资源配置的主要目的。

与财富驱动相对应的，是共享经济导向阶段的资源配置。共享经济导向阶段一般是区域经济增长的第四阶段，主要特征是对思想性公共物品、物质性公共物品、组织性公共物品、制度性公共物品四类公共物品的一种争夺与共享。在这一阶段，区域经济将经历更为深刻的转化过程：从依赖本区域资源转向探索区域外，开发各类国际经济资源（如太空资源、深海资源、极地资源等），切换经济发展模式；从单纯通过企业竞争配置产业资源，到区域政府相互竞争，参与配置城市资源和其他生成性资源；从单一市场机制发挥作用到有为政府与有效市场相结合，构建区域经济增长的投资新引擎和创新新引擎。在这一转化过程中，区域间的竞争必然涉及如何维护经济治理体系的公平、公正原则的问题。一方面，需要保护各区域的经济利益和区域间的经济秩序，也需要维持和扩大开放型经济体系；另一方面，各区域在开拓经济新领域的过程中，为应对新问题，需要制定新规范，会不断产生跨区域的新挑战，客观上会导致区域间竞争与合作共存的格局。

二、共享经济导向阶段的资源配置特点

在区域经过由产业经济导向、城市经济导向和创新经济导向主导的发展阶段后，区域经济将从依赖本区域资源转向探索区域外，不断开拓新的经济领域，而在这一转向过程中，资源配置具有如下特点。

首先，区域产业体系已升级为具有区域竞争力的现代产业体系。一是传统产业完成改造提升，互联网、大数据、人工智能和实体经济深度融合，制造业从加工生

产环节向研发、设计、品牌、营销、再制造等环节延伸；二是战略性新兴产业不断壮大，新一代信息技术和生物技术、新能源、新材料、高端装备、节能环保设备、3D打印、智能机器人、新动能汽车等产业蓬勃发展，逐渐形成具有区域竞争力的新兴产业集群和产业集聚带；三是现代服务业加快发展，金融、物流、航运、旅游、文化、会展等生产性、生活性服务业正向专业化、高品质化转型。区域的产业经济竞争推动着区域间产业的优势互补、紧密协作和联动发展。

其次，区域基础设施已形成区域内互联互通、区域外通道顺畅的功能完善的网络。一是现代化的综合交通运输体系已形成，以沿海主要港口为重点的港口、航道、疏港铁路、公路等基础设施服务能力强，以航空枢纽为重点的空域资源利用效率高，以高速公路、高速铁路等为骨干的综合运输通道畅通；二是以物联网、云计算、大数据等信息技术集成应用为重点的智能交通系统日趋完善；三是智能城市基础设施、城市软件基础设施、城乡一体化中的能源基础设施和水利基础设施等逐渐完善。区域的城市经济竞争推动着区域之间基础设施的互联互通、布局合理和衔接顺畅。

最后，通过技术创新，区域已形成集聚创新资源的开放型区域协同创新共同体。一方面，区域技术创新高地和新兴产业重要策源地已逐渐形成，技术创新走廊的建设，人才、资本、信息、技术等创新要素的流动，大数据中心和创新平台的建设，高校、科研团体、企业等技术新活动的开展，以及创新基础能力的提升和产学研创新联盟的发展，等等，都在不断拓展和深化；另一方面，致力于提升科技成果转化能力的各类制度和政策环境正在优化，区域创新体制机制改革，科技、学术、人才、项目等区域合作的便利化，科技成果转化、技术转让、科技服务业合作、知识产权保护和运用，科技、金融、产业融合创新政策，以及科技、管理、制度、理念融合创新举措，等等，都在不断深化。区域的创新经济竞争推动着区域间的协同创新和融合发展。

在共享经济导向阶段，区域经济的竞争驱动，或者说区域的竞争型经济增长，在客观上历史性地形成了人类社会四种类型的公共物品。一是思想性公共物品。比如对市场机制运作体系的重新认识，即市场竞争不仅存在于产业经济的企业竞争中，而且存在于城市经济的区域竞争中，成熟市场经济应该是有为政府与有效市场相融合的经济体系。二是物质性公共物品。比如，相关的软硬件基础设施建设推动了区域公共交通、城市管理、教育、医疗、文化、商务、能源、环保等物质条件的改善与提升。三是组织性公共物品。比如，传统的城市建设犹如"摊大饼"，现代化的城市发展则要求"组团式"布局，因此区域经济秩序的架构在从"摊大饼"模式走向

"组团式"布局时,就实现了组织管理的改革创新。四是制度性公共物品。比如,在"让区域带来更多发展机遇""让经济增长成果普惠共享"等原则指导下的制度安排,使区域的劳动、就业、保障和社会政策等进一步完善,其成果具有共享性。

第五节 区域经济竞争梯度推移

一、不同阶段资源配置效率比较

绝对优势理论、比较优势理论和生产要素禀赋理论都支持要素驱动型的资源配置模式。

绝对优势理论认为,任何区域都有一定的绝对有利的生产条件,若按绝对有利的条件进行分工生产,然后进行交换,会使各区域的资源得到最有效的利用,从而提高区域生产率,增进区域利益。但对于没有绝对优势的区域应如何发展未作出有力回答。

比较优势理论则认为,在所有产品生产方面具有绝对优势的区域没必要生产所有产品,而应选择生产优势最大的产品进行生产;而在所有产品生产方面都处于劣势的区域也不能什么都不生产,可以选择不利程度最小的产品进行生产。这两类区域都可以从这种分工与贸易中获得比较利益。

比较优势理论和绝对优势理论都是以生产要素不流动为假定前提的,存在理论上的缺陷。

而生产要素禀赋理论认为,各区域的生产要素禀赋不同,造成了各区域比较优势不同,这也是区域分工产生的基本原因。如果不考虑需求因素的影响,并假定生产要素流动存在障碍,那么每个区域利用其相对丰裕的生产要素进行生产,就会处于有利的地位。

从经济增长驱动要素的发展历史看,劳动投入是相对容易获得的,而资本一向是短缺资源,尤其是在劳动投入已经出现边际生产率下降的情况下,资本投入所产生的驱动力就愈发显得强大,投资便成为当仁不让的区域政府的首选经济增长驱动工具。对于区域经济而言,区域生产总值的增长也主要源于区域的消费、投资、政府支出和净出口的拉动,在这四个拉动要素中,投资的力度是最大的,效果也是最直接的，尤其是对于政府权力较大的区域而言，投资拉动经济增长是最为便捷快速的手段。美国及一些欧洲主流国家，虽然一贯抵制政府在经济调控上的直接干预，但在第二次世界大战后，以及经济危机爆发期间，都毫不犹豫地采用了政府直接投资这一强力的经济刺激杠杆，保证区域经济在短期内迅速稳定。东南亚大多数国家和地区也都是投资驱动型经济的典型代表，区域政府在投资上都是不遗余力的，为这些国家和地区经济基础的打造和国际市场的开拓起到了积极的作用。

同样是投资，投资在技术创新上比直接投在生产上更有效益。因此，区域政府除了可以提高投资数额，还应调整投资结构，向人力资本尤其是高端创新创业人才上倾斜、向孵化和研发新技术环节倾斜，只有抓住这两个创新驱动的重点环节，才能获得源源不断的新技术，才可能转向创新驱动的发展方式。在技术创新的环境建设方面，为高端的创新创业人才提供良好的生活和发展环境，是留住人才、实现创新驱动的根本保障。环境应当是宜居、宜研、宜产业化的，包括网络信息通道等基础设施建设，产学研合作创新平台的硬件建设，创新创业人才的宜居环境建设，创新文化建设，等等。环境政策方面要突出打造具有激励创新功能的公共环境，包括市场竞争的维护、技术创新压力的持续。而且，还应当在通过知识产权保护制度保障必要的竞争机制的基础上允许一定程度的垄断，承认创新企业在一段时间内垄断和独占创新收益的权利，从而使创新者的创新成本得到充分的补偿，激励创新产出的不断提高。

当经济发展开始由财富驱动时，共享发展理念将成为创新发展、协调发展、绿色发展、开放发展的落脚点。创新、协调、绿色、开放所创造的一切财富，只有坚持共享发展理念才有意义。在资源配置政策上，必须坚持发展为了人的需要，发展成果由创造者共享，作出更有效的制度安排，使全体财富创造者在共建共享发展中有更多获得感，增强发展动力，增进人与人之间的和谐关系，实现财富创造和财富共享的良性循环。共享发展理念注重机会公平，保障基本民生，致力于实现全体创造者共同的美好生活。资源配置政策方面应按照人人参与、人人尽力、人人享有的要求，完善制度、引导预期。政府应增加公共服务供给，提高公共服务共建能力和共享水平，打造生命价值提升、社会和谐、环境友好、经济富足的福利型社会。

基于上述分析，可以将区域资源配置效率与企业资源配置效率的目标函数、经济发展阶段和指标函数进行比较，具体内容见表3-1。

表3-1 区域资源配置效率与企业资源配置效率比较

区域资源配置效率			企业资源配置效率		
目标函数	经济发展阶段	指标函数	目标函数	经济发展阶段	指标函数
财政收入决定机制	产业经济导向阶段	产业竞争力	价格决定机制	要素驱动阶段	劳动生产率
	城市经济导向阶段	投资增长率		投资驱动阶段	资本生产率
	创新经济导向阶段	科技进步贡献率		创新驱动阶段	技术进步率
	共享经济导向阶段	三类九要素作用力		财富驱动阶段	全要素生产率

二、区域经济竞争的梯度变格均衡律

从前面的分析可以发现，区域经济发展重心会沿着从产业经济逐渐向城市经济，向创新经济，最终向共享经济的发展路径进行演变。这一发展路径可以归结为梯度变格均衡律，与此相对应的是区域经济竞争梯度推移模型（图3-3）。

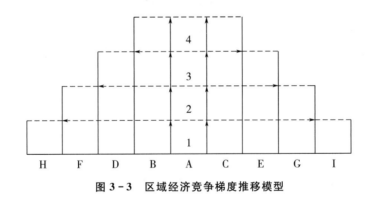

图3-3 区域经济竞争梯度推移模型

区域经济竞争梯度推移模型具有四个特点。

一是横向扩展。区域经济竞争源于产业经济、城市经济、创新经济先行一步的经济发达区域，随着时间的推移及各个区域经济发展内在因素和外在条件的作用与变化，区域经济竞争从经济发达区域逐渐向经济欠发达区域推移，进行横向扩展，如图3-3中由A、B、C向D、E、F、G、H、I等区域横向推移的过程。

二是纵向推移。随着经济发展水平的不断提升和经济增长阶段的不断深入，区域经济竞争的领域不断地从产业经济进入城市经济、再逐步进入创新经济等，如图3-3中由1向2、3、4等领域纵向推移的过程。

三是梯度结构或二八现象。在区域产业经济、城市经济和创新经济的竞争发展中，先行推动相关政府政策措施的区域，其经济发展具有领先优势和导向优势，为区域经济梯度发展的前锋或高梯度区域。各个区域竞争政策措施的力度和差异，使其在梯度经济结构中居于不同的梯度区域。例如图3-3中A、B、C区域就不同于其他区域的格局。

四是共享经济的形成。区域经济从产业经济竞争导向向城市经济竞争导向推移，再向创新经济竞争导向推移，是一个漫长的历史进程，但人类经济社会共同创造和提供的各类公共物品，终将能驱动共享经济的普及并促成区域间经济增长的协同发展。如图3-3所示，竞争与合作相互推动经济增长，区域经济存在差异，但其横向扩展有序，纵向推移协同，最终合作共赢逐渐呈现为主流方向。

与区域经济竞争梯度推移模型相对应，存在四种经济学说。

一是产业效应说，即在产业经济驱动主导的增长阶段，具备产业发展内在因素和外在条件的区域率先发展，形成产业集聚效应和区域竞争优势。

二是城市扩展说，即在城市经济驱动主导的增长阶段，区域经济增长的动力主要来自城市基础设施、城乡一体化和智能城市等三个层次的投资、开发和建设。

三是创新驱动说，即在创新经济驱动主导的增长阶段，区域率先、及时、有效地开展各种创新，驱动着区域经济争创新优势。

四是协同发展说，即在共享经济主导的增长阶段，区域经济沿着"以竞争为主→竞争合作→合作共赢"的轨迹，促使各区域协同发展。

至此，笔者想说明以下几点。

第一，"竞争优势理论"是克服"比较优势陷阱"的根本路径，该理论强调以竞争为引领，以创新为驱动，将比较优势转为集成优势，开创一条"合作创新"发展之路。

第二，四个阶段的划分在理论上是可行的，但在实践中难以完全实现。在现实的经济发展进程中，经济增长的四个阶段并不是严格递进的模式，而是存在阶段之间的融合和穿插。例如，区域经济的发展并不是严格的由要素驱动阶段递进到投资驱动阶段，而是会出现两个阶段并存或者交替出现的情况。而且由于区域政治制度、历史渊源、文化思想等方面的差异，要素驱动阶段和投资驱动阶段可能会出现反向的梯度推移过程。究其缘由，主要是因为企业生产所需的要素与区域政府提供的基础设施有很强的互补性，二者互为补充，互相促进。

阅读材料一

大力实施乡村建设行动

实施乡村建设行动是党的十九届五中全会作出的重大部署，是推进农业农村现代化的重要抓手。习近平总书记强调，要实施乡村建设行动，继续把公共基础设施建设的重点放在农村，在推进城乡基本公共服务均等化上持续发力，注重加强普惠性、兜底性、基础性民生建设。

未来的乡村什么样？如何把乡村建设好？应该遵循哪些原则？围绕社会关切问题，2021年中央一号文件对乡村建设行动作出全面部署，提出大力实施乡村建设行动。接下来，各地各部门要把乡村建设摆在社会主义现代化建设的重要位置，始终把握为农民而建的建设方向，加快制定实施方案，突出重点、强化举措，抓紧干起来，力争用几年时间，让乡村面貌有一个显著变化。

一、加快推进村庄规划工作，保留乡村特色风貌，不搞大拆大建

建设乡村，规划先行。乡村振兴战略实施以来，不少地方立足实际，科学制定规划，打造美丽乡村。但与此同时，一些地方过去由于缺少对村庄规划的指引，村庄无序建设，有新房没新村、有新村没新貌。因此，大力实施乡村建设行动，要坚持绘好蓝图搞建设。中央一号文件提出，加快推进村庄规划工作，并明确要求2021年基本完成县级国土空间规划编制，明确村庄布局分类。

乡村点多面广，自然条件千差万别，发展水平各不相同，如何科学编制规划？各地各部门应根据乡村发展演变趋势，合理确定村庄分类，因村施策，精准编制。中央一号文件提出，积极有序推进"多规合一"实用性村庄规划编制，对有条件、有需求的村庄尽快实现村庄规划全覆盖。对暂时没有编制规划的村庄，并不是就不搞建设，中央一号文件也作出明确要求，严格按照县乡两级国土空间规划中确定的用途管制和建设管理要求进行建设。

推进村庄规划工作，要为农民群众打造更舒适、安全的居住环境。中央一号文件对农房质量作出要求，提出健全农房建设质量安全法律法规和监管体制，三年内完成安全隐患排查整治。继续实施农村危房改造和地震高烈度设防地区农房抗震改造。加强村庄风貌引导，保护传统村落、传统民居和历史文化名村名镇。

村庄规划要注意哪些问题？中央一号文件提出，编制村庄规划要立足现有基础，保留乡村特色风貌，不搞大拆大建。各地各部门要尊重乡村现状，不搞千村一面，注重保留乡土味道，让乡村"望得见山、看得见水、留得住乡愁"。乡村建设是为农民而

建，规划一定要尊重农民意愿，要因地制宜、稳扎稳打，不刮风搞运动。各地各部门要严格规范村庄撤并，不得违背农民意愿、强迫农民上楼，把好事办好、把实事办实。

二、加强乡村公共基础设施建设，提升农村基本公共服务水平

缩小城乡基础设施和公共服务差距，是农民的迫切期待。党中央、国务院出台了一系列政策措施，加快推进村庄基础设施建设和公共服务改善，并取得了显著成效。具备条件的建制村全部通硬化路，农村自来水普及率达到83%，全国行政村通光纤、通4G网络比例均超过98%，广大农民看病、上学等基本公共服务更有保障。

但是也应看到，与农民的需求相比，农村地区基础设施和公共服务历史欠账多、城乡差距依然明显。为了让农民享受到和城市大体相当的基础设施和公共服务，中央一号文件提出，要加强乡村公共基础设施建设、实施农村人居环境整治提升五年行动、提升农村基本公共服务水平。

在乡村公共基础设施建设上，中央一号文件提出，要继续把公共基础设施建设的重点放在农村，着力推进往村覆盖、往户延伸。围绕建设更加宜居的现代乡村，全面推进村庄基础设施建设。中央一号文件提出，实施农村道路畅通工程、农村供水保障工程、乡村清洁能源建设工程、数字乡村建设发展工程、村级综合服务设施提升工程这五大工程，推动实现城乡居民生活基本设施大体相当。

在实施农村人居环境整治提升五年行动上，中央一号文件提出了一系列具体任务：分类有序推进农村厕所革命；因地制宜建设污水处理设施；健全农村生活垃圾收运处置体系；深入推进村庄清洁和绿化行动；等等。

在提升农村基本公共服务水平上，中央一号文件对教育、医疗、就业、养老等作出全面部署，提出建立城乡公共资源均衡配置机制，强化农村基本公共服务供给县乡村统筹，逐步实现标准统一、制度并轨。

三、加快县域内城乡融合发展，推进以人为核心的新型城镇化

振兴乡村，不能就乡村论乡村，必须走城乡融合发展之路。2021年中央一号文件提出，把县域作为城乡融合发展的重要切入点。

城乡融合为何聚焦县域？一方面，无论从地理距离还是心理距离，县域对农民的吸引力和亲近度较高，当前约1.6亿农民工在县域内就业，需要通过县域内城乡融合发展实现就地城镇化。另一方面，当前农村还有5亿多常住人口，他们享受的教育、医疗、养老等公共服务与县域内城镇居民有一定差距，农村水电路气网等基础设施还存在不少短板。因此，加快县域内城乡融合发展，不仅切实可行，更是迫切需求。

加快县域内城乡融合发展，是一项系统工作，要逐步实现标准统一、制度并轨。中央一号文件明确要求，统筹县域产业、基础设施、公共服务、基本农田、生态保护、城镇开发、村落分布等空间布局，强化县城综合服务能力，把乡镇建设成为服务农民的区域中心，实现县乡村功能衔接互补。

加快县域内城乡融合发展，要做强县域，提升县域的承载力。中央一号文件提出，加快小城镇发展，完善基础设施和公共服务，发挥小城镇连接城市、服务乡村作用。推进以县城为重要载体的城镇化建设，有条件的地区按照小城市标准建设县城。积极推进扩权强镇，规划建设一批重点镇。

加快县域内城乡融合发展，提升县域就业吸纳能力是关键。不用远离家乡，家门口就能就业、赚钱、顾家两不误，农民自然而然愿意留、留得住。对此，中央一号文件提出壮大县域经济，承接适宜产业转移，培育支柱产业；推动在县域就业的农民工就地市民化；鼓励地方建设返乡入乡创业园和孵化实训基地。

资料来源：顾仲阳，王浩，2021. 大力实施乡村建设行动 [N]. 人民日报，02-24 (11).

阅读材料二

碳中和是科技创新的竞争

我国碳市场于 2021 年 6 月底前正式上线交易，碳中和路径进一步明确。在 6 月 9 日晚举行的人文清华讲坛上，中国工程院院士、清华大学环境学院教授贺克斌发表名为"碳中和，未来之变"的演讲，表示未来碳减排路径选择将是"五碳并举"，即资源增效减碳、能源结构降碳、地质空间存碳、生态系统固碳、市场机制融碳。碳中和是科技创新的竞争，推动社会经济发展从资源依赖型走向技术依赖型。

一、2060 年我国二氧化碳排放量须较 2020 年减少 90%

碳达峰是指在某一个时点，二氧化碳排放不再增长，达到峰值后逐步回落；碳中和则是指一定时期内，二氧化碳排放量与吸收量相平衡的状态。截至 2020 年年底，全球已有 100 多个国家或地区提出了碳中和的承诺，超过全球二氧化碳排放量的 65%、世界经济的 70%。

从我国来看，通过科技创新、节能减排等方式，从 1990 年到 2020 年，单位生产总值二氧化碳排放量下降了 90%。由于温室气体与大气污染物的同根同源，减碳也使得 PM2.5 浓度大幅降低，2020 年和 2013 年相比，PM2.5 浓度降幅达到了 46%。

"若继续延续以末端治理为主的控制路径，未来十年内大气污染物减排潜力将基本耗尽。若在碳中和目标下实现深度能源转型，将大大推动生态环境质量改善，使人民健康大幅获益。"贺克斌说，碳达峰、碳中和任务艰巨，意味着从2020年到2060年，我国二氧化碳排放量将减少90%，"这绝不是轻轻松松就能实现的"。

从国际上看，煤炭储量最多的前五个国家占了全球煤炭75%的储藏量；石油、天然气储量最多的前五个国家分别占了62%、64%。与传统化石能源资源分布明显不均匀相比，全球风电、光电资源分布更为均匀。"未来，风电、光电等新能源比例逐渐上升后，谁的新能源技术领先，谁有效利用的能源就更多，社会经济发展走向技术依赖型，迫切需要科技创新。"贺克斌强调。

二、价值重估、产业重构推动技术创新

据国际能源署发布的《全球能源部门2050年净零排放路线图》，2050年实现净零排放的关键技术中，50%尚未成熟。贺克斌说，这就需要对可再生能源的发电、储能技术，以及与之匹配的技术加大研发力度，形成国际竞争力。

在2021年六五环境日"坚定不移走高质量发展之路"论坛上，中国工程院院士、生态环境部环境规划院院长王金南也表示，技术创新的目的是要建立低碳技术、零碳技术和负碳技术体系，根据不同技术在不同时期来制定不同的政策。属于技术萌芽期的技术，国家需出钱去扶持和示范；处于产业成熟期的技术，比如风能、光伏发电已很成熟了，其补贴政策应逐步退出，让其在市场中健康竞争和发展。对于碳捕集工程利用技术，比如碳捕集、利用与封存技术，需建立碳中和工程技术创新体系，实现工业零碳技术工艺的开发。

"碳中和将导致价值重估、产业重构等，进一步推动技术创新。"贺克斌指出，要实现碳中和目标，2050年光伏装机总量将达到2020年的19倍，光伏发电需要多晶薄膜材料，制造这种材料需要的关键稀缺元素如铟、碲等，其需求量也将大幅增加。目前，工业固体废物中铟、碲等都是作为有毒有害物质，需对其进行无害化处理。未来随着其需求增长、价值重估，必将出现新的提取和利用技术，推动技术变革。

贺克斌强调，实现碳中和目标需要政策引导、科技创新，建立全新的人才培养体系。"目前，留给我们的时间窗口不是很长了，在下一轮科技竞争中，我们绝不能掉队。"

资料来源：李禾，2021.贺克斌院士：碳中和是科技创新的竞争[N].科技日报，06-16(3).

阅读材料三

推动"一核一带一区"区域发展格局积厚成势

构建"一核一带一区"区域发展格局,是广东提高发展平衡性协调性的重大举措,也是打造新发展格局战略支点的重要抓手。

省第十三次党代会对今后五年工作作出重要部署,明确提出"推动'一核一带一区'区域发展格局积厚成势,实现更高水平更高质量的区域协调发展"。学习贯彻省党代会精神,就要深刻认识加快构建"一核一带一区"区域发展格局对深入践行新发展理念、促进广东区域协调发展的重大意义,久久为功,精细施工,持续推动"核""带""区"打好特色牌、协作牌,进一步形成主体功能明显、优势互补、高质量发展的区域经济布局。

2018年10月,习近平总书记视察广东时指出,城乡区域发展不平衡是广东高质量发展的最大短板。为了加快补齐短板,广东深入落实总书记重要指示精神,提出构建"一核一带一区"区域发展格局。这几年,广东立足各区域功能定位,建立全域统筹机制和差别化政策体系,高质量构建"一核一带一区"区域发展格局,"核""带""区"在各自跑道上赛龙夺锦,各展所长,相得益彰,城乡区域发展协调性明显提高。其中,珠三角核心区发展能级持续提升,广州、深圳核心引擎功能更加强劲,佛山、东莞以万亿元级的体量迈进新发展阶段,珠海一跃成为内地唯一与港澳同时陆路相连的城市、正成长为我省又一重要引擎,珠三角各市依托广深港、广珠澳两个廊道的传导效应,汇聚起强大的发展势能、改革动能;沿海经济带产业支撑作用更加强劲,充分发挥"双核+双副中心""湾+带"等联动机制作用,促进要素优化配置、产业协同发展,绿色石化、绿色钢铁、海工装备等世界级产业带逐渐成型成势;北部生态发展区生态屏障进一步巩固,对内拓展"桥头堡"的优势凸显,贯通城乡、连接工农、链接湾区的绿色生态经济体系、产业协作体系逐步发力,在绿色崛起的道路上大步前行。

好局面来之不易,同时也要清醒看到,我省区域协调发展的质量仍有待进一步提升,农业农村"潜力板"仍有待进一步激发,粤东、粤西、粤北地区发展内生动力仍需进一步增强。奋进新征程,一张蓝图绘到底、干到底,我们要持续完善区域协调发展的体制机制和政策体系,高质量构建"一核一带一区"区域发展格局,努力把短板转化为潜力板,实现更高水平、更高质量的区域协调发展。

破解城乡区域发展不平衡难题，是广东在新征程中走在全国前列、创造新的辉煌必须迈过的"坎"。要突出创新驱动、示范带动，支持广州实现老城市新活力和"四个出新出彩"，推进与深圳"双城"联动，牵引珠三角地区增强自主创新能力，下足"绣花功夫"提升城市功能品质，打造环珠江口100千米"黄金内湾"，把珠三角核心区打造成更具辐射力的改革发展主引擎；要突出陆海统筹、港产联动，高标准规划建设世界一流港口群，串珠成链塑造具有强大引力场的沿海城市带、产业集聚带、滨海旅游带，做大做强临港重化、海工装备、海洋渔业等优势产业，加快发展海洋新材料、海洋生物等新兴产业，做强东西两翼新增长极，提升汕头、湛江省域副中心城市综合实力，把沿海经济带打造成更具承载力的产业发展主战场；要突出生态优先、绿色发展，集聚发展中心城区、重点县区、中心镇和重点园区，建设以生态农业、绿色工业、生态旅游为主体的产业体系，确保"米袋子"，优化实施"菜篮子""果盘子""水缸子""茶罐子""油瓶子"等系列培育工程，把绿水青山转化为金山银山，把北部生态发展区打造成更具持续力的生态发展新标杆；要突出优势互补、双向拓展，完善动力传导体系，巩固完善珠三角与粤东、粤西、粤北对口帮扶长效机制，推动珠三角产业在省内有序梯度转移，继续推动老区苏区振兴发展和民族地区高质量发展，深入实施新型城镇化战略，培育一批产业强、环境优、特色鲜明的经济强县。

"千钧将一羽，轻重在平衡。"全省上下要认真学习贯彻省第十三次党代会精神，奋力推动各区域高质量协调发展，让强者更强、优者更优，让赶上来者发挥后发优势，绘就"核""带""区"各呈异彩、交相辉映的新时代广东壮美画卷。

资料来源：南方日报评论员，2022. 推动"一核一带一区"区域发展格局积厚成势：八论认真学习贯彻省第十三次党代会精神[N]. 南方日报，06-07（4）.

复习思考题

一、名词解释

产业经济导向阶段、城市经济导向阶段、创新经济导向阶段、共享经济导向阶段、区域经济竞争的梯度变格均衡律

二、简答题

1. 产业经济导向阶段的内涵及资源配置特点是什么？
2. 城市经济导向阶段的内涵及资源配置特点是什么？

3. 创新经济导向阶段的内涵及资源配置特点是什么?
4. 共享经济导向阶段的内涵及资源配置特点是什么?
5. 简述区域经济竞争梯度推移的基本内容。

第四章

区域政府双重属性与市场竞争双重主体

第一节 企业是微观经济资源调配主体

企业作为微观经济资源调配主体,与市场经济的关系为:企业竞争来源于市场经济,即企业竞争是市场经济作用的表现;企业竞争会反作用于市场经济,即企业竞争是市场经济发展的原动力;企业竞争必须符合市场经济规律,在市场机制下进行。

一、企业竞争是市场经济作用的表现

企业竞争是市场经济作用的表现。市场经济的主要作用是在资源有限的前提下让资源得到有效配置,即在有限的资源下生产出更多的产品。企业竞争机制的经济作用有三个:资源配置、发展动力和利益分配,其中最核心的是资源配置。企业通过竞争,包括成本竞争、价格竞争、质量竞争等方式,引导生产资料流向效率最高的企业,从而达到资源的最优配置,体现了市场经济的作用。

(一) 市场经济概述

市场经济的形成并不久远,但却经历了长久的过程。市场经济是在商品生产和商品交换的基础上发展起来的。人类历史的商品交换由早期的物物交换发展到等价物交换,然后,随着货币的出现,商品交换达到了较高的发展程度,但是由于封建制度的阻碍,这种发达的商品交换并没有顺利地发展成为市场经济。随着资本主义社会的兴起,市场经济制度才开始建立起来,其中私人产权制度是市场经济的最根

本制度。市场经济的形成实现了市场对资源的有效配置，实现了自由的竞争，但是自由竞争导致了二八定律，会使得资本集中，形成垄断，阻碍了市场对资源的有效配置，现阶段的市场经济并不是纯自由的市场经济（即使是美国），更多的是强调"有效市场"与"有为政府"的结合。这也是中观经济学主要想回答和解决的问题。

市场是买方和卖方的集合体，他们一起决定某种商品的价格。市场经济是通过市场这只无形的手配置资源的经济形式，或者说是以市场机制为基础资源配置手段的经济形式，典型例子是美国的自由主义市场经济，与之相对应的是计划经济，即通过政府这只有形的手配置资源的经济形式，典型例子是苏联时期的计划经济。实际上，现实中很少会有完全的市场经济或者完全的计划经济，更多的是市场经济与计划经济结合的经济形式，即让市场配置资源的同时也会有政府的干预，例如，法国的计划协调的市场经济、德国的社会市场经济和日本的社团市场经济。

市场经济的作用主要有四个：合理有效地配置资源、自动调节供求关系、传递经济信息、优胜劣汰。实质上市场经济的根本作用就是合理有效地配置资源，其他三个作用都是为合理有效地配置资源而服务的。供求关系反映了买方和卖方各自的竞争力，市场经济的作用就是想让买卖双方达到均衡，也就是实现资源的有效配置，因此供求关系的自动调节实质上就是实现资源有效配置的过程。在资源配置的过程中，价格可以传递供求关系和买卖双方竞争力等市场信息。而最后资源的有效配置使得资源流入竞争力更强的部门，而有些企业最终只能被市场经济淘汰。

市场结构主要有四类：完全竞争市场、完全垄断市场、垄断竞争市场和寡头垄断市场。市场结构的划分主要依据企业的数量、企业生产产品的差异度和准入难易程度。完全竞争市场是指，在该市场中，有众多企业生产同质产品，在市场信息完全和要素自由流动的前提下，买卖几乎没有准入门槛。完全垄断市场是与完全竞争市场相对的一类市场结构：仅有一个企业提供产品，且不能由其他产品替代，准入门槛最高，其他企业无法进入。垄断竞争市场是指，在该市场中，虽然有众多企业生产同类产品，但是产品之间有差距，具有一定的准入门槛，同时，其他企业可以自由进入。寡头垄断市场是指，在该市场中，仅有几个生产企业，而且准入门槛很高，其他企业难以进入。其中，完全竞争市场是最理想的市场结构，可以最有效地实现资源的配置。而完全垄断市场、垄断竞争市场和寡头垄断市场，尤其是完全垄断市场和寡头垄断市场，因为这些市场中的企业拥有市场势力，会造成价格扭曲，并不能实现资源的有效配置，因此会存在市场失灵问题。

(二) 企业竞争力

企业作为市场经济最基本的组织形式，在市场经济的作用下形成企业竞争力，并发展成为企业竞争优势，实现优胜劣汰和资源的有效配置，体现了市场经济的作用。

企业的竞争力或者竞争优势主要体现在企业有超出同行业平均水平的优势能力，即获得超额利润的能力，主要通过低成本和差异化两个途径来获得。然而，降低成本和实现差异化的方式并不单一，例如，规模的扩大、技术的提高、管理效率的提高、设备的优化等都可以帮助企业降低成本；品牌的设计、产品的差异化、服务的差异化等都可以帮助企业实现差异化。因此，企业竞争力实质是企业的综合能力。

从经济学的角度和企业的生产流程来看，企业竞争的具体表现可以概括为三个方面：产品端、投入端和管理技术端。

产品端的竞争是面向需求的竞争，因此产品端的竞争是相对较为公平的竞争。产品的质量竞争、包装竞争、品牌竞争都决定了产品的差异化程度，产品端的竞争优势主要体现在对需求侧的吸引程度。

投入端的竞争是面向要素市场的竞争，投入端的竞争最容易出现竞争的非中性。企业通过投入资金购买设备、办公用地、原材料，并雇用劳动力进行企业的生产活动，因此在投入端资金的持续性决定了企业的生存。

管理技术端的竞争是企业最有活力的竞争。管理技术端的竞争体现在企业生产价值链的方方面面，不仅可以从提高效率的角度，降低产品的成本，形成企业竞争力，还可以从生产差异化产品的角度，形成差异化的企业竞争力。

二、企业竞争在市场机制下进行

市场经济下，企业竞争只有在市场机制下进行，才能实现市场对资源的有效配置。市场机制包括价格机制、供求机制和竞争机制，通过市场这只看不见的手自发调节资源配置。也就是说，企业竞争要符合竞争机制，通过市场的供求决定价格和产量，从而决定微观经济资源的配置，优胜劣汰。企业竞争主要集中在微观经济领域的产业经济，是微观经济学研究当中的供给侧。

企业竞争的实质是企业通过价格机制、供求机制和竞争机制实现资源配置的最优化。一方面，虽然企业竞争在市场机制下进行，但是不同类型的企业并不总是把利益最大化当作首要目标。例如金融类企业和非金融类企业的首要目标有所不同，银行等金融机构的首要目标是安全，其次才是收益。另一方面，不同的市场结构下，企业竞争的最优化问题也有所差异。

现实中，企业的竞争不总是遵循市场规则。遵循市场规则的企业竞争称为有序竞争或者正当竞争，违反市场规则的企业竞争称为无序竞争或者不正当竞争。有序竞争需要政府的积极作用和市场的不断完善。

有序竞争或正当竞争是在市场规则下进行的，按照市场机制进行资源的配置。无序竞争或不正当竞争中，经营者及其他有关市场参与者采取违反公平、诚实信用等公认竞争原则的手段去争取交易机会或者破坏他人的竞争优势，损害消费者和其他经营者的合法权益，扰乱社会经济秩序。

不正当竞争根据是否拥有垄断势力，可以分为两类。第一类是未拥有垄断势力的企业，通过违反公平、诚实信用等公认的竞争原则的手段去争取交易机会或者破坏他人的竞争优势，损害消费者和其他经营者的合法权益，扰乱社会经济秩序的不正当竞争行为。第二类是已拥有垄断势力的企业，通过自身垄断势力违反公平、诚实信用等公认的竞争原则的手段去争取交易机会或者破坏他人的竞争优势，损害消费者和其他经营者的合法权益，扰乱社会经济秩序的行为。

具体来说，未拥有垄断势力企业的不正当竞争行为是为了获得竞争优势。我国法律将不正当竞争定义为，经营者在生产经营活动中，违反法律规定，扰乱市场竞争秩序，损害其他经营者或者消费者的合法权益的行为。主要包括误导性混淆行为、通过寻租获取竞争优势行为、虚假宣传行为、侵犯商业秘密行为、损害竞争对手商业信誉和商品声誉行为等。

已拥有垄断势力企业的不正当竞争行为是指企业通过垄断势力，不作为市场价格的接受者，而是作为市场价格的制定者，制订损害其他经营者或者消费者的合法权益的规则，出现不正当竞争的行为。该类不正当竞争行为不仅会出现在行政垄断企业中，也会出现在自然垄断企业中。我国法律限制了具有垄断势力的企业通过垄断势力造成的不正当竞争行为。其中，行政垄断造成的不正当竞争行为具体可以分为五类：第一类，限定或变相限定单位或者个人经营、购买、使用其指定的经营者提供的商品；第二类，妨碍商品在地区间流通；第三类，排斥或限制外地经营者；第四类，强制经营者从事相关的垄断行为；第五类，制定含有排除、限制竞争内容的规定。

不正当竞争源于市场的不完善，正当竞争需要市场的不断完善。不正当竞争现象的存在主要是因为市场法治体系和监管体系未能满足相应市场经济发展的需要。

无论是为了获得竞争优势的不正当竞争行为，还是有垄断势力的企业通过不正当竞争行为阻碍企业的进入，都需要市场监管体系在其中有所作为。但是，市场法治体系和监管体系不可能依靠市场独自建立，而是需要政府积极作用，为市场提供有效的市场法治体系和监管体系。在企业竞争的产业经济当中，有效市场体系的建立不仅包括市场机制必需的市场要素体系、市场组织体系，还包括完善的市场法治体系、市场监管体系、市场信用体系和市场基础设施。

三、企业竞争是市场经济发展的原动力

企业竞争是市场经济发展的原动力。一方面，企业竞争主要集中在微观经济领域的产业经济。产业经济是市场经济最重要也是最主要的组成部分，企业的竞争决定着产业经济的活力。另一方面，市场经济得以健康持续发展的前提是保障公平的竞争，从而使得市场机制有效配置资源。不正当的竞争有碍经济的发展，因此保障企业公平的竞争才能保证市场经济的发展。从数据上看，中小企业民营经济在我国国民经济和社会中，贡献了全国50%以上的税收，60%以上的国内生产总值，70%以上的专利发明权，以及80%的就业，对扩就业、促创新、稳增长、惠民生等领域都起到了举足轻重的作用。

（一）企业竞争提高资源配置的效率

保障企业的竞争、促进市场经济的发展有利于提高资源配置的效率。

一方面，从制度经济学的角度分析，社会主义市场经济制度的确立，使得市场机制在决定资源配置时发挥了决定性作用，使得我国资源配置的效率得到提高。

另一方面，从市场化进程的角度分析，市场化程度越高，企业竞争越公平，市场机制作用越能得以体现，资源配置的效率也就越高。

（二）企业竞争促进技术进步

企业的研发主要内置于企业的经营发展活动中，包括技术的选择、技术的转化和技术的扩展。因此企业是市场经济中促进技术进步最主要的竞争主体。

一方面，企业竞争有利于技术的研发和进步。企业竞争存在管理技术端的竞争，管理技术端的竞争是为了提高产品的质量，实现产品的差异化，减少单位产品的生产成本，从而提高企业的竞争力。如果每个企业都在提高自身的全要素生产率，那么将进一步提高区域整个市场的全要素生产率。

另一方面，市场化程度的提高，促进了市场上技术水平的提高。而技术水平是投入端的全要素生产率要素，因此，技术水平的提高可以推动经济的发展。

第二节　区域政府双重属性

一、区域政府的内涵

区域政府，是指管理一个国家行政区域事务的政府组织。完整意义上的区域政府由三个要素构成：一是相对稳定的地域；二是相对集中的人口；三是一个区域的治理机构。

政府的最主要特征就是它的公共性和强制性。

政府的公共性特征主要表现在它是整个社会的正式代表，是一个有形组织的集中表现，因而它集中反映和代表了整个社会的利益和意志。作为政府区域层次结构的有机组成部分，区域政府无论是单纯作为中央政府派出的代表机构，还是作为具有相对行为权力的实体，其服务于区域整体的公共性特征都是相似的。

区域政府的强制性特征除了表现为具有立法权、司法权和行政权三项超经济的强制权力，还表现为具有经济性强制权力，这种权力表现为区域政府所拥有的财权和事权。

区域政府的超经济的强制权力和经济性强制权力取决于区域与中央的博弈，以及区域自身经济社会发展的实力。这样，摆在区域政府面前的便有两种不同类型的权力：一是政治权力，即"准宏观"的权力，指利用国家政权的力量，通过税收、工商、公安、市场监管等手段保证区域公共开支，维护正常市场秩序，并通过行政立法、司法的手段保证其公正性、公开性、公平性；二是财产权力，即"准微观"的权力，指依靠区域自身拥有的财产权获取相应的收益，如区域国有独资企业、控股企业、参股企业、土地、矿产、资源等，都是这种财产权力的有效组织形式。

世界上有单一制和复合制两种国家结构形式，国家结构形式不同，区域政府的职能也有一定差别。

单一制国家，是以按地域划分的普通行政区域或自治区域为组成单位的国家结构形式，中央政府享有最高权力，区域政府在中央政府统一领导下，在宪法和法律规定的权限范围内行使其职权,接受中央政府的监督,但处理本地事务时拥有一定自主权,上级只通过政策、法律等方式对其进行引导和监督。英国、法国、中国、日本、意大利等国家都是单一制国家。

复合制国家则是由两个或两个以上成员国或邦、有自治权的州、省通过协议组织起来的国家联合或联盟,国家整体与其组成部分的权限范围由宪法规定,区域政府在各自规定的权限范围内享有高度自治的权力,相互之间不得进行任何干涉。由于各区域政府都根据自己在体制结构中的行政地位和活动范围来履行职责,所以各区域政府的利益和行为方式不可能完全一致,彼此之间会围绕自身的利益展开一定的竞争。这些区域政府的特殊性决定了其在宏观职能和企业角色上的双重性。美国、澳大利亚、加拿大、德国、巴西等国家都是复合制国家。

无论单一制国家还是复合制国家,都存在中央政府在技术上很难以较低的管理成本实现一体化的问题,必须通过区域政府来有效地测定和满足区域需求,区域政府的重要地位也因此得以凸显。

相对于中央政府和区域非政府主体(指居民、企业和其他团体),中国区域政府的功能和地位具有两个显著的特点:其一,区域政府是中央政府和区域非政府主体的双重利益代表;其二,区域政府是中央政府与区域非政府主体信息互通的桥梁。中国区域政府的上述两个特点,决定了它在中央政府和区域非政府主体之间所扮演的中介代理角色。

自各国政府在财税改革、金融改革等一系列重大改革中向区域政府行政性分权以来,区域政府完成了向相对独立的利益主体的转换。经过多年来市场化取向的改革,区域政府的自主权和经济实力都在不断地增强。事实上,区域政府已经成为相对独立的经济主体。这样一种双重身份决定了区域政府在社会经济活动中,处于特殊的领导与被领导的双重地位。一方面,作为区域经济的决策者和"准微观"主体,它与国家政府相对应,力图实现自身更多的经济利益;另一方面,作为国家管理体系中的一级组织和国家政府的执行者,它又与市场和企业相对应,力图实现区域宏观经济稳定。

二、区域政府的"准微观"属性

(一)区域政府"准微观"属性的内涵

"准"意味着不属于某个范畴,却在一定程度上承担或具备某种与该范畴相同的职能或属性。综合政府和企业的相同点可以发现，区域政府不是企业，但又具有一定程度上的企业行为特征，因此区域政府兼具一定的"准微观"属性。其"准微观"属性内涵可以概括为以下几点。

第一，区域政府内部的组织管理，可以充分吸收借鉴企业管理丰富的理论模型和优秀的实践经验，建立高效运转的内部管理模式，成为制度创新、组织创新、技术创新和理念创新的重要力量。

第二，区域政府拥有较强的经济独立性，以实现本地区经济利益最大化为目标，自身具有强烈的开展制度创新和技术创新的动力，在竞争中培养了改革魄力和超前思维，具有鲜明的"政治企业家精神"。

第三，区域政府的行为充分尊重市场在资源配置中的主导地位，坚持按照市场规律发挥管理职能，强化区域政府行为的市场适应性，展开区域政府之间的良性竞争，以各地区市场运转的效率、实现的经济和社会收益作为竞争的主要考核目标。区域政府也因此实现从远离市场竞争的权力机构到参与市场竞争、提高管理绩效的"准微观"角色的转换。

（二）区域政府"准微观"属性的依据

1. 政府与企业的属性不同

政府和企业属于两个不同的主体范畴，企业是微观经济主体，政府则在中观和宏观层面上通过法律、政策、制度等方式，对经济进行管理和调控。二者的差别主要有以下几点。

（1）目的不同。

从存在的目的来看，政府的行为目的主要是给所属民众提供非营利性的产品或服务，实现社会福利的最大化，不以营利为目的，具有明显的公益性质，属于非市场范畴。

而企业主要是以价格机制为核心，通过生产、销售等一系列行为实现企业利润最大化，且以营利为目的。

（2）生存方式不同。

政府管理是非营利性的，所提供的服务或产品通常是免费或象征性收费的，其生存不能靠销售产品或服务来维持，而主要依赖立法机构的授权，资金来源主要是税收，经费预算属于公共财政支出，不能任意由政府管理人员支配，而是必须公开化，接受纳税人的监督。

相反，企业管理是以营利为目的，所需要的各种物质资源主要来自投资的回报和所获取的利润。因此，企业中的资金使用状况属于企业的"内部事务"，其他人无权干涉，经费预算也主要根据盈利状况而定。企业是自主的，其管理所需的物质资源也是自主的，不需要公开化。

正因为如此，政府管理的决策常常要反映公众或立法部门的倾向性，而企业管理的决策在很大程度上受市场因素即顾客需求的左右。

（3）管理限制因素不同。

从管理的限制因素来看，政府在管理的整个过程中都受法律的限制，即立法机构对其管理权限、组织形式、活动方式、基本职责和法律责任都以条文形式明确予以规定，这使政府管理必须严格地在法律规定的程序和范围内运行。

而企业管理则不同，法律在其活动中仅仅是一种外部制约因素，管理主要是在经济领域进行，按照市场机制的要求去管理。只要市场需求存在，企业行为又不违法，企业管理就必须围绕追求高额利润这一目标运转。

（4）绩效评估标准不同。

从绩效评估标准看，行为的合法性、公众舆论好坏、减少各种冲突的程度、公共项目的实施效果、公共物品的数量及其消耗程度等，是评估政府管理成效的主要指标。

在企业管理中，销售额、净收益率、资本的净收益、生产规模的扩大程度及市场占有率的提高等是主要的绩效评估标准，是企业管理水平和效果的主要显示器，也是管理人员绩效的标志。

显然，政府管理的绩效评估偏重于社会效益，企业管理的绩效评估则强调经济效益。

2. 政府与企业行为有一定程度的相似性

（1）政府与企业都是资源调配主体。

根据企业的本质属性，企业是一种可以和市场资源调配方式相互替代的资源调配机制。企业内部管理就是通过计划、组织、人事、预算等一系列手段对企业拥有的资源按照利润最大化原则进行配置。政府也拥有一定的公共资源，配置和利用这些公共资源以激发最大的产出效率，是政府的重要职责。政府也同样拥有计划、组织、人事、预算等进行资源调配的手段。所以政府与企业一样，具有进行资源调配的功能，只是在范围、目的等方面存在差异。

（2）竞争机制在政府之间与企业之间始终存在，并成为二者发展的原动力。

企业之间的竞争是市场机制带来的。在完全竞争市场，企业要在竞争中取胜，就必须在制作成本上保持竞争优势；而在垄断竞争市场，企业就要靠自己的特色（即所谓企业的特有价值、核心竞争力）来获得生存；在寡头垄断市场，虽然市场似乎被几个大的寡头所控制，但这几个寡头之间仍然存在博弈关系，寡头之间的财富和生存竞争仍然是激烈的；而完全垄断市场，通常是企业竞争到一定程度的产物，或是由于自然垄断资源、法律特许、保护专利、规模经济等原因形成的。一般而言，政府是促成和维护完全垄断市场的主导力量，或是破除完全垄断趋势的主要力量。而在其他类型市场，也需要政府从法律、政策上做好服务平台，促成市场竞争机制的有效运行。所以政府与企业竞争之间也存在紧密联系。

（3）企业和政府行为都是在尊重市场规律的前提下展开的。

在市场公平的大环境之下，企业要通过对市场规律的不断探索和市场形势的准确判断来决定企业内部资源应如何配置。企业必须尊重市场规律，接收市场价格信号，适应市场需求，才能生存下去。

区域政府对经济的一系列调控行为，必须建立在尊重和顺应市场规律的基础之上。那种以抛弃市场规律、国家计划主导一切为主要特征的计划经济体制，由于其较为低下的经济效率，已被证明不是最优的资源调配方式，基本退出了历史舞台。当前，无论是发达国家还是转型国家，政府正致力于消除存在于经济中的各种制度扭曲，建立完善的、有效的市场经济体系。这些改革实践都是基于对现代市场规律的正确认识和把握，一个政府能够积极有效地发挥作用的前提，一定是尊重市场在资源配置中的主导作用。当市场可以有效地配置资源使得经济良性发展之时，政府的主要职责是不妨碍市场机制的运行。但是政府也不是完全被动地听凭市场的摆弄，而是应在认可市场是资源配置主导方式的前提下，也清楚市场的局限性，进而对市场经济建设进行超前引领，根据市场发育的程度及出现的问题进行基础设施建设、信息的提供、经济活动的协调、外部性的调整等，以使市场作用得到更好的发挥。

（4）企业和政府都必须履行一般的内部管理职能。

要维护一个组织的正常运转，都需要对组织内部进行微观管理。企业和政府的内部管理有很多异曲同工之处。比如，企业和政府都有人力资源管理、项目管理、资金管理、技术管理、信息管理、设备管理、流程管理、文化管理等内部管理职能；从管理层次上也都可以分为决策管理、业务管理、执行管理等多个层次。

(三) 区域政府"准微观"属性的经济学分析

1. 区域政府的区域管辖权转化为区域经营权

区域政府首先是基于行政管理需要建立的，本质上是一个政治组织。但是从以中国为代表的一些区域政府的实践行为上看，它们并非单纯地以法律手段和行政手段对所辖区域进行管理，而是把所辖区域当作一家企业来经营。具体来说，这种区域经营权就是区域政府主动将自己定位为独立的区域经营者，依法使用区域内生产要素，根据市场需要独立做出区域经营决策，并自主开展区域经济活动，及时适应市场需要。这种经营的主要特点体现为：对于区域内的企业，区域政府既不是强行干预、直接控制，也不是只做外围监控、简单地把企业推向市场，而是以政治企业家的视角来看待和判断经济形势，并通过区域资源调配和整合来调整区域经济增长的方式，主动适应市场化环境的要求，实现区域经济增长。

2. 区域政府以区域利益最大化为中心进行资源调配

区域政府行为的市场取向，必然导致其目标函数和约束条件带有明显的"准微观"的特征。区域政府作为独立的竞争主体，其主要目标函数是区域财政收入的最大化，也就是预算规模的最大化。而预算规模一般取决于两个因素：一是与本区域经济发展水平相联系的财政收入规模；二是上一级政府与区域分享财政收入的比例。由于上一级政府与区域分享的比例一般可以预先确定，而且一旦确定短时期内不会改变，就意味着区域政府收入的持续增长不再依赖上一级行政组织，而直接与本区域社会总产出水平关系密切，这决定了区域政府必然是一个具有独立经济利益目标的经济组织。

作为独立的利益主体，区域政府追求自身利益的最大化，但由于区域政府本身没有增设税种和变更税率的直接权限，所以，区域政府能够取得合法利益的途径就是推动区域生产总值的增长。这种追求本地经济快速增长、本地经济利益最大化的目标，促使区域政府具有了相对于微观主体更强的组织集体行动动力和制度创新动机。而区域政府行为的约束，则主要来自当地资源、法律制度、公众压力等方面。

从中国的实践来看，区域政府经营的目的是区域利益的最大化。区域利益既包括以区域生产总值为核心的经济效益指标，也包括反映收入分配、教育水平的社会效益指标，还有诸如环境与生态、市场监管、基础设施建设、公共服务、廉洁状况和行政效率等多项衡量区域状况的发展效益指标。虽然区域政府的经营目标与企业的利润最大化目标相比具有多重性，但这些经济社会发展目标的实现仍然是以一定的经济发展状况为前提的,所以经济发展是区域政府管理的主导目标,其他目标的实现也是经济效益指标持续实现的保障。这类似于企业在以长期利润最大化为目标的情况下对社会责任的承担。当然,区域政府不可能与企业一样只定位于经济利益,区域福利的最大化才是区域政府的真正使命,所以区域政府在目标的均衡性上要有更多考量,但这不改变区域政府在行为方式上的"准微观"特征。

综上所述,现代市场经济条件下的区域政府作为一个实体是完全有主观能动性的,区域政府会自动围绕自身利益的最大化目标对区域制度安排进行经济上的理性选择,区域资源调配效率的提升也必然成为区域政府工作的重中之重。

3. 区域政府行为受经济约束和政治约束

经济约束是指区域政府手中掌握的财产权和资源支配权的约束,如果区域政府有足够的财产权和资源支配权去支持政府的各项工作,它就能够有足够的能力去提供公共物品和服务,以促进辖区内经济的发展。

政治约束包括两个方面:上级政府的认同和辖区内居民的认同。上级政府和辖区内居民认同的底线是法律认同。在一些国家,上级政府的认同对官员的前途至关重要,所以上级政府对区域政府的绩效考核评价制度对区域政府行为的约束力极强,区域政府会在行为过程中更重视上级政府的认同。

从中国区域政府的实践来看,区域政府的目标主要是经济增长,这个目标在过去四十年都没有变化,但是区域政府的行为发生了很大变化,其原因在于约束条件的变化。中国区域政府在发展中形成了较为独立的财政运行体系,在财政预算约束上有较大的弹性。而区域政府之间的竞争领域和竞争程度也在不断加大,国内有学者曾以"锦标赛模式"来描绘区域政府竞争。在 20 世纪 90 年代中期整体推进的激进的民营化运动中,区域政府深知区域经济的发展在于企业活力的增强和对市场机制的运用,因此对那些市场竞争能力强、自身经营状况和财务状况良好的优质企业给予大力扶持,对有损于竞争优势发挥的基础设施和宏观条件进行及时完善。这些行为都充分说明了区域政府作为"准微观"角色在一定的预算约束和市场竞争条件下的趋利避害的收益最大化特征。

三、区域政府的"准宏观"属性

(一)区域政府"准宏观"属性的内涵

区域政府的"准宏观"属性强调区域政府在结构、职能上具备国家的某些特征。

比如，在结构上，区域政府一般都是中央政府各分支机构在地区级别上的延续，各部门行使的职能也与中央政府基本一致，只是权限、力度不同。

区域政府的"准宏观"属性的内涵主要是指区域政府可利用其公共性与强制力特性，推动区域市场秩序的构建与维系，保护和促进市场主体之间公平、自愿的交易，提高整个社会的产出和收益。在一个国家中，中央政府可以利用其公共性和强制力影响该区域市场秩序的构建和维系。同样，在一个地区，区域政府可以代理中央政府，利用中央政府授予的公共性和强制力，促进本地区市场秩序的构建和维系，这就是其"准宏观"属性的体现。

区域政府"准宏观"属性的经济学含义是指，区域政府具备一般政府的宏观调控职能，可以利用财政收支活动来影响区域总需求和总收入，从而实现区域国民收入均衡。当区域经济陷于萧条时，区域政府可以采取加大财政支出或减税等宏观调控措施来刺激总需求，使总需求扩张，直至实现国民收入均衡；而当通货膨胀发生时，区域政府可以采取紧缩的财政政策压缩总需求，直至实现国民收入均衡。同样，作为"准宏观"角色的区域政府也承担实现本地区经济增长率、控制失业率和物价上涨率等责任，需要在这几个调控目标上进行权衡和控制。区域政府在承担一系列宏观调控职能时，其财政收支是调控区域总体经济状况的主要手段，所以关于区域政府"准宏观"角色的行为分析重点应放在其收入与支出行为上。

（二）区域政府"准微观"属性和"准宏观"属性在收入上的异同

作为"准宏观"角色，区域政府就不再是一个创造价值的生产单位了，而是依靠为区域企业和居民提供公共服务来换取收入以维持其存在与发展。从这个角度讲，区域政府的收入也可称为财政收入。

所谓财政，就是政府的"理财之政"。从经济学的意义来理解，财政是一种以国家为主体的经济行为，是政府集中一部分国民收入用于满足公共需要的收支活动，用以达到优化资源配置、公平分配及经济稳定和发展的目标。众所周知，财政收入是各级政府的主要收入，财政收入的组成以税收为主。区域政府作为"准微观"角色和"准宏观"角色，都有收入这个概念，那么不同身份下的区域政府收入有何不同呢？

无论区域政府作为何种身份，其收入形式基本都是一致的，就是以税收为主体的财政收入。也就是说，即便是作为"准微观"角色，区域政府所得收入也主要是以税收形式在国民收入的二次分配中获得，而不像企业那样以国民收入的一次分配为主。这说明区域政府无论是作为"准微观"角色依靠市场竞争获得的收入，还是作为"准宏观"角色依靠宏观调控获得的收入，最终都是以税收的形式获得。但是，对双重角色下的区域政府收入的理解是不同的，这涉及中观经济学的理论基础。

第一，收入的定位不同。作为"准微观"角色的区域政府，其目标函数中的因变量是区域政府收入，主要行为目标是增加收入；而作为"准宏观"角色的区域政府，则是把收入当作一种调控区域经济的手段，通过收入和支出来维持区域国民收入的均衡，区域宏观经济状态的平稳发展才是其主要行为目标。

第二，收入的来源不同。表面上看，区域政府财政收入主要源于税收，即从区域企业和居民处收缴而来。但区域政府的作为方式和作为力度不同，也会导致区域企业和居民收入不同，从而最终对区域政府财政收入造成影响。区域政府的制度创新、技术创新、组织创新等活动创造的新增价值最终会在企业利益的提高和个人福利的增加中得以体现。从这个角度说，区域政府财政收入从来源上可以分为两个部分：一部分是区域政府通过创新活动创造的，通过企业和居民收入增加来体现的部分，这部分可以看作是区域政府以"准微观"身份获得的；另一部分则是企业和居民自身从市场竞争中获得的，以税收的形式向区域政府履行法律责任、公民义务的部分，这部分收入是区域政府以"准宏观"身份获得的。

第三，收入的弹性不同。所谓弹性是指反应的敏感性，收入弹性是指收入每变动1%所带动的因变量变动的百分比。区域政府"超前引领"行为的收入弹性则是指财政收入的变动所激发的区域政府"超前引领"行为的变动力度。由于区域政府的"准微观"角色是以收入最大化为目标的，所以收入的增长会大大激发区域政府"超前引领"的动力，也会带动区域政府新一轮的创新热情和竞争信心，从而形成区域经济发展的良性循环，收入弹性较大。而仅作为区域宏观调控的"准宏观"身份所获得的收入一般比较稳定，甚至可能因为市场低迷而政府又无为的状况，导致这部分收入的减少。显然，在这部分收入的获得中，区域政府非常被动，所以，这部分收入的弹性是比较小的。

（三）区域政府支出

区域政府支出，通常又被称为公共支出，即公共财政的支出，也就是区域政府为市场提供公共服务和公共投资所安排的支出。公共支出不仅可以确保国家职能的履行和区域政府经济作用的发挥，在市场经济社会中，还可以支持市场经济的形成和壮大。区域政府支出的多少反映了区域政府在一定时期内直接动员社会资源的能力，以及对社会经济的影响程度。

通常而言，区域政府支出可分为购买性支出和转移性支出。

1. 购买性支出

购买性支出是区域政府支出形成的货币流，由区域政府直接对市场提出购买要求，形成相应的购买商品或劳务的活动。购买性支出又分为社会消费性支出和财政投资性支出两部分。

社会消费性支出包括行政管理费、国防费，文教、科学、卫生事业费，以及工交商农等部门的事业费。从世界各国的一般发展趋势来看，社会消费性支出的绝对规模在一定发展阶段呈现一种扩张趋势，但达到一定规模后会相对停滞。

财政投资性支出即政府投资，包括基础设施投资、科学技术研究和发展投资、向急需发展的产业的财政融资（政策性金融投资）等。

政府购买性支出在投资乘数的作用下往往力度较大，因此各项支出必须符合政策意图。

2. 转移性支出

转移性支出，是指区域政府将钱款单方面转移给受领者的支出活动。转移性支出主要由社会保障支出和财政补贴支出组成。转移性支出形成的货币流，并不直接对市场提出购买要求，即不直接形成购买产品或劳务的活动。

转移性支出所提供的钱款，会直接交给私人和企业，而不是由区域政府直接使用。至于私人和企业是否使用、如何使用这些钱款，则基本上由他们自主决定。尽管区域政府能够提供一定的制度约束，但并不能直接决定他们的购买行为。但是，区域政府可以通过决定转移性支出的分配来影响不同受领者的资源分配状况，从而间接影响社会资源配置。

（四）区域政府的"准宏观"角色职能

区域政府是中央政府在区域的代表，在一定地域、范围内代表中央政府履行国家职能、行使国家行政权力。在一定程度上，可以将区域政府视为中央政府在区域上的缩影。

根据分权理论，区域政府的职能实际上是中央政府职能的组成部分在区域上的延伸。在这个意义上，区域政府的经济职能是为区域市场主体运行创造条件，以及建立、维护区域市场规则和秩序。

市场经济制度相比其他经济制度（如计划经济制度）而言是一种具有经济效率的基础性制度结构，但市场经济制度的有效性发挥需要建立在一定的前提条件之上：①企业必须是独立的市场主体；②必须有结构合理、运作有序、均衡发展的市场体系；③有一套健全的、完善的市场法规；④有发达、规范的市场中介组织；⑤有一套与市场经济制度相协调的政治、法律制度。

如果缺少了这些基础性前提，市场经济秩序将是混乱的，比如，假冒伪劣产品充斥市场，妨碍技术进步和企业管理创新；市场上机会主义行为泛滥，信誉缺失，使交易费用激增。

这样看来，区域政府在建立和维护市场规则秩序方面应做到：进一步进行体制改革，规范政府行为，打破陈旧的区域政府分割局面，将区域政府融入国家统一的市场中去，坚决禁止区域保护主义等区域政府恶性竞争行为；推进市场管理法治化进程，制定公共政策及法律法规，构造市场主体公平竞争、公平交易的政策和法律环境，保障市场主体公开、公平和有序竞争；在区域范围内实施国家宏观经济政策，保持区域经济总量增长和经济结构平衡。

为了保持区域经济总量增长和经济结构平衡，区域政府应从以下方面积极作为：①研究和制定经济社会发展的长期和中长期战略，编制和实施经济社会发展计划和有关规则；②保持区域总供求的动态平衡，因为市场调节作为局部调节不能解决总供求的失衡问题，而区域政府具有信息、资源等优势，具有进行总量层面协调的能力；③执行中央制定的各项经济政策，并制定区域产业政策和技术政策，区域政府应在充分保证市场有效运行的原则下，按照与中央协调一致的原则，制定区域的经济政策；④大力发展基础设施建设，提供公共物品，一方面要保证中央政府的公共政策在本地的实施，另一方面也要根据区域情况提供区域性的公共物品；⑤调节收入分配和再分配，市场机制的作用势必会使收入差距拉大，区域政府应进行计划调控，通过社会保障政策来协调地区内不同个体之间的收入差距，减少社会矛盾，推动经济发展。

综上所述，在经济增长的过程中，区域政府的职能一方面是为区域市场主体运行创造条件，建立、维护区域市场规则与秩序；另一方面是在区域范围内实施国家宏观经济政策，保持区域经济总量增长和经济结构平衡。

第三节 区域政府是中观经济资源调配主体

一、区域政府双重属性的有机统一

在中观经济中,区域政府不仅要发挥微观经济学提出的"守夜人"和宏观经济学提出的"引路人"的角色,更要参与到市场经济当中去,成为市场经济的"维护者"和"参与者"。

在中观经济的资源调配问题上,区域政府主要扮演了"参与主体"的角色。首先,区域政府参与的主要是城市经济的资源配置,而不应该过分干预产业经济的资源配置。其次,虽然区域政府在参与中观经济资源调配的过程中会推动产业经济的发展,但与此同时,其在融资过程中也会对产业经济产生挤出效应,因此资源的生成存在一个权衡的过程。最后,区域政府在参与的过程中,亟待解决信息不对称的问题,这将决定资源生成的效率,同时区域政府在参与的过程中还存在效率与公平的权衡问题。

将具有双重属性的区域政府作用与西方经济学中政府作用进行对比,可以发现,微观经济学更加提倡"小政府",希望政府做好"守夜人",让企业在市场经济下充分竞争;宏观经济学更加提倡"大政府",希望政府做好"引路人",在经济过热时为经济降温,在经济低迷时为经济注入强心剂,以此减少经济波动带来的不安定因素。而中观经济学提出区域政府具有双重属性,以本区域经济利益为目标参与区域竞争。也就是说,政府不仅要管理好市场,还要在市场环境中参与竞争,以谋求区域内的经济利益最大化。由此可见,从中观经济学的角度将资源分为可经营性资源、准经营性资源和非经营性资源以后,区域政府并不仅是西方经济学提到的"守夜人"和"引路人",还是区域经济的微观代表,以本区域经济利益为目标参与区域竞争。

二、区域政府对中观经济资源调配和参与竞争的目的

区域政府对中观经济资源调配和参与竞争的目的是多元化的。

首先,区域政府对中观经济资源调配和参与竞争的最根本目的是区域内经济总

量的最大化。区域政府作为中观经济的资源调配主体，管理着区域内的各类资源，是区域内微观经济利益的代表，因此，区域政府参与竞争的根本目的是区域内经济总量的最大化。

其次，区域政府对中观经济资源调配和参与竞争的间接目的是区域内资源总量的增加。区域政府对生产要素的竞争，不仅为本区域的经济发展提供了必不可少的投入资源，还扩大了区域的经济、人口、城市规模，有利于区域的进一步发展和扩大政府的权力范围。

最后，从个人的角度来看，区域政府对中观经济资源调配和参与竞争的背后是官员之间的竞争，官员竞争的目的就是获得百姓和上级的认可，获得升迁的机会。

总结而言，区域政府对中观经济资源调配和参与竞争的目的可以概括为经济目的和政治目的的两类，而经济目的是政治目的的基础，决定着政治目的是否能实现。

区域政府对中观经济资源调配和参与竞争的目标函数是财政收入的最大化。首先，财政收入衡量了区域政府的财力。财政收入决定了区域政府行使其职能的能力，因此区域政府参与竞争的最直接目标就是财政收入的最大化。其次，财政收入可以作为衡量经济目的的指标。区域政府的经济目的是区域内经济的增长，人口、城市规模的扩大，等等，而财政收入的最主要来源是税收，在税率给定的情况下，财政收入就反映了区域的经济发展水平。最后，财政收入可以作为衡量政治目的的指标。官员绩效考核的指标当中最重要的一项就是经济指标，财政收入作为一项重要经济指标，在很大程度上决定了官员的升迁。

三、区域政府对中观经济资源调配的方式

区域政府在生成性资源领域参与竞争，对中观经济资源进行调配的根本目的是区域内经济总量的最大化，落到实地便是最大化本区域的财政收入，参与竞争的重要抓手是政策，政策的执行需要由财政支出负担，可以说支出是为了更好的收入。

对于可经营性资源，政府应遵循市场配置资源的原则，尽可能通过资本化手段，把资源交给企业、社会等各类国内外投资者。政府按照"规划、引导；扶持、调节；监督、管理"的原则去配套税收政策、财政补贴政策、折旧政策，以此来引导和制约非政府投资的条件、方向、规模和结构。其中，区域政府财政补贴作为一种转移性支出，可以用价格补贴、外贸补贴、财政贴息等形式，通过现金或实物补贴的方式，作用于产业经济的生产、流通、分配和消费全流程。

对于非经营性资源，区域政府应责无旁贷地全面承担起供给、调配和管理的责任，按照"基本托底、公平公正、有效提升"的原则去配套社会安全和社会保障政策。例如，从属于购买性支出的区域行政管理与国防支出，和从属于财政支出的转移性支出项目之一的社会保障支出。

对于准经营性资源的运营，即城市基础设施软硬件的投资、开发与建设，区域政府应根据自身的财政状况、市场需求和社会民众的可接受程度等因素，来决定是按可经营性资源的原则来调配、开发，还是按公益性事业的原则来运行、管理，这主要依赖投资性支出。

第四节 现代市场经济横向体系和纵向体系

主流经济学普遍认为市场仅在企业参与的产业经济中发挥作用，而政府是在市场之外的"守夜人"和"引路人"。但中观经济学在资源生成的视角下，重新对资源的类型进行划分，提出了准经营性资源这一生成性资源，由此将政府作为准经营性资源的竞争主体引入市场经济当中。在此逻辑下，市场经济在不同类型资源中构成了现代市场经济横向体系，同时根据市场主体的经营活动周期，构成了现代市场经济纵向体系。

一、现代市场经济横向体系

现代市场经济横向体系将市场经济扩展到了生成性资源领域。这种扩展包含两个层次：适用资源类型的扩展和市场主体的扩展。

现代市场经济横向体系在适用资源类型方面的扩展，主要是指市场不仅仅存在于产业经济中，还存在于城市经济和国际经济中，资源生成理论是现代市场经济横向体系理论的基础。其中，产业经济属于可经营性资源领域，城市经济与国际经济都属于准经营性资源领域。因此，现代市场经济横向体系在适用资源类型上的扩展也就是从可经营性资源领域扩展到准经营性资源领域。

现行主流经济学普遍将市场经济应用到产业经济，也就是可经营性资源领域，而将城市经济和国际经济这类准经营性资源与民生经济这类非经营性资源一同概括为公共物品，视为市场失灵的部分，因此城市经济和国际经济这类准经营性资源在理论上一直被认为是需要政府提供的公共物品。但是，现实中城市经济和国际经济并不总是由政府承担，例如，公共基础设施项目运作模式之一的PPP模式就是鼓励私营企业、民营资本与政府进行合作，参与公共基础设施的建设。因此，中观经济学将生成性资源这类资源分类中的模糊部分单独定义为准经营性资源，表明其不仅具有非排他性、非竞争性的公共物品属性，还具有经济性与生产性的可经营性资源属性。总体而言，准经营性资源属性包括动态性、经济性、生产性和高风险性四点。正是因为准经营性资源具有经济性和生产性的特性，所以市场规则同样适用于城市经济和国际经济这类准经营性资源。

现代市场经济横向体系在市场主体方面的扩展，主要是指市场横向体系中存在双重经济主体——企业和区域政府。现代市场经济横向体系将市场经济由可经营性资源领域扩展到准经营性资源领域。由于企业是可经营性资源的市场竞争主体，区域政府是准经营性资源的市场竞争主体，因此现代市场经济横向体系中存在企业和区域政府双重经济主体。中观经济学提出的现代市场经济横向体系将区域政府作为一类经济主体纳入经济体系当中，主要回答了市场机制如何成为区域政府竞争的理论基础，以及区域政府如何在市场机制下实现对准经营性资源的有效配置这两个问题。

二、现代市场经济纵向体系

（一）现代市场经济纵向体系的基本构成

现代市场经济纵向体系主要强调了市场构成的体系性。现代市场经济纵向体系主要包括六个子系统：市场要素体系、市场组织体系、市场法治体系、市场监管体系、市场环境体系、市场基础设施。其中，市场要素体系与市场组织体系是现代市场经济纵向体系的基础性体系；市场法治体系、市场监管体系是现代市场经济纵向体系的约束性体系；市场环境体系、市场基础设施是现代市场经济纵向体系的条件性体系。下面具体介绍市场要素体系、市场组织体系、市场法治体系、市场监管体系、市场环境体系、市场基础设施的主要内涵。

1. 市场要素体系

市场要素体系是现代市场经济纵向体系的核心体系，主要包括各类市场（例如商品市场、服务市场、技术市场、金融市场、人才市场和信息市场等）和市场的最基本元素（价格、供求和竞争）。市场要素体系连接了微观经济学定义的市场经济，是市场经济运行必不可少的最基本的单元，因此也是现代市场经济纵向体系中的基础性体系。

2. 市场组织体系

市场组织体系是市场要素与市场活动的主体或组织者的集中地，主要包括各种类型的市场实体（例如零售市场、批发市场、人才市场、劳务市场、金融市场等）、中介机构（例如咨询、培训、信息、会计、法律、产权、资产评估等服务机构）和市场管理组织（例如各种商会、行业协会、监管组织等）。市场组织体系依旧连接了微观经济学定义的市场经济，企业依旧是现代市场经济纵向体系中最基本的组织形式，因此与市场要素体系共同构成现代市场经济纵向体系中的基础性体系。

3. 市场法治体系

市场经济具有产权经济、契约经济和规范经济的特点，因此，规范市场价值导向、交易行为、契约行为和产权行为的法律法规就构成了市场法治体系。从市场法治体系的健全程度来看，它包括市场相关的立法、执法、司法和法制教育等方面。立法只是法治体系建立的开端，法律教育是法治体系健全度的最高体现。市场法治体系的目的是以法律的强制性手段来约束市场经济行为，因此是现代市场经济纵向体系中的约束性体系。

4. 市场监管体系

市场监管体系是建立在市场法治体系基础上的、符合市场经济需要的政策执行体系，包括对机构、业务、市场、政策法规执行等的监管。市场监管体系主要是根据市场法治体系制定的"游戏规则"来监督和管理市场主体的经济行为。市场法治体系是现代市场经济纵向体系的"边界"，市场监管体系是现代市场经济纵向体系的"边裁"，因此市场监管体系与市场法治体系共同构成现代市场经济纵向体系的约束性体系。

5. 市场环境体系

市场环境体系主要包括实体经济基础、企业治理结构和社会信用体系三大方面。对市场环境体系而言，重要的是建立健全社会信用体系。信用的确立有利于信息的沟通、期望的确立和减少不确定性，换句话说，市场环境体系的建立可以为市场经济搭建起信息沟通的桥梁，减少信息不对称性。

6. 市场基础设施

市场基础设施是指包含各类软硬件的完整的市场基础设施系统。其中，硬件市场基础设施包括市场服务网络、配套设备及技术等，软件市场基础设施包括各类市场支付清算体系、科技信息系统、行业标准体系的建设等。各类软硬件完整的市场基础设施系统是成熟市场经济必备的基础条件。

(二) 现代市场经济纵向体系的基本特点

现代市场经济纵向体系具有以下五个基本特点。

第一，现代市场经济纵向体系的建立是个渐进的历史过程。主要有两个原因，一是对市场体系的认识是一个不断完善的过程，二是随着科学技术的发展，对市场体系提出了更高的要求。斯密的古典经济学派主张自由的市场经济，因此这一阶段的市场体系抵制政府的作用，随后的凯恩斯主义经济学派虽然强调了政府干预的力量，但是无法名正言顺地将政府直接与市场联系起来。一方面，随着经济的不断发展，经济体量的不断扩大，实践证明，市场体系并不能仅依靠市场力量建立起来。中观经济学指出，政府在市场体系建立中发挥着举足轻重的作用。另一方面，科学技术的不断发展，尤其是计算机、网络技术的不断发展，迫使市场体系不断升级。例如，在计算机发展之前，市场体系的建立并不需要支付结算系统这类软件基础设施。随着大数据和人工智能的进一步发展，现代市场经济纵向体系还会进一步发展出适应市场需求的、更先进的体系。因此，现代市场经济纵向体系的建立是个渐进的历史过程。

第二，现代市场经济纵向体系的六个子系统是统一的。首先，六个子系统之间相互联系、相互作用，统一称为现代市场经济纵向体系。市场要素体系与市场组织体系作为市场经济的基础性体系，使得市场机制在资源配置中发挥决定性作用；市场法治体系和市场监管体系作为约束性体系，约束了市场的行为，制定了市场的行为规范，避免了市场恶性竞争现象的发生，确保市场向健康、积极的方向发展；市场环境体系和市场基础设施作为条件性体系，为市场机制的运行提供了良好的环境和条件。其次，在六个子系统内，各个要素之间也是相互联系、相互作用、有机统一的。例如，市场法治体系内部，规范产权行为的法治体系是其他类型法治体系的基础，规范交易行为和契约行为的法治体系规范了市场主要的经济行为，规范市场价值导向的法治体系为市场行为标明了底线，这几类法治体系一同在市场中发挥作用，引导市场健康、有序地发展。

第三，现代市场经济纵向体系的六个子系统既相互独立又相互制约。基础性体系是市场经济的核心，是发挥市场机制必不可少的一部分，缺少了基础性体系就无法称之为市场经济。约束性体系和条件性体系作为补充性体系，与基础性体系相互独立，但是制约着基础性体系的发展。约束性体系为市场经济的发展制定了相应的规则，但是基础性体系又要求约束性体系的规范不能过度，否则就丧失了市场机制在进行资源配置时的决定性作用。条件性体系为市场经济的发展提供了更好的环境，也就是说条件性体系的完善将助力基础性体系的建设和发展，但是基础性体系的发展水平又在客观上制约了条件性体系的发展程度。例如，美国之所以有能力建立全球性的清算支付体系基础设施，是因为其基础性体系的高度发达，而清算支付体系基础设施又进一步巩固了其在全球经济活动中的地位。

第四，现代市场经济纵向体系的六个子系统的功能是脆弱的。主要有三方面原因：认识上的局限、政策上的时滞、全球化的冲击。首先，无论是在理论中还是在现实中，人们都没有认识到政府在建立健全现代市场经济体系时的重要作用。虽然凯恩斯肯定了政府干预的作用，但目前主流认识对于政府干预还是持怀疑的态度，认为政府干预会造成资源配置的扭曲。因此在市场经济运行过程中，自由主义占上风，反对政府对市场经济的干预，这就造成约束性体系实际发挥的作用有限。其次，政策上的时滞同样也是六个子系统功能脆弱的原因。政府由于缺少前瞻性或者运行低效，导致政策的制定和执行都存在时滞，这将影响六个子系统功能作用的发挥。最后，全球化的冲击也是六个子系统功能脆弱的原因。由于国家间的地缘政治、贸易保护、最终诉求等方面差异较大，因此约束性体系的建立难度巨大。

第五，现代市场经济纵向体系正在或即将作用于现代市场经济横向体系的各个领域。现代市场经济纵向体系与横向体系一同构建成完整的现代市场体系。以往主流的经济学派主要将可经营性资源纳入市场经济中来，实际上，现代市场经济同样存在于准经营性资源领域。例如，碳排放属于准经营性资源领域中的逆生性资源，随着"碳中和"概念的提出，建立完善的碳交易市场纵向体系，依靠市场力量配置这类逆生性资源已是大势所趋。

第五节　国家、区域、企业三者之间存在关联效应

一、国家、区域、企业三者之间关联效应的基本内涵

在现代市场经济体系中，宏观（国家）、中观（区域）、微观（企业）三者之间存在着关联效应，具体见图4-1。宏观经济学的研究焦点是国民收入决定机制；微观经

济学的研究焦点是价格决定机制,而价格决定机制背后反映的是企业的利润;中观经济学的研究焦点是财政收入决定机制,从中国的经济实践来看,财政收入决定机制主要依托于中央与地方的税收分成。因此,国家、区域、企业三者之间的关联效应可以概括为:国家·国民收入——区域·税收分成——企业·税收总量(税种、税率)。

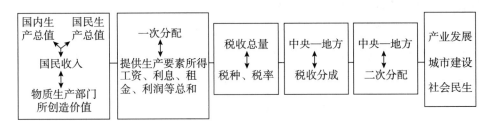

图 4-1 国家、区域、企业三者之间的关联效应

基于国家、区域、企业三者之间的关联效应,可引申出现代市场经济发展需要关注的两大问题。

一是财政收入弹性系数。

$$财政收入弹性系数 = 财政收入增长率/国内生产总值增长率$$

该系数反映了国内生产总值变动对财政收入变动的影响,或者说财政收入增长率与国内生产总值增长率的比率。

二是财政收入主要作用。从国家的角度来看,财政发挥着护航国计民生的作用,要重视其作用,国家可采取的具体措施包括:第一,改革财政体制,理顺中央和地方财政关系,充分发挥中央和地方两个积极性;第二,深化预算管理制度改革,更好贯彻国家战略与政策;第三,完善现代税收制度,切实发挥税收功能作用;第四,健全政府债务管理制度,完善规范、安全、高效的政府举债融资机制。从地方的角度来看,地方经济发展需要财税政策提质增效,以推动区域经济可持续发展,地方可采取的具体措施包括:第一,提高区域调控效能,促进区域经济运行速度保持在合理区间;第二,加强财税资源统筹,增强区域重大项目布局的财力保障;第三,支持区域供给侧结构性改革,加速区域经济增长动能转换。

二、从关联效应完整把握现代市场经济体系

(一)关联效应视角下的现代市场经济横向体系

产业经济依旧是市场经济的基础领域,城市经济和国际经济是市场经济的生成

性资源领域。虽然现代市场经济横向体系在适用资源类型和市场主体方面进行了扩展，但是并没有否定可经营性资源在市场经济中的作用：产业经济依旧是市场经济的基础领域，企业依旧是市场经济最基本的组织形式。城市经济和国际经济作为生成性资源领域，在市场经济下为产业经济的发展提供条件，与产业经济相互补充，共同促进区域经济的快速发展。

例如，城市经济基础设施建设作为生成性资源将对产业经济的发展进行助力：软硬件基础设施建设将会进一步完善城市的建设，方便生产生活，从而为产业经济吸引更多的资本和劳动力，促进产业经济的发展；智能城市的建设将会完善大数据的基础设施建设，为产业经济发展的信息沟通搭建起"高速公路"，从而进一步促进产业经济的发展。

（二）关联效应视角下的现代市场经济纵向体系

现代市场经济纵向体系的建立不仅需要市场，还需要政府的作用。市场要素体系和市场组织体系这类市场的基础性体系是在市场环境下建立起来的，因此也是现代市场经济的核心体系。

市场法治体系、市场监管体系这类市场的约束性体系和市场环境体系、市场基础设施这类市场的条件性体系不可能完全依靠市场的力量建立，而需要政府的有为作用。市场法治体系具有规范性、普遍性和强制性的特点，需要由国家的强制力来构建和保证实施，因此市场法治体系是政府根据市场的环境情况建立起来的。市场监管体系是在市场法治体系基础上建立的执行体系，用来监管市场的各类行为，如果依靠市场力量建立很容易出现寻租、合谋等问题，因此需要政府的强制力和公信力来执行。市场环境体系的建立需要市场与政府的合作。以社会信用体系建立为例，我国的企业社会信用查询系统虽然有天眼查、企查查这类商业化的企业信息查询工具，但其最基本的企业信用数据是依靠政府部门（如国家市场监督管理总局）的支持。市场基础设施是市场运行的公共物品，成本过高，不可能依靠市场建立，因此需要政府根据市场的实际需求完善市场的基础设施。

三、从关联效应完整把握现代市场经济体系双重竞争主体

（一）现代市场经济体系存在双重竞争主体

在中观经济学视角下，企业和区域政府是现代市场经济体系的双重竞争主体。

在微观经济学视角下，企业是市场的供给侧主要的竞争主体，也是现行主流经济学主要的研究对象，区域政府是市场之外的"守夜人"。但是，中观经济学在资源生成的基础上，一方面提出了区域政府具有双重属性，区域政府在生成性资源领域存在竞争；另一方面将市场拓展到生成性资源领域，将区域政府作为一类市场竞争主体引入现代市场经济体系当中。

企业和区域政府均在市场机制下参与竞争，实现资源的最优配置。中观经济学虽然将区域政府作为一类市场竞争主体，引入现代市场经济体系，但区域政府的竞争不能违背市场决定资源配置的基本原则。在微观经济学视角下，企业的竞争是在资源稀缺条件下优化资源配置；在中观经济学视角下，区域政府的竞争是在资源生成条件下优化资源配置。

企业和区域政府的竞争共同驱动区域经济的可持续发展。可经营性资源依旧是市场经济的基础领域，企业竞争依旧是经济发展的基础。中观经济学将市场经济扩展到生成性资源领域，区域政府作为生成性资源领域的竞争主体，同样驱动着经济的发展。

（二）企业竞争与区域政府竞争的比较

企业竞争与区域政府竞争在竞争机制、核心竞争力、竞争阶段及其资源配置效率等方面有诸多不同，见表4-1。

表4-1 企业竞争与区域政府竞争的比较

比较方面	企业竞争	区域政府竞争
竞争机制	价格决定机制	财政收入决定机制
核心竞争力	企业竞争力	区域竞争力
竞争阶段及其资源配置效率	要素驱动阶段 ——劳动生产率	产业经济导向阶段 ——产业竞争力
	投资驱动阶段 ——资本生产率	城市经济导向阶段 ——投资增长率
	创新驱动阶段 ——技术进步率	创新经济导向阶段 ——科技进步贡献率
	财富驱动阶段 ——全要素生产率	共享经济导向阶段 ——三类九要素作用力

企业竞争与区域政府竞争虽然存在诸多方面的差异，但二者又有共性，即企业竞争和区域政府竞争都应遵循市场规律。

企业主要存在投入端、生产端和管理技术端三个方面的竞争，并且企业竞争是在市场规律下追求利益的最大化和成本的最小化。区域政府竞争同样需要遵循市场规律。区域政府竞争就是在财政支出有限的前提下，优化支出结构，追求的是财政收入最大化和支出成本的最小化。这说明区域政府的竞争同样是在市场规律下进行，同样是在资源约束下优化资源配置的过程。因此，企业竞争与区域政府竞争本质上都是在市场规律下参与竞争的。

企业与区域政府之间不存在竞争，但二者是相互联系的。企业竞争是区域政府竞争的基础，区域政府竞争又反作用于企业竞争。区域生产是在企业生产的基础上扩展而来的，不仅需要区域政府的投入，更需要企业的投入。也就是说企业竞争力是区域政府竞争力的基础，而区域政府竞争力的提升又将提高区域对要素的吸引力，增强企业在投入端、产品端和管理技术端的竞争力，二者并不互斥，而是一个相互促进的过程。

（三）市场经济双重主体竞争关系

在此，我们可以清晰地看到，市场经济双重主体竞争是两个层面的竞争体系，包括企业之间的竞争体系和区域政府之间的竞争体系。二者之间既相互独立又相互联系，共同构成市场经济中的双重竞争体系。

首先，企业竞争体系和区域政府竞争体系是相互独立的双环运作体系。企业竞争体系只在企业间展开，任何政府都只能是市场竞争环境的维护者，从政策、制度、环境上维护企业竞争的公平展开，而不能作为和企业一样的平等主体参与到企业竞争的活动中去，也没有权力对企业微观经济事务进行直接干预。国有企业虽然所有者是政府，但本质属性仍然是独立的市场主体，自主经营、自负盈亏、自担风险、自我约束、自我发展，国有企业与其他所有制企业一样参与市场竞争，同样受到法律保护，政府不能给予国有企业制度性的特殊安排，比如国有企业额外补助等。所以，国有企业与其他所有制企业在市场竞争上没有什么不同。区域政府也应建立约束和监督机制，防止企业之间的竞争混入政府因素。

区域政府之间的竞争也只在区域间展开，各区域政府是平等竞争的市场主体，就其区域资源的配置能力和所创造的区域经济效率和效益进行竞争。区域政府之间的竞争以尊重市场规律为前提，不会将企业竞争纳入区域政府竞争的层面中。所以，无论是企业竞争还是区域政府竞争，都是两个层面各自独立的竞争体系。

其次，区域政府竞争体系以企业竞争体系为依托，并对企业竞争体系有维护和引导作用。企业竞争是市场经济的根本属性,是市场经济焕发生机活力的重要因素,没有企业竞争的经济不是市场经济,所以企业层面的竞争是市场竞争的基础。区域政府之间的竞争也主要是基于区域内的企业竞争,是围绕为企业竞争服务而展开的。如果没有企业竞争,区域政府间的竞争就会演化为权力纷争,就失去了市场经济的基本属性。所以,在市场经济体制下,必然存在企业层面的竞争,而企业竞争带动了区域政府之间的竞争,这一切都源于市场机制。但区域政府之间的竞争在制度、政策、氛围创造及竞争目的上又多半带有"超前引领"的性质,所以区域政府之间的竞争又是在企业竞争层面之上的一种竞争体系,对企业竞争具有一定的指导、帮助作用。

图4-2说明了区域政府竞争体系与企业竞争体系之间既各自独立又相互衔接的关系。区域政府之间的竞争与企业之间的竞争互不交叉,但二者又基于区域政府"超前引领"机制彼此支撑、互相影响,所以这两个竞争体系不是截然分开的,而是无缝衔接的两个独立竞争体系。这也意味着区域政府竞争体系与企业竞争体系的"边界划分"成为处理好这两个竞争体系的关键问题。

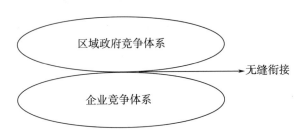

图4-2 市场经济双重主体竞争关系

最后,企业竞争与区域政府竞争同生共长,最终都导致"二八定律"现象。所谓"二八定律",是指随着经济的发展,世界各国区域经济的发展在企业竞争和区域政府竞争的双轮动力驱动下,正逐渐出现先行发达国家或先行发展区域的产业集群、城市集群和民生福利越来越集中的现象。市场经济双重主体竞争的"二八定律"如图4-3所示。

在企业和区域政府各自的竞争进程中,如果区域政府能够围绕目标函数,采取各种超前引领措施,有效地推动企业或区域实现理念创新、技术创新、组织创新和制度创新,最终就能脱颖而出,成为"领头羊"。而那些没有进行超前引领和改革创新的企业或区域,将会处于落后状态。

此时,在经济发展的梯度结构中,处于领先地位的20%的企业或区域,将占有

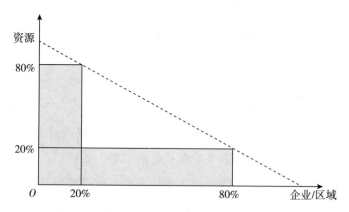

图 4-3 市场经济双重主体竞争的"二八定律"

80%的资源,而处于滞后地位的 80%的企业或区域,将可能只占有 20%左右的资源。

阅读材料一

"两个毫不动摇"的中国智慧及实践要求

根据马克思主义政治经济学的基本观点,生产资料所有制是一国经济基础的核心,构成了社会的基本经济制度。然而,马克思虽然在《共产党宣言》中对社会主义制度下的所有制关系提出了自己的构想,但是没有给出十分具体的设计及规划。我国进入社会主义初级阶段以来,着眼于这一时期的生产力水平,明确了"毫不动摇地巩固和发展公有制经济,毫不动摇地鼓励、支持、引导非公有制经济发展"这一制度基础。"两个毫不动摇"是对马克思主义政治经济学的进一步丰富和发展,是马克思主义基本原理与中国具体现实相结合的重大理论成果。

2020年9月,习近平总书记对新时代民营经济统战工作作出重要指示,强调新时代要坚持"两个毫不动摇"。公有制经济控制着关系国计民生的重要部门,是满足人民群众对美好生活需要的根本保障。非公有制经济能够充分调动各类经济主体的主观能动性,激发经济发展的活力和创造力,为国民经济的发展提供竞争性的市场环境,从而积极有效地推动经济发展方式的转型升级,有利于解决不平衡、不充分发展的问题。"两个毫不动摇"充分体现了中国经济学智慧,是中国特色社会主义政治经济学的重要理论成果。

一、以人民为中心,发挥社会主义公有制的优越性

西方经济学所推崇的发展观是追求物质财富的积累,即认为发展的目的主要是实现国内生产总值的增加、人均国民收入的提高及产业结构的升级，而忽视了具体的人，特别是普通劳动者的真实情况和感受。这一发展观既没有立足于满足人的需求，也没有着眼于充分发挥人的主观能动性。在一定的历史时期，这样的发展理念虽然能在一定程度上促进经济增长，然而这样的增长是不健康、不可持续的，经常会被经济危机所打断。此外，忽略人的发展的经济增长也往往会出现异化。

社会主义公有制强调通过调动各方面的积极性、主动性及创造性，实现经济发展和人的发展有机统一，从而为更高水平生产力的发展开辟出更为广阔的空间。在中国共产党的领导下，我国充分发挥公有制经济的强大推动力量，不断提升贫困地区的交通、通信基础设施以实现基础提升型扶贫，着力变革落后地区的制度、机制基本设计以实现制度变革型扶贫，并于建党百年之际如期完成全面建成小康社会的宏伟目标，实现了对人民的庄重承诺。以人民为中心的发展方式，就是要让社会主义公有制的优越性得到更充分的体现，让人民群众有更多的获得感、幸福感。以人民为中心的发展思想立足于中国的经济实践和马克思主义政治经济学的根本立场，并且也选择性地吸收了当代西方经济学中与市场经济一般相联系的即不具有特殊的社会经济属性的经济学概念和范畴，其本质在于实现经济发展和人的发展有机统一。坚持以人民为中心实际上就是把人作为发展的目的和归宿，全方位满足人的真实需要，全方位丰富和提高人创造美好生活的能力，努力实现人的全面发展。

二、以"亲""清"新型政商关系，引领新时代非公有制经济健康发展

国际经验表明，在一个多种体制相互融合的新兴经济体、转轨经济体中，企业家往往感到与政府越来越有隔阂和距离，而实际上政府在这样一个高速发展、矛盾临界的发展阶段中也有自身的困惑及困境。这两种现象并存的主要原因是时代改变了，新兴产业的发展规律以及创新发展规律也发生了变化，这就需要重建政商关系。习近平总书记多次提出要构建"亲""清"新型政商关系，即要在政企之间营造共同信任信赖的环境，实现包容发展。"亲"就是政府的公权力不仅要用来帮助国有企业，也要用来真诚地帮助民营企业解决问题、克服困难。"清"就是政府官员在与企业的日常交往中，必须廉洁清正、奉公克己，坦坦荡荡地帮助企业的经济发展。没有"亲"，我国经济的发展容易出现迟缓乏力的现象；没有"清"而只有"亲"容易导致民营企业的政企不分。因此"亲""清"二者相辅相成，缺一不可。

在世界百年未有之大变局下，企业发展面临的不确定、不稳定因素显著增多，以政商关系的重构为抓手推动营商环境的优化显得尤为重要。通过"亲""清"新型政商关系的构建，打破要素流动障碍和破除体制内外羁绊，进一步降低交易费用，从广度和深度上推进市场化改革，减少政府对资源的直接配置及对微观经济活动的直接干预，以新时代政府职能的加快转变有效激发后各类市场主体特别是创新型企业的活力，把市场在资源配置中起决定性作用和更好发挥政府作用有机结合起来。"亲""清"新型政商关系实际上是一种包容性的政商关系，要求政府以包容的态度对待民营企业家，要在企业遇到困难时帮助企业，让民营企业家有安全感，而不是疏远企业及无限制地追究一些因历史原因和制度不完善而导致的问题。要有针对性地解决中小企业发展中的突出问题，坚持对国有和民营经济一视同仁、对大中小企业平等对待，加强对产权特别是知识产权的保护，努力为企业发展创造良好环境。构建政商关系的重点是大力推进我国法治建设，不断完善市场体系，通过明确官商交往的规则和边界来减少公职人员的腐败问题，使权力在阳光下运行，使经济在包容中发展。市场经济和法治中国需要"亲""清"的政商关系。"亲""清"新型政商关系是新时代下推动中国经济高质量发展的重要基石。

资料来源：李宜达，2021."两个毫不动摇"的中国智慧及实践要求[J]. 北方经济（9）：7-9.

阅读材料二

深圳经济特区建立四十周年：再立潮头创奇迹

天高云阔，繁花似锦，2020年，深圳经济特区迎来建立40周年。

党中央创办经济特区，就是寄望深圳先行先试、大胆探索，为全国改革开放和社会主义现代化建设探路开路。从昔日落后的边陲农业县，到今日世界著名的现代化大都市；从粤港澳大湾区核心引擎之一，到创建社会主义现代化强国的城市范例，深圳因改革开放而生、因改革开放而兴、因改革开放而强。

"以习近平同志为核心的党中央赋予深圳'朝着建设中国特色社会主义先行示范区的方向前行，努力创建社会主义现代化强国的城市范例'的崇高使命，为深圳未来发展提供了根本遵循和强大动力"。王伟中表示，"深圳将始终高举改革开放伟大旗帜，大力弘扬'敢闯敢试、敢为人先、埋头苦干'的特区精神，抢抓'双区驱动'重大历史性机遇，努力把经济特区办得更好、办出水平"。

一、高质量发展成为最强音

伶仃洋畔，16.2千米长的深圳湾滨海休闲带，一侧是鸥鹭翔集、花团锦簇的红树林和海滨公园，城市风光尽收眼底；另一侧是深圳湾超级总部、深圳高新区、后海湾总部基地等城市经济发展的颗颗"明珠"，串起深圳高质量发展的"黄金带"。

"在城市中心区能抬头见蓝天、低头见碧海，真棒。"32岁的胡悦来深圳工作快8个月了，"经济发达、环境优美、出行便捷，这就是高质量的都市生活应该有的样子。"

2005年，深圳在国内首次提出"基本生态控制线"，为城市守住974平方千米的绿地；而后，深圳先后9次修订产业导向目录，主动淘汰数万家高能耗、高污染、低附加值的企业，成为国内单位面积经济产出最高，万元生产总值水耗、能耗和碳排放强度最低的大城市。

不断换挡提速，转型升级，深圳始终坚信，实现高质量发展，优化产业结构，是破解土地、能源、人口、环境承载力难以为继等难题的必然选择。

2020年，深圳市优化营商环境改革工作领导小组印发《深圳市2020年优化营商环境改革重点任务清单》，提出全面实施"一网通办、智慧'秒批'、精准服务"政务服务模式，充分利用科技赋能营商环境改革，重构企业服务生态体系。同时，医药卫生体制、财政预算管理体制、土地管理制度等改革深入推进。2020年8月24日，创业板改革并试点注册制成功落地，再次为推动经济高质量发展注入强劲动能。

深圳产业结构不断优化，呈现产业以高新技术、金融、物流、文化"四大支柱"产业为主，经济增量以新兴产业为主，规模以上工业以先进制造业为主，第三产业以现代服务业为主的"四个为主"特征。

高质量发展，成为深圳经济发展最响亮的音符，也成就了深圳经济发展的韧性。

二、创新引领现代化经济体系

深圳光明科学城施工现场，塔吊林立，机器轰鸣。随着合成生物研究、脑解析与脑模拟等大科学装置、深圳湾实验室等高端创新资源的建设提速，这个面向未来的综合性国家科学中心的核心承载区，雏形初现。

从过去"三来一补"的低端产业链，到现在新兴产业、未来产业的战略布局，深圳坚持走创新驱动发展战略，抢占产业发展制高点。

"全球每三部手机，就有一部手机的零部件是我们生产的"，瑞声科技时任副总裁自豪地说。成立于1993年的瑞声科技，起初只是一家生产蜂鸣器的小工厂。公司坚持创新发展，不断提升研发及高精密制造能力，目前已是全球最大的高端智能手机扬声器供应商。

瑞声科技的"蝶变"，是深圳坚持把创新驱动发展作为城市发展主导战略，积极谋划新兴产业发展、构建现代化经济体系的一个缩影。目前，深圳在5G技术、超材料、基因测序、石墨烯太赫兹芯片、柔性显示、新能源汽车、无人机等领域均处于世界前列，技术创新由"跟跑"向"并跑""领跑"转变。

目前，深圳深化科技供给侧结构性改革成果正逐步显现，与国际接轨项目攻关"悬赏制"、项目"主审制"、项目经费"包干制"已落地实施，50亿元天使投资引导基金和80亿元人才创新创业基金正不断发挥作用，"基础研究＋技术攻关＋成果产业化＋科技金融＋人才支撑"全过程创新生态链已经构建并不断完善……

三、开放迈向全球标杆城市

"'来了就是深圳人'，这句话是我的切身感受"。一位来自美国的小伙子一直致力于通过自媒体平台，向海外展现深圳面貌，讲述深圳故事。

他所在的招商街道，是一个常年居住着近7000名外籍居民的国际化街区。

深圳同各国贸易和投资往来不断扩大，成为我国改革开放的重要窗口。外资的不断引进，产业的充分聚集，吸引世界各地的人纷至沓来。2019年，经深圳口岸出入境人员2.4亿人次，日均66万人次，相比1978年全年的300余万人次，增长了80多倍。

加快形成全面开放新格局，既要"引进来"，也要"走出去"。深圳打造资金、平台、保险、服务"四位一体"的"走出去"综合服务体系，为企业出海保驾护航。

近年来，深圳抢抓"一带一路"建设和粤港澳大湾区建设重大机遇，通过不断完善的产业链配套、逐渐与国际接轨的法治环境、越来越透明的政府行政服务管理，不断扩大国际交往范围，高水平对外开放新格局正加快形成。

如今，智利车厘子远渡重洋抵达蛇口码头，10分钟就可完成卸货直接运达深圳前海水果堆场，继而配送全国各地；销往海外的电子产品，从保税港区出区，搭乘中欧班列便可直达满洲里口岸出口至俄罗斯。

四、共建共治共享为人民谋幸福

盛夏的茅洲河燕罗湿地公园，绿意盎然，清澈的河面上，白鹭惊起水花朵朵。这里曾是珠三角地区污染最严重的河流之一。"看着茅洲河一天天变清，心里真的特别美"。67岁的深圳市民蔡桂森说。

近年来，深圳投资上千亿元，在全国率先实现全市域消除黑臭水体，成为全国水环境改善最明显的十大城市之一，入选国家"城市黑臭水体治理示范城市"。

党的十八大以来，深圳始终坚持把为人民谋幸福作为检验改革成效的标准，在环境、教育、医疗等事关民生福祉的大事小情上持续发力，让改革开放成果更好惠及广大人民。

2019年，深圳全市九大类民生支出3013亿元，超过财政收入的80%。2020

年，市本级一般公共预算支出安排仅增长 2.4%，而全市本级教育和卫生健康支出分别增长 18.2%、23.1%。

深圳实际管理人口已超过 2000 万，如何用"绣花功夫"做好城市精细化管理，成为这个年轻的移民城市面临的大课题。

罗湖区东晓街道独树社区，由于旧改项目多，导致停车位一下子少了 200 多个。为破解难题，东晓街道以群众需求为导向，挖掘服务资源共享渠道，协调社区旁边的商业大厦，实施错峰共享停车。

"这是我们探索基层治理由'单一供给'向'多元参与'的转变"。街道党工委书记肖嘉睿说。

建筑面积 8000 平方米的龙岗区南岭村社区党群服务中心，是广东省最大的社区党群服务中心。在这里，居民可以享受 66 项政务服务，并可通过 24 小时自助服务站，办理卫生计生、民政、税务等 101 项事项。南岭村社区党委书记张育彪说："我们要把中心建成百姓喜爱的服务阵地，让每位居民都能享受共建共治共享的成果。"

资料来源：陈伟光，吕绍刚，2020. 深圳经济特区建立四十周年：再立潮头创奇迹[N]. 人民日报，08-26 (1).

阅读材料三

中国式现代化道路新在哪里

习近平总书记指出："我们坚持和发展中国特色社会主义，推动物质文明、政治文明、精神文明、社会文明、生态文明协调发展，创造了中国式现代化新道路，创造了人类文明新形态。"中国式现代化既切合中国实际，体现社会主义建设规律，也体现人类社会发展规律，实现了对西方现代化理论的全面超越，有着深刻的历史逻辑、理论逻辑、实践逻辑。作为一条现代化新道路，中国式现代化对于推进人类社会现代化进程具有重要理论价值和实践意义。

一、坚持以人民为中心的发展思想，摒弃西方现代化老路

中国式现代化遵循现代化理论中关于以工业化、市场化、经济全球化促进生产力发展的普遍规律，但其与西方现代化的基本逻辑并不相同，与西方现代化有着本质区别。

中国式现代化摒弃了西方现代化所遵循的生产力发展单纯服从于资本的逻辑，摒弃了西方以资本为中心的现代化、两极分化的现代化、物质主义膨胀的现代化、对外扩张掠夺的现代化老路，既实现了对西方现代化理论的超越，又丰富和发展了马克思主义发展理论。中国式现代化坚持以人民为中心的发展思想，把增进人民福祉、促进人的全面发展、朝着共同富裕方向稳步前进作为经济发展的出发点和落脚点，扎实推动共同富裕，不断增强人民群众的获得感、幸福感、安全感。中国式现代化统筹推进经济建设、政治建设、文化建设、社会建设、生态文明建设，推动新型工业化、信息化、城镇化、农业现代化同步发展，推动物质文明、政治文明、精神文明、社会文明、生态文明协调发展，形成了系统协调的现代文明新形态。围绕满足人民美好生活需要，针对发展不平衡、不协调、不可持续问题，中国式现代化推动经济发展质量变革、效率变革、动力变革，努力实现创新成为第一动力、协调成为内生特点、绿色成为普遍形态、开放成为必由之路、共享成为根本目的的高质量发展。新时代现代化理论的创新突破，指引我国从"现代化的迟到国"跃升为"世界现代化的增长极"。

二、坚持立足本国国情探索现代化动力机制和战略，给发展中国家走向现代化带来启示

坚持独立自主开辟发展道路，立足本国国情探索适合自己的现代化动力机制和战略，是中国式现代化取得成功的一个重要原因。

从现代化动力机制看，我们党创造性地把社会主义与市场经济有机结合起来，探索建立了社会主义市场经济体制，既充分发挥市场经济提高资源配置效率的长处，又有效发挥社会主义制度集中力量办大事的优越性；既使市场在资源配置中起决定性作用，又更好发挥政府作用；既充分利用资本在促进生产力发展方面的积极作用，又有效防止资本野蛮生长，实现了有效市场和有为政府的更好结合，让一切劳动、知识、技术、管理、资本的活力竞相迸发，让一切创造社会财富的源泉充分涌流，极大解放和发展了社会生产力。

从现代化战略看，中华人民共和国成立以来，我们党始终立足本国国情和发展阶段对建设社会主义现代化国家作出战略安排，并以五年规划（计划）的形式加以贯彻落实。进入新时代，以习近平同志为核心的党中央对全面建成社会主义现代化强国作出了分两步走的战略安排：从2020年到2035年基本实现社会主义现代化，从2035年到本世纪中叶把我国建成富强民主文明和谐美丽的社会主义现代化强国；并在"十三五""十四五"规划建议中提出一批具有标志性的重大战略，实施富有前瞻性、全局性、基础性、针对性的重大举措。习近平总书记关于立足新发展阶段、贯彻新发展理念、构建新发展格局、推动高质量发展的一系列重要论述，为破解发展难题、增强发展动力、厚植发展优势、加快现代化发展提供了行动指南。适合国情的正确现代化战略，指引我国加快迈上更高质量、更有效率、更加公平、更可持续、更为安全的发展之路。

中国式现代化的成功实践向世人表明，一个后发国家即使不具备先发国家那样的发展条件，只要锚定自己的现代化目标，立足本国国情独立自主探索适合自己的现代化道路，也能实现跨越式发展。

三、积极倡导文明交流互鉴，打破西方"文明冲突论"对人类文明的桎梏

西方现代化是从农耕文明到工业文明再到信息文明的依次发展过程，形成了传统和现代二元对立的文明观，主张用现代性取代传统性。许多西方学者和政要认为，多种文明不可能和谐相处，必然发生冲突和对立。在西方现代化史上，一些国家利用其工业文明的先发优势对仍处于传统农业文明阶段的国家和民族进行侵略、压迫和奴役。今天，一些西方学者和政客依然在竭力宣扬西方文明等同于现代文明，试图改造其他文明。这加剧了世界范围的文明冲突，不利于人类文明丰富发展。

中国式现代化主张以文明交流超越文明隔阂，以文明互鉴超越文明冲突，以文明共存超越文明优越，探索创立具有包容性的人类文明新形态。我们党坚持把马克思主义基本原理同中国具体实际相结合、同中华优秀传统文化相结合，用马克思主义真理的力量激活了中华民族历经几千年创造的伟大文明，使中华文明再次迸发出强大精神力量。坚持弘扬平等、互鉴、对话、包容的文明观，尊重文明多样性，推动不同文明交流对话、和平共处、和谐共生，努力让文明交流互鉴成为增进各国人民友谊的桥梁、推动人类社会进步的动力、维护世界和平的纽带。中国式现代化打破了西方"文明冲突论"对人类文明的桎梏，推动人类创造的各种文明交相辉映、相互尊重、和谐共处。

四、坚持走和平发展道路，维护世界和平、促进共同发展

习近平总书记指出，我国现代化是"走和平发展道路的现代化"。与西方国家在现代化进程中长期奉行"国强必霸"的丛林法则和对抗性的零和博弈思维不同，和平发展是中国式现代化的重要特征。在推进现代化的过程中，中国始终坚守永远不称霸、不搞扩张、不谋求势力范围的庄严承诺，坚持推动构建人类命运共同体，在努力谋求自身发展的同时，积极为维护世界和平、促进共同发展贡献力量。

当今世界正经历百年未有之大变局，这场变局不限于一时一事、一国一域，而是深刻而宏阔的时代之变，世界进入新的动荡变革期。各国人民对和平发展的期盼更加殷切，对公平正义的呼声更加强烈，对合作共赢的追求更加坚定。这更加凸显了走和平发展道路的中国式现代化的重大意义。针对当前世界面临的一系列现代化

困境和危机，中国积极推动构建人类命运共同体，推动共建"一带一路"高质量发展，提出全球发展倡议、全球安全倡议，科学回答世界之问、时代之问，指出人类文明进步和现代化发展的正确方向，为建设持久和平、普遍安全、共同繁荣、开放包容、清洁美丽的世界贡献了中国智慧、中国方案、中国力量。

资料来源：黄群慧，2022.中国式现代化道路新在哪里[N].人民日报，10-10（17）.

复习思考题

一、名词解释

区域政府"准微观"属性、区域政府"准宏观"属性、现代市场经济横向体系、现代市场经济纵向体系

二、简答题

1. 如何理解区域政府的"准微观"属性？
2. 如何理解区域政府的"准宏观"属性？
3. 简述现代市场经济横向体系的基本内容。
4. 简述现代市场经济纵向体系的基本内容。
5. 简述现代市场经济的双重主体。

第五章

区域政府竞争与政府超前引领

第一节 区域政府竞争理论

一、区域政府竞争理论的起源

斯密对市场竞争规律的经典论述奠定了市场竞争理论的基础,同时也对政府间税收制度的竞争做了初步提示。他在《国富论》中提出,土地是不能移动的,而资本则容易移动。土地所有者,必然是其地产所在国的一个公民。资本所有者则不然,他很可能是一个世界公民,他不一定要附着于哪一个特定国家。如果为了课以重税,而多方调查其财产,那么他可能会把资本移往任何其他国家,只要那里能比较随意地经营事业,或者能比较安逸地享有财富。斯密的论述从人们对资本税差异的反应视角分析了要素可移动性对于政府间税收制度竞争的影响。

20世纪30年代,西方资本主义国家爆发了严重的经济危机,使得古典经济学家坚持的"自由放任、自由竞争可以实现经济均衡"的传统理论遇到了严重挑战。凯恩斯摒弃自由放任的观点,提出了国家干预经济的政策主张,肯定了政府在弥补市场缺陷、调整宏观经济运行中的积极作用,使得政府成为与市场经济相辅相成的有机组成部分。由此,政府对市场竞争的影响问题也成为研究的热点之一,政府竞争理论也开始得到发展。

第一个论述政府竞争的经济学模型是蒂伯特模型。这一模型认为,政府是公共物品的提供者,居民是公共物品的消费者,居民在选择居住的社区时,首先会考虑该社区的税负水平和服务结构,以及在此条件下自身可以获得的利益。当居民拥有充分的流动性时,居民可以通过自由迁徙到另外的社区,享受更加有利的税收和更好的公共服务。因此,政府竞争的结果就是,不同辖区政府的税收选择在居民拥有自由流动性时趋向一致。蒂伯特模型开创了研究区域政府竞争的先河，对于财政理论和政府竞争理论都有非常重要的启示意义。

此后，又有很多经济学家对蒂伯特模型的假定进行扩充或修正，得出了不同的结论，从而使得区域政府竞争理论不断丰富。哈耶克认为区域政府的行动具有私有企业的许多优点，却少有中央政府强制性行动的危险。区域政府之间的竞争或一个迁徙自由的地区内部较大单位间的竞争，在很大程度上能够给各种替代方法提供试验的机会。尽管绝大多数个人根本不打算搬家迁居，但通常会有足够的人，尤其是年轻人和较具政治企业家精神的人，他们会对区域政府施加足够的压力，要求它像其他竞争者那样根据合理的成本提供优良的服务，否则他们就会迁徙他处。

随着各区域经济竞争实践的展开，关于区域竞争理论的研究日渐丰富，区域政府作为经济活动中的一个重要主体被引入竞争模型中，博弈论、制度创新等方法在区域政府竞争分析中得到大量运用，区域政府竞争理论日臻成熟。

二、区域政府竞争的理论依据

（一）基于新制度经济学的经济组织理论

经济要素的组织和生产主要有两种基本形式：以企业等经济组织或个体劳动者的形式对经济要素直接进行组织和生产；以政府的形式对经济要素间接进行组织。这构成了经济要素的二重组织。

科斯认为企业存在的一个基本原因是，相对于市场而言，如果由企业家来支配各种具体经济要素，可以较大程度地节约交易费用。阿尔奇安和德姆塞茨认为，企业能更优越或更廉价地汇集和核实关于异质资源的知识。

马克思主义经济学理论认为，企业的性质和职能可以概括为以下几点：①企业首先是一种生产机构，它的基本功能是组织生产；②企业从市场购买劳动力等生产要素，将它们结合在一起，以生产一种或多种产品；③企业的生产在权威的命令或指挥下有序进行；④企业不是为了自身的消费而生产，而是为了给市场、社会提供商品和服务；⑤企业要进行成本和收益的比较。

以上理论都认为企业内部具备类似市场的配置和整合资源的职能，可以通过对经济要素的合理组织和利用，积累财富，推动企业发展。如果把区域比作一个大型的企业，区域政府就是整个区域的企业家，可以像企业组织内部投入产出一样，对区域内资源进行自由调配。

不过，区域政府必须要和本区域的企业密切配合，通过所掌握的区域资源对企业行为进行"超前引领"，如果区域政府的资源调配能力落后于企业的市场行为，也会对市场效率发挥形成阻碍。

（二）基于公共经济学的区域公共物品理论

现代市场经济一般可以分为两大部门：私人部门和公共部门。

私人部门包括家庭和企业，其经济活动主要通过市场进行，主要提供私人产品（包括私人劳务）。私人产品则是指具有排他性和竞争性的商品和劳务，其经济活动亦被称为私人部门经济。

公共部门主要指政府部门，其经济活动主要通过财政形式进行，包括预算内和预算外两部分，主要提供公共物品和服务。公共物品（包括公共服务）则是指具有非排他性和非竞争性的产品和劳务，其经济活动亦被称为公共部门经济。

私人部门和公共部门在社会经济发展的过程中相互影响、相互作用。两个部门的收支流程相互交织，公共部门不但运用多种财政手段（包括税收、国债、购买性支出和转移性支出等）来联系私人部门，而且会通过进入市场构成价格体系的一部分。

在分配领域中，政府把私人收入转移归公共使用，同时通过购买性支出和转移性支出提供企业和家庭的收入；在生产和产品流通中，政府提供公共物品，同时购买私人产品满足政府正常运营的需要。区域政府在区域经济和社会生活中主要负责提供区域公共物品。

区域公共物品（包括区域公共服务）是指在受益范围上具有区域性特点的公共物品，即在特定地理区域内对部分居民具有非竞争收益的公共物品。主要包括治安和消防、公共卫生、垃圾处理、交通设施和管理、给排水服务、区域经济秩序等。

区域公共物品具有以下特征。

（1）受益的区域性。这是指区域公共物品在消费上具有空间的限制性。对于大部分区域公共物品而言，尽管新来的居民无须耗费更多的成本便可获得其收益，然而这种收益却被局限在一个地区中。交通、道路、治安、水利等都存在着这种受益的区域性特征。

（2）市场的相似性。这是指区域公共物品与私人产品在市场买卖方面具有相似性。人们在选择居住地区时，会充分考虑该地区的税收水平和提供的公共物品的组合状况，从而使自己的满足程度最大化。这实际上等于人们在一个拥有各种地区的"市场"上选购最适合自己的地区这样一种"商品"，区域政府则是地区这种"商品"的推销者。

（3）拥挤效应。这是指随着区域人口规模的扩大，使用者不断增加，区域公共物品将变得拥挤，导致消费者必须付出一定的拥挤成本。公园和监狱等最有可能出现拥挤效应。

（4）溢出效应。这是指区域公共物品的受益范围与区域的行政空间范围不一致的情况，一般指其受益范围大于相应的行政空间范围，从而向相邻的地区扩散的现象。

（5）提供的层次性。区域是一个多层次的概念，中央政府只有一个，而区域政府是多层次的，因此，提供的区域公共物品也具有层次性。不同层次的区域公共物品的受益范围也不同。

（6）非竞争性的相对性。公共物品的非竞争性包括两方面：边际成本为零和边际拥挤成本为零。但区域公共物品存在拥挤效应和受益区域性的问题。首先，拥挤效应导致竞争性的出现，当区域政府向新进入者提供已有的公共物品时，进入者可能发生边际拥挤成本，但区域政府将获得边际收益。因此，就存在区域政府为不断获得边际收益而努力吸引新进入者的利益驱动机制，并最终形成区域政府间为争夺新进入者而展开提供公共物品的竞争活动。其次，人们自由选择不同辖区，使区域公共物品的提供具有竞争性，即人们可以用脚投票来选择不同区域政府提供的公共物品。

（7）非排他性的相对性。区域政府提供的公共物品具有受益的区域性，在该区域内，区域公共物品对区域居民来说是非排他性的，而其他区域的居民就不会享受到该区域的公共物品的利益，因此，对于其他区域的居民来说，该区域的区域公共物品具有排他性。

（三）经济学对个体的理性假设

经济学对任何一个个体都有理性假设，一般包括经济理性假设和社会理性假设两种。

1. 经济理性假设

经济理性是西方经济学的基本假设。经济理性理论认为：第一，市场能够自发形成既保护个人利益也促进公共利益发展的秩序，市场规律是一个自然演进的过程，而任何形式的干预都是对市场规律的破坏；第二，市场提供了公平的竞争环境，市场规律面前人人平等；第三，市场尊重个人意志并保障个人自由选择，任何违背个人意愿的强制措施都是对市场自由竞争机制的践踏；第四，对个人利益的追求可以使公共利益自动增长，而以个人利益为基础组织起来的市场是人类社会的自然秩序，个人利益是公共利益的基础，而市场推进了公共利益的发展。

区域政府竞争理论的假设前提是区域政府具有经济理性，即在市场经济条件下，区域政府及区域政治活动中的各主体都是理性的"经济人"，都会根据成本与收益进行核算，追求自身利益的最大化。

区域政府的经济理性是由以下两部分决定的。

第一，人格化的区域政府具有经济理性。在市场经济活动中，区域政府与其他诸如企业、个人等市场主体一样，都是具有相对独立利益的主体，具有追求自身利益最大化的内在要求。因此，理性的区域政府一方面要追求辖区利益的最大化，会选择成本最小、收益最大的决策；另一方面要追求政府官员自身利益的最大化，会选择政绩、物质利益最大化和权力、职位最高化的决策。

第二，区域活动中各主体具有经济理性。区域活动中的主体包括区域政治家、区域居民和区域利益集团。区域政治家追求自身政治前程的最优化时，必然会体现自身利益的最大化；区域居民选择区域取决于该区域政治家提供的公共物品是否能够满足其欲望，并使其承担最小的税收负担；区域利益集团则希望那些能够服从和服务于利益集团根本利益的政治家当选，从而使集团利益最大化。

区域政府的经济理性具有以下多种表现形式。

一是区域政府与中央政府竞争。区域政府作为区域共同利益的代表者，总希望能从中央政府获得更多的政策和财力支持，从而获得比其他区域更快的发展速度和不断增加的福利。

二是区域政府纵向的利益之争。上下级区域政府都是行政管理组织，对于相同的公共事务都有管辖权。各级区域政府出于经济利益或是减少工作量的自利需要，也会发生冲突。

三是区域政府横向的利益之争。不同区域经济发展的差异会引起社会整体资源配置不均衡的问题，从而引起不同区域的利益分化。理性的区域政府为追求本区域利益的最大化，必然会对经济资源进行争夺，有时甚至会为了自利而损害全社会公利或是其他区域的利益。

四是区域政府内部各部门的利益之争。对管理权限的争夺是各部门之间相互竞争的主要表现。部门间的不正当竞争会造成相互推诿和扯皮，从而降低行政效率。

五是区域政府为本地企业争利。有些区域政府的经济发展考核指标与企业经济实力密切相关，因此，一旦本区域企业与竞争对手争利，特别是与其他区域企业争利时，会出现区域政府为保护区域利益而进行行政干预的现象。

六是区域政府对流动性经济要素的争夺。在开放经济条件下，经济要素可以在国际、国内两个市场进行流动，区域政府可以通过吸引更多的资金、人才和技术等流动性经济要素来不断扩大本区域利益，从而形成相互竞争。

2. 社会理性假设

经济理性关注在个体稳定的利益偏好下做出的选择，而社会理性不关注某一个体的理性或非理性选择结果，而是强调众多个体的理性选择结果。社会理性认为个体的行动是受社会环境和社会结构制约的，社会理性的行动原则不仅包括最大限度地获取狭窄的经济效益，还包括政治、社会、文化、情感等众多内容，其价值取向不一定是有经济目的或自私自利的，也可以包括利他主义、社会公平、爱国主义等价值观。

社会理性对传统的经济理性进行了三个方面的修正：一是改变传统的完全理性的假设；二是承认个体的行为也有非理性的一面；三是关注制度文化对个体偏好和目的的影响作用。但它们的相同点是都在一定程度上承认个体的行动是有一定目的性的。

区域政府从其社会属性和定位来看，更具备社会理性假设的条件，区域政府是社会主体，脱离社会的区域政府没有任何存在价值，区域政府不仅担负着区域经济发展的职责，更要在社会公平、价值观引领、发展平台构造等方面将区域社会利益的最大化放在首位。区域政府的发展也必然要受经济、社会、政治、文化、法律等多方面因素的共同制约，这些都决定了区域政府的社会理性必然存在。

3. 经济理性和社会理性具有辩证的统一性

在市场经济条件下，经济理性与社会理性并不是完全互斥的，两者具有辩证的统一性，具体表现在以下几方面。

首先，在市场经济条件下，行为主体具有相对独立的利益，这就具备了经济理性的充分条件和必要条件。事实上，无论是企业还是区域政府，建立有效的激励和约束机制都暗含了这样一个前提：人是有经济理性的，如果人只有社会理性，那他就会全心全意地把区域和企业搞好，奉献自己、贡献社会，激励和约束机制也就没有存在的必要了。

其次，行为主体是属于社会的，具有社会属性，受到社会的制约和推动。企业在发展到一定程度后，仅仅关心利润和对股东负责，偶尔赞助某项社会公益事业已远远不能彰显企业的形象。发展良好的企业需要在公众面前树立起一个对社会负责的新形象，即承担社会发展的责任，社会属性在企业发展过程中会得到不断强化。而区域政府本身就承担着社会发展的固有使命，对区域选民负有提供公共物品的社会责任，其社会属性显而易见。

最后，经济理性是行为主体的个体性的内在要求，是竞争的主要动力，而社会理性是行为主体在社会活动中通过竞争和发展不断学习所获得的，合理和有效的竞争需要社会理性进行不断的规范，因此社会理性是一种外在要求。对区域政府的理性假设不能通过否定任何一种理性来确立另一种理性。理性的企业为使自身利益最大化必然参与市场竞争，而理性的区域政府为使自身利益最大化也会与其他区域政府展开竞争。尽管企业竞争与区域政府竞争的内容有很大的区别，但其基本的理性假设是一致的，即是经济理性和社会理性的统一体。

第二节 区域政府竞争的基本性质与实现形式

一、区域政府竞争的基本性质

（一）区域政府竞争是一个动态过程

区域政府竞争可以优化劳动力、资本、土地、技术、管理等要素配置，提高要素配置质量，激发区域创新活力，释放新需求，创造新供给，推动新产业、新业态、新技术、新机制蓬勃发展，同时实现发展动力转换。区域政府竞争表现出极高的动态性，从来就不是静止的。

在竞争过程中，总会有少数区域政府竞争者能够率先通过实施组织创新、技术创新和制度创新等活动，提供更优质的公共物品和服务，使辖区经济发展获得"超额利益"。这会引发其他竞争者的学习和效仿，使各种创新得到扩散，然后，在竞争机制的作用下，基于对新的"超额利益"的追求，新一轮的创新又会展开，接着又是对创新的学习、模仿和扩散过程。区域政府的竞争就如此循环往复，始终表现为一个动态过程。

（二）区域政府竞争具有辖区特征

区域政府竞争虽然在不同的区域之间展开，但区域政府的政策却只能直接作用于本区域。但区域之间的竞争却要求各区域之间的生产要素是可流动的,这样区域政府才能通过彼此之间的竞争来改变各自区域的资源配置情况和最终的产出效率。因此,区域经济竞争产生的影响首先会作用于本辖区,然后会通过竞争中产生的超额利益引发资源流动,实现区域经济的竞争发展。

(三)区域政府竞争具有"双刃"意义

区域政府竞争在经济发展中的确有很多的积极作用,事实也证明,发展中国家的区域政府确实在推动经济增长中发挥着主体的作用。但是,区域政府之间过度激烈的竞争也会导致区域保护主义的出现,产生割裂市场等负面效应。

二、区域政府竞争的实现形式

(一)区域公共物品的要素性特征

市场经济并不完美,需要政府提供公共物品来直接或间接地弥补市场的失灵,所以,政府的公共物品可以被视为经济发展的必然要素之一。例如,区域公共物品中的制度,是被制度经济学反复证明的经济发展的重要要素之一;区域基础设施作为区域政府的主要公共物品,是区域经济发展的重要基础条件之一;教育、科研、技术开发等是区域公共物品的重点内容,也是保持和提升区域经济竞争力的重要资源和发展基础。因此,区域公共物品是综合性的区域经济发展的必然要素之一。

(二)区域公共物品与区域非流动性要素的一致性

区域非流动性要素主要包括区域基础设施、区域自然资源和区域政府制度。

1. 关于区域基础设施

区域基础设施也可称为狭义的"城市资源",即城市基础设施,不仅包括各种软硬件基础设施,伴随着城市现代化的进程,还包括智能城市的系列开发和建设。如前所述,硬件基础设施多指六大系统工程性基础设施,即能源供应系统、供水排水系统、交通运输系统、邮电通信系统、环保环卫系统、防卫防灾安全系统。软件基础设施主要是指行政管理、文化教育、医疗卫生、商业服务、金融保险、社会福利等社会性基础设施。随着城乡一体化的进程,城乡基础设施还包括了乡村生产性基础设施、乡村生活性基础设施、生态环境建设和乡村社会发展基础设施四大类,也包括逐步开发和建设的智能城市系列工程。它们从经济学意义上作为新的"资源生成",具有基础性、非贸易性和准公共物品的特点。

2. 关于区域自然资源

区域政府在推进经济社会发展时，总是通过相关的制度来不断规范和调整人们开发和利用区域自然资源的行为，这些制度可以是指令性的，也可以是禁令性的。因此，区域政府对区域自然资源存在经济计划和经济秩序的交互规制。

3. 关于区域政府制度

区域政府制度包括经济、政治和文化等各项制度，是区域政府对区域进行管理的各种规范和计划，根据这些制度，人们形成相关活动，影响区域发展。制度是经济发展的重要要素，这是毋庸置疑的，它也是区域政府提供公共物品的重要组成部分。除了政府制定的正规制度，非正规的文化习俗、传统行为准则等人文环境也会制约正规制度的作用效果，因此人们有时又把它称为"潜规则"，是制度经济学研究的"制度"的不可缺少的一部分。区域政府可以利用相关的制度来引导和营造辖区内的人文环境。

因此，区域政府提供的公共物品与区域的非流动性要素具有一致性。区域政府可以利用区域的非流动性要素来吸引可流动性要素的流入，推动区域经济的发展。

(三) 区域政府通过区域非流动性要素实现竞争

区域政府竞争的路径是通过行使区域政府的各项职能提供各种更优的非流动性要素。所以，区域政府竞争的实现形式主要有以下几个方面：提供更优的基础设施；制定和实施更优的计划秩序；制定和实施更优的自发秩序；引导和营造更优的人文环境。

区域政府可以通过提供各种非流动性要素使其他区域的各种流动性要素流入本区域，使流动性要素和非流动性要素获得更好的结合，最终推动区域经济的发展，实现竞争的目的。

第三节 区域政府存在"三类九要素"竞争

一、"三类九要素"竞争的基本含义

区域政府竞争的目标函数是实现区域财政收入最大化，而区域财政收入的规模直接取决于区域经济发展水平，这类似于企业竞争的产品端竞争；区域政府作为区域的微观代表和宏观代理，其在竞争时的重要抓手便是区域经济政策措施，这类似于企业竞争的投入端；政策推行之后是否实施，以及实施的好坏和快慢主要取决于区域经济管理效率，这类似于企业竞争的管理技术端竞争。

因此，区域政府主要在区域经济发展水平、区域经济政策措施、区域经济管理效率这三个方面展开竞争，称为"三类九要素"竞争，具体如图5-1所示。

区域经济发展水平主要包括三个方面的要素竞争：项目竞争、产业链配套竞争、进出口贸易竞争。

区域经济政策措施主要包括三个方面的要素竞争：基础设施投资政策竞争，人才、科技扶持政策竞争和财政、金融支持政策竞争。

区域经济管理效率主要包括三个方面的要素竞争：政策体系效率竞争、环境体系效率竞争、管理体系效率竞争。

下面将具体介绍区域政府的"三类九要素"竞争。

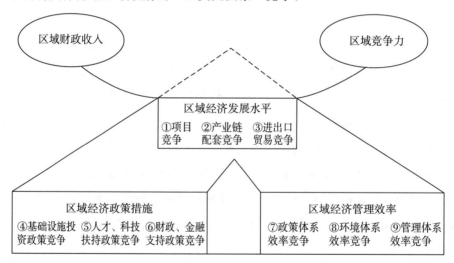

图5-1　区域政府"三类九要素"竞争

二、区域经济发展水平竞争

区域经济发展水平竞争主要包括三个方面的要素竞争：项目竞争、产业链配套竞争、进出口贸易竞争。其中，项目竞争和产业链配套竞争是供给侧的竞争，进出口贸易竞争是供给侧和需求侧两方面的竞争。这主要体现了区域政府对产业经济的引导和规划、调节和管理，也体现了区域政府把本地经济"蛋糕"不断做大的过程。

(一)项目竞争

在中国,项目管理体制是中国分税制改革以后的一种由国家到地方、由地方到基层的重要经济管理模式。这种模式是通过项目专项转移支付或专项资金拨付来实现的。国家重大项目主要有四大类:国家重大专项项目、国家科技计划中的重大项目、国家财政资助的重大工程项目和产业化项目、国家重大科技基础设施建设中的项目。这些重大项目一般带着各级政府赋予的重要"使命",通过政府项目扶持来实现国家乃至区域科技或某一产业的快速推进与赶超。例如,科技重大专项、高技术产业化专项、战略性新兴产业发展专项、装备制造业专项、原材料与消费品专项、特色产业发展专项、智能制造专项、物联网专项、云计算与大数据专项、智慧城市建设专项、区域主导产业发展专项等。政府通过竞争性分配方案来落实大部分项目,将区域政府绩效相关指标作为项目资金分配和遴选的重要依据。

项目对中国区域政府来说是重要的经济资源。

第一,项目可以提供直接的资金。省级区域政府可以获得国家的各类项目资金,地方区域政府可以获得省级的各类项目资金,从而促进本区域重点产业和企业的发展,并加快区域内的基础设施建设和公共物品提供。

第二,区域政府可以凭借项目政策的合法性、公共服务的合理性来加快上级政府审批流程,提高地方性融资的政府信用和借贷资质,解决筹资、融资和征地等困难。

第三,区域政府在获得上级政府项目的基础上,可以通过相应的政策将区域内的土地开发、基础设施建设、招商引资、扶持产业发展等合理包装成区域内的经济项目,做到以点带面、引导性发展,并带动下一届区域政府来参与项目竞争,提高他们的项目意识和竞争意识,充分利用市场竞争机制来落实政府基础设施项目,推动区域经济社会发展,提高资源配置效率。

项目竞争是采取纵向项目申请的方式进行的。申请项目不但要求区域政府对所在区域的发展导向、发展重点、发展优势、发展条件等进行重新审视和评估,而且要求其在申请过程中培养参与人员的项目意识、效率意识、风险意识和导向意识。这种竞争是市场化的,各级区域政府实际上为下级政府构建了一个辖区内的项目市场,下级政府通过项目申请而成为平等的参与者,为了争取项目资源,各区域政府之间会各尽所能、互相竞争、互相比拼、开展竞赛,并形成错综复杂的利益关系。

计划经济体系中,项目竞争主要是纵向的,但在市场经济体系中,项目竞争更多体现为横向流动。不同区域因区位和发展水平不同，要素的拥有量差异较大，项目投资为了追求效率，带动资本流动，并激活区域内的其他生产要素，会进行横向流动。项目投资在区域间的横向流动促进了区域经济和社会的发展，这种发展又促进了区域内部的分工和贸易，进一步加速了要素的流动。

（二）产业链配套竞争

一般来说，在中国，各级区域政府都会有自己的产业发展战略，分别对第一产业、第二产业、第三产业进行规划引导，并形成自己的战略产业。产业发展战略的实现及战略产业的发展主要取决于三个因素：区域内的资源禀赋、外来资源的汇聚、技术结构水平的升级和定位。在中国，因为各区域资源的横向流动和其按照垂直管理链条的垂直流动，能否持续保有区域内部的资源禀赋和获取外部资源，取决于区域政府之间的竞争。产业链配套竞争有助于区域政府充分利用现有资源禀赋，发挥比较优势，获得更多资源的汇聚与集成。在竞争中获胜的区域政府可以非常有效地吸引产业投资，提升本地的产业集聚水平，有效地提升产业配套便利水平和降低产业升级成本。相反，那些没能在竞争中获胜的区域政府则很难有效吸引产业投资，在产业链上很难获得比较优势，也无法促进产业集聚，无法形成合理的产业集群。

波特的钻石模型可以用来分析一个国家某种产业为什么会在国际上有较强的竞争力，实际上也可以用于分析区域产业竞争力。波特认为，决定一个区域产业竞争力的因素有四个：一是包括人力资源、自然资源、知识资源、资本资源、基础设施等在内的生产要素；二是需求条件，即区域内由经济发展水平决定的市场需求水平、需求结构；三是相关产业、支持产业的现有水平基础，以及其在整个产业链上的分工；四是区域范围内的企业的战略、结构，竞争对手的水平基础。波特认为，这四个因素之间是相互影响的，共同决定了区域产业竞争力。除了这四个因素，他认为还存在两大变数：政府政策与外部机会。其中，外部机会是可以获得但无法控制的，而政府政策可以争取但需要积极主动。

按照钻石模型，区域政府的产业链配套竞争主要从以下两个方面展开。

（1）在生产要素方面展开竞争。波特将生产要素分为初级生产要素和高级生产要素。根据波特的思想和实际发展需要，我们认为初级生产要素是指自然资源、地理位置、非技术低端人力资源、自有资金等；而高级生产要素则是指现代信息技术、工业技术条件、网络资源、交通设施、受过高等教育的人才、研究机构、智库等。初级生产要素的重要性在降低，需求在减少，获取的成本在降低，获取的方法与途径相对简单。而高级生产要素的形成比较困难，重要性在提高，需求越来越旺盛，获取的成本相对比较高，获取的途径与方法比较独特，既要靠外部获得也要靠内部投资创造。初级生产要素无法形成稳定持久的竞争力，而高级生产要素则可以，因为当初级生产要素缺乏时，可以刺激区域政府加强创新和增加对高级生产要素的投入。区域政府如果想通过生产要素建立起产业强大而持久的优势，就必须发展高级生产要素，而不能仅仅依附于初级生产要素，即使这些生产要素禀赋很好。

（2）在产业链和产业集群、产业配套等方面展开竞争。不同区域政府的产业分工形成了产业链，产业链的不同环节创造的价值是不一样的。产业链微笑曲线告诉我们价值最丰厚的区域集中在产业链的两端：研发和市场。零配件生产、组装和代加工等都是在价值的低端区域。所以，要想有竞争力，要么在产业链微笑曲线的两端发展产业，要么有自己完整的产业链。每个区域政府的优势产业都不是单独存在的，优势产业和支持产业形成的产业集群及其产业配套也非常重要。比如德国印刷机制造业是全球优势产业，但同时德国造纸业、油墨业、制版业、机械制造业也是具有一定比较优势的支持产业。美国、德国、日本汽车工业的竞争优势离不开钢铁、机械、化工、零部件等产业的支持。中国佛山市的机械制造有一定的比较优势，也离不开该地铝型材、有色金属、智能设计等产业的支持。又如，中国深圳市高新技术产业的发展就是因为该地有比较好的产业配套。以计算机制造为例，深圳拥有除芯片以外的从机箱、接插、件板卡、显示器到磁头、硬盘驱动器等全部配件生产工厂，年配套能力在2000万台左右。因此，区域政府可以以区域现有基础形成以优势产业为主导的产业配套能力，可以集群式引进配套产业，也可以提升自己的产业链价值，这些措施都可以带动更大的产业配套的形成。

（三）进出口贸易竞争

在经济全球化的发展趋势下，进出口是各区域政府竞争最激烈的领域，从贸易内容到商品形态，竞争无处不在。

1. 加工贸易与一般贸易竞争

一般贸易是与加工贸易相对而言的贸易方式，是指某一区域境内有进出口经营权的企业单边进口或单边出口的贸易方式。按一般贸易交易方式进出口的货物，进口时需要缴税。

加工贸易是指经营企业进口全部或者部分原辅材料、零部件、元器件、包装物料，经加工或装配后，将制成品出口的经营活动，包括进料加工、来料加工，其实质是以加工为特征的再出口业务,按照所承接业务的特点,常见的加工贸易方式包括进料加工、来料加工、装配业务和协作生产。

加工贸易与一般贸易的最大区别就是进口时加工贸易不用交关税和增值税。

以加工贸易方式为主参与国际分工与贸易的区域大多是一些发展中国家,他们的进口必定以原材料和中间品为主,而出口则以工业制成品为主。而这些区域对原材料价格(比如石油、铁矿石等)及劳动力价格缺乏相应的控制力,加工后产品也大多是一些技术含量较低、劳动要素密集的工业制成品,在市场上的议价能力极低,且这些产品较容易复制,区域竞争就变成了片面压缩成本、打压价格的低端竞争,结果就是很难有足够的收益,区域竞争力越来越弱。所以区域政府要想获得竞争优势,就必须提高一般贸易的比重。

目前,经济发展到一定阶段的区域都以一般贸易方式为主,中国的一般贸易比重也在逐年上升,逐渐走出了低价值、简单加工的贸易格局,未来区域贸易竞争也主要是围绕着一般贸易展开。

2. 对外投资竞争

对外投资是把本区域资金直接投资到区域以外,整合区域外的其他资源优势,在区域外直接进行价值创造的过程。开放经济条件下,对外投资早已成为国家之间的主要竞争手段。因为企业才是对外投资的主要经济主体,所以区域政府竞争主要体现在鼓励企业对外投资的政策和制度的制定上。

对外投资包括企业投资和项目投资。企业投资就是直接在区域外建立企业,由所投资的企业进行区域外生产经营,取得竞争优势。项目投资则是把资金投到区域外的某些具有投资收益的项目中,通过项目收益的竞争扩大本区域的国际竞争力。西方国家的公司全球化之路类似于"商业殖民地"的开拓,根据邓宁的理论,西方企业是在本土市场成熟并取得成功成为强者后,再去在海外市场复制经验和优势,海外市场只是本土市场强者模式的延伸。中国也需要诞生一批具有竞争力、影响力的超级跨国公司,通过海外并购或直接投资参与国际竞争。对外投资意味着资源配置的全球优化配置,意味着投资回报率的提升,对区域政府而言意味着区域开放度的加大,外汇储备和税收的增加。竞争迫使每个参与对外投资竞争的企业和区域政府都必须在资金投资效率上仔细衡量,并做好区域内外投资回报率的比较,同时也要注意各国在投资领域的法律和制度约束,防止出现投资纷争。随着全球范围经济竞争的加剧,对外投资竞争已经成为区域竞争的焦点领域。

3. 资本输出竞争

资本输出是指某个区域政府及其所属机构为了获取高额利润或利息而对区域外进行的投资和贷款,包括赠予、贷款和政府出口信贷等。资本输出的基本形式可分为两种:借贷资本输出和生产资本输出。借贷资本输出指对外国政府或私人企业提供贷款,或是购买国外的证券、股票等间接投资。生产资本输出是指在国外直接兴办各类企业,从事生产经营活动的直接投资。

19世纪末、20世纪初,西方国家发展到了垄断阶段,出现了大量的"剩余"资本,资本输出才得以大规模发展,并成为普遍现象。第二次世界大战后,由于经济生活国际化和国家垄断资本主义的发展,国家在资本输出中的作用日益提高,生产资本输出开始占重要地位,跨国公司成为资本输出的重要工具。

资本输出竞争体现为资本突破区域界限,在全世界寻求利润,是一种竞争激烈的超越国界的竞争。所以,区域政府都要有走出区域,向区域外输出资本、赚取利润的雄心和胆略,在全球范围内进行资源的有效配置,从而产生最大的效益。

4. 高新技术进口竞争

研发需要大量人力、物力和财力的投入,而且投资风险较大。但一个区域的核心竞争力又取决于其高新技术实力。对于技术正处于赶超阶段的区域,高新技术也是一种提升发展速度的常见选择,高新技术的引入不但可以大大缩短研发过程、提高技术效率,还可以迅速提高产品附加值,摆脱在分工体系中的低端不利地位。但在高新技术的进口中,存在消化吸收率、利用率、产出效率方面的竞争,同时,高新技术的控制权仍然在区域外,知识产权方面的法律制度也比较严格,进口和应用容易受制于出口区域。所以区域政府既要加强对进口高新技术的法律风险控制,强化高新技术产品的转化率,又要加强自主创新能力,创造出自有产权的高新技术产品,打造属于自己的核心竞争力。

三、区域经济政策措施竞争

区域经济政策措施竞争主要包括三个方面的要素竞争:基础设施投资政策竞争,人才、科技扶持政策竞争,财政、金融支持政策竞争。这主要体现了区域政府对城市经济的经营、参与,以及对产业经济的扶持。

(一) 基础设施投资政策竞争

区域政府基础设施投资政策的竞争,即区域政府生产和供给各自不流动的"产品"的竞争，包括硬件公共物品，如基础设施等硬环境，以及软件公共物品，如教育、医疗等软环境。

区域政府致力于基础设施环境的改善，是因为基础设施环境对经济社会发展具有支撑和引导功能，能促进地区经济加快发展，同时也有利于保证国家利益的实现和促进区域经济的协调发展，从而实现区域政府利益集合的最大化。

基础设施的支撑功能表现为一个区域的基础设施体系必须能够支撑一个地区的经济社会发展。也就是说，一个区域的基础设施体系供给要能够适应一个区域经济社会发展的需求。按照其支撑程度，可分为超前型、适应型、滞后型三种基本类型。

超前型，指一个区域的基础设施供给水平超前于一个区域经济社会发展的需求，造成基础设施供给过剩。

适应型，指一个区域的基础设施供给水平基本适应区域经济社会发展的需求，既不会造成基础设施供给不足，也不会造成基础设施供给过剩。

滞后型，指一个区域的基础设施供给水平滞后于一个区域经济社会发展的需求，造成基础设施成为这个区域经济社会发展的瓶颈制约。

区域政府在基础设施投资政策方面进行竞争，就是要使本区域基础设施供给水平基本适应或适度超前于本区域经济社会发展的需求。如果想充分发挥本区域经济社会发展潜力，那么基础设施供给水平适当超前于本区域经济社会发展水平也是合适的。但如果过于超前，就会使基础设施供给严重过剩，部分基础设施的供给能力处于闲置状态，造成基础设施供给的边际效益和资源的利用效率下降；如果过于滞后，就会使基础设施供给不足，使得经济社会发展能力得不到充分发挥。基础设施供给水平与"木桶原理"类似，它的供给水平不是由最长的那块木板所决定的，而是由最短的那块木板所决定的。区域政府竞争的目的就是要避免短板的存在。

基础设施的引导功能是指一个区域的基础设施体系在市场竞争机制和产业关联机制的作用下通过其提供的服务对区域社会经济结构、规模和空间布局起引导与反馈作用。例如，信息化基础设施的建设，就能引导区域运用信息技术改造传统产业、发展高新技术产业和现代服务业。又如，纽约是世界上最大的金融中心、信息中心和北美的重要水陆交通中枢，同时也是工业基础雄厚的区域，它的发展是从基础设施建设开始的。因为纽约是优良的贸易港口，所以工业企业集聚该区域，工业企业集聚后要求有先进的物流配送，于是产生了发达的物流业和贸易业，而无论是工业还是物流业都要求金融业和信息业的密切配合，于是金融业和信息业加速发展。

基础设施的支撑功能和引导功能通过提高生产率和改变生产环境来实现对区域

经济增长的贡献。基础设施服务，如运输、供水、电力、信息等，是生产的中间投入，这种服务成本投入的减少会提高生产的效益。基础设施服务的改善可以提高其他生产要素（劳动力和其他资本）的产出率。例如，交通基础设施条件的改善减少了人们的通勤时间、提高了物流效率，由此提高了生产要素产出率。从基础设施的这种作用看，基础设施条件的完善与否，是影响区域经济增长差异的一个重要因素，这也是区域政府进行基础设施投资政策竞争的重要动因。

（二）人才、科技扶持政策竞争

区域政府在人才、科技扶持政策方面的竞争尤其激烈。项目竞争、产业链配套竞争和进出口贸易竞争，都需要大量的人才和科技资源支撑。人才、科技扶持政策竞争成为关键因素。

第一，人才、科技扶持政策竞争最根本的是重视人才与科技，确立人才资源是第一资源、科技是第一生产力的理念。围绕这一理念，实施人才战略，强化对人才的培养、引进和使用，在辖区内营造尊重知识、尊重人才、尊重科技的社会氛围，营造有利于人力资源形成、人才成长、科技创新的良好环境。人才的稀缺性、独特性、不可替代性决定了人才的高端价值性。从世界范围来看，哪个国家重视人才、重视科技，哪个国家就发展快、可持续。从中国区域政府来看，哪个地方重视人才、重视科技，哪个地方就发展快。比如，中国深圳市的发展既得益于改革开放，又得益于改革开放以后对人才、科技的重视。

第二，人才、科技扶持政策竞争最关键的是完善本土人才培养体系，加大本土人才培养投入，提高科技创新投入。区域政府通常会加大在教育、培训方面的投入，特别是创业教育、科技创新教育方面的投入，提高从事教育、培训行业的人员的待遇，形成结构合理、有竞争力的高素质人才队伍，并不断形成普通教育与职业教育沟通、学历教育与非学历教育并举、继续教育与终身教育结合的教育体系，逐步实现高等教育大众化。区域政府对人才培养与科技的投入包括直接投入和间接投入。对教育、科技的直接投入包括：向所属学校和科研院所直接提供财政经费支持；通过课题经费、科研奖励、财政补贴等方式直接资助和激励个人、企业从事教育、培训和科研活动。间接投入包括：教育和科技的环境建设、平台建设，用良好的人才环境来吸引和留住从事教育、培训和科研活动的人员。

第三，人才、科技扶持政策竞争最显著的表现是区域政府创造条件吸引人才。人才引进可以解决经济、科学发展领头人缺乏及短期内人才供给不足等问题，单纯依靠本土人才培养可能会存在人才断层，不能满足区域经济社会发展的需要。而随着人才流动成本的降低，人才与科技逐渐成为最为活跃的市场流动要素。在国际上，人才、科技在发达经济体与落后经济体之间出现了双向流动的趋势，在国家内部的经济发达与经济落后的区域之间，也越来越呈现出人才双向流动的现象。要留住人才，不一定是看区域发达不发达，更重要的是看区域有没有需要，有没有政策优势。因此，各区域政府开展人才、科技竞争的最突出的方式就是人才、科技扶持政策的竞争，特别是人才引进政策的竞争。区域政府可以通过提供丰厚的物质待遇条件，并在户籍政策、子女就学、配偶与家庭的支持、科研资助和税收优惠、社会地位、柔性流动方式等方面提供良好的条件，吸引人才。

第四，人才、科技扶持政策竞争最核心的是科技人才的引进和培养。从世界范围和历史贡献来看，科技人才是人才、科技竞争的核心，是实现科技是第一生产力的保证。科技人才具有的较高创造力和科学探索精神，能为科学技术发展和人类进步做出科技贡献，是任何国家或地区的稀缺资源和宝贵财富。例如，在中国，科技人才创造了不尽的辉煌，"两弹一星"、载人航天、探月工程、载人深潜、北斗导航、高温超导、纳米科技、人类基因组测序、超级杂交水稻、汉字激光照排、高性能计算机等基础科学和工程技术科学方面的成果背后，都是科技人才的伟大贡献。

区域政府的人才与科技竞争体现在科技竞争力上。科技竞争力的具体衡量指标有单位科技人才竞争力、科技人才资源指数、每万人中从事科技活动人数、每万人中的科学家与工程师人数、每万人中科技活动人员总数、每万人中普通高校在校学生数、每万人年科技人才投入经费、科技活动经费支出总额、科技经费支出占区域生产总值的比重、人均科研经费、区域财政科技拨款占区域财政支出百分比、人均财政性教育经费支出、区域财政教育支出总额、高校专任教师数等。区域政府的人才、科技扶持政策的竞争目标就是要改善以上指标，提高总体科技竞争力。

（三）财政、金融支持政策竞争

在中国，分税制改革以来各级区域政府实际上有了独立利益，成为具有市场竞争力的利益主体，因此，区域政府之间的财政、金融支持政策竞争也成了区域政府竞争的重要手段。

区域政府的财政竞争包括财政收入竞争和财政支出竞争。财政收入竞争是区域政府通过追求经济的增长，提高税收，这是最根本的竞争。财政支出竞争是通过扩大政府投资支出来增加社会的资本增量，从而促进经济社会的发展。从经济增长螺旋来说，财政收入和财政支出没有本质的区别；而对经济增长动力来说，财政支出才是最终的驱动力；再者，从区域政府的政绩动机来看，财政收入最终是为了财政支出，财政支出特别是投资支出才能有效体现政府政绩。因此，区域政府的财政竞争集中体现在财政支出结构上。

除了财政收入以外，区域政府还可以通过在区域内各类金融机构或投融资平台进行融资获得资金支持。这种方式在近几年受到区域政府的青睐。其原因有两个，第一，通过财政收入进行投资尽管是常规手段，但有很大局限性，因为财政收入受经济发展水平的限制，不能过快增长，因此总体规模是受限的。第二，财政收入也不能随预算收入的增长而增长，如果财政收入的增长会影响企业的经营活动，影响居民的可支配收入和福利，就会受到区域内企业和居民的反对。自 2009 年以来，中国各级政府搭建了各类政府性或政策性投融资平台，最大限度地动员本地区乃至国内外金融资源，产生了金融竞争的局面。

在金融总量既定的条件下，区域政府必须采用不同的金融竞争策略，吸引各路资金进入政府所能运作的投融资平台，或让其直接作用于区域投资项目，从而获取尽可能多的金融资源。其中，区域政府投融资平台的建设目的就是吸引资本，包括国内的民间资本、海外资本，当然也包括国家及各级政府的投资。从整个资本市场来看，资本的数量总是有限的，区域政府必须采取利率优惠、税收优惠、支出优惠及土地和相关补贴政策等其他方面的优惠，吸引资本流入，从而迅速提升当地的经济绩效。

四、区域经济管理效率竞争

区域经济管理效率竞争主要包括三个方面的要素竞争：政策体系效率竞争、环境体系效率竞争、管理体系效率竞争。区域经济管理效率竞争，能够助力区域经济发展水平和区域经济政策措施两类竞争。

（一）政策体系效率竞争

区域政府除了在上述各方面展开竞争，更重要的是在政策体系效率方面的竞争。政策体系的复杂性、多样性和影响的广泛性，决定了在这方面展开的竞争会影响到区域经济社会发展的各个方面。从这个意义上来说，政策体系效率的竞争是最根本的，因为人才科技、财政金融、基础设施、软硬件环境等都会受到政策体系效率的影响。区域政府之间的政策体系效率竞争分为两个层次：一是区域政府向国家政府争取优惠政策或先行政策试点的竞争；二是区域政府在自己的权限内出台各种有竞争力的政策。

中国的制度变迁方式是国家政府供给主导型的制度变迁方式，国家政府给区域政府规定了政策的底线和准入条件。因为政策"蓄水池"在国家，池里的水何时放、如何放、放给谁取决于国家，所以试点推广成为"蓄水池"放水的一个重要方式。因此，争取试点权成为区域政府竞争的重要内容，需要"跑政策"。试点权意味着有机会政策先行先试，意味着国家给予的各种优惠政策，也意味着政策风险会降到最低。历史上的经济特区、计划单列城市、国家级开发区，以及自贸区等都是在这种情况下发展起来的。如果区域政府能够争取到某些优惠政策和特殊待遇，就能为区域经济的发展和区域预算收入的最大化创造重要条件。

除了"跑政策"，区域政府也要在自己权力范围内出台各种符合自身条件的政策，只有这些政策具有先进性，区域才有竞争力，才能获得政策红利。先进性表现在政策体系方面其实是一种政策创新。一个区域要获得政策体系效率竞争的潜在收益，其政策体系就必须有一定的先进性、预见性、超前性，超前于其他区域政府。比如商品市场，要获得超额利润，就必须保持产品的先进性。由于政策本身是公共物品，具有非排他性和效仿性的特点，一个区域有了，其他的区域可以效仿，所以同一政策可能在不同区域同时出现，一旦被模仿并超越的话，就会降低本区域政策的潜在收益。

区域政府相较于其他区域的政策体系效率竞争力取决某项政策在本区域有没有、别人知不知、政策好不好、政策行不行，以及政策效果大不大。

所谓政策在本区域有没有是指本区域是否出台过某项政策，比如有没有人才政策、投融资政策、土地政策、培训支持政策等，是不是通过正式文件下发。

所谓别人知不知就是指政策是否得到广泛的宣传，是否深入人心或口口相传，是否使施策对象能够非常清楚地了解政策内容。

所谓政策好不好就是指政策适不适合当地经济、社会的发展，内容是不是全面，条款是不是清晰，可操作性强不强。

所谓政策行不行就是指政策的执行情况，有没有专门机构、专人对政策负责，政策执行力度大不大，政策执行情况有没有检查、考核和监督手段。

所谓政策效果大不大就是指政策对施策对象有没有较好的正面效果，能否得到他们的正面评价，在区域之外是否有示范性，能否真正为区域经济、社会的发展带来资源的汇聚。

上述几个方面必须具有一致性，不能背离，政策的制定和执行要配套、要一致。在现实生活中，我们经常看到区域政府出台多项政策，但是可能由于执行不到位，导致整体效果差，不能体现竞争力。

（二）环境体系效率竞争

基础设施其实也是环境的重要组成部分，但这里的环境更主要的是指区位环境、服务环境、人文环境和信用环境。区域政府环境体系效率的竞争主要表现在以下几个方面。

第一，区域政府通常通过宣传自己的区位优势来获得竞争优势。区位优势表现在交通位置、地理位置、经济位置（经济资源优势）等方面。

第二，区域政府通常通过提升服务软环境来获得竞争优势。

第三，区域政府还可以通过塑造良好的人文环境来获得竞争优势。

此外，区域政府的社会信用体系建设也十分重要。随着区域经济社会的发展，社会信用体系建设逐渐成为区域竞争的重要手段和保障。一个成熟的社会信用体系所能发挥的功能，不仅包括整顿和规范区域市场经济秩序，还包括将政府管理和社会监督相结合，提升区域政府管理效能。区域政府可以通过加快推进社会信用体系建设，构建本区域信用信息采集、管理、使用、公示、发布的信用体系平台，并出台失信信息曝光等惩戒措施，来提升区域治理水平和区域信用竞争力。

（三）管理体系效率竞争

区域政府的管理体系效率是区域政府行政管理活动、行政管理速度、行政管理质量、行政管理效能的总体反映，是对区域政府的行政能力、服务能力的综合评价，既要体现区域政府"做什么"，又要体现区域政府"如何做"。

"做什么"是指行政的合规性，包括三个标准。第一，合法性标准，即行政是否符合宪法、法律法规及国家的路线、方针、政策。第二，利益标准，即行政结果是否符合国家的基本利益，是否有利于区域内经济、社会的发展。第三，质量标准，行政过程是否符合规定的程序，是否遵守预算控制流程。"做什么"是基础，是底线，是准绳。

"如何做"是指行政的效率性，包括四个标准。第一，数量标准，即单位时间内完成的行政工作量。第二，时间标准，即规定的期限内是否完成行政目标。第三，速度标准，即完成行政任务是否坚持了"最短时间原则"或"最快速度原则"。第四，预算标准，即是否节约了行政成本，是否严格控制了预算，在一定预算内完成了相应的行政任务。其中，前三个标准可以相互转化，只是计算的方式或看问题的角度不一样。

当然，区域政府管理体系效率还包括微观效率和宏观效率，以及组织效率和个人效率。

微观效率是指单个行政主体或个人所表现出来的行政效率；宏观效率是指区域总体在一定时期内经济与社会的发展效率，可以用经济增长指数或社会发展指数来衡量。

组织效率是指特定行政主体从事行政管理活动和提供公共服务的时效、办事速度、投入产出比率等，是对行政主体总体性的评价。个人效率是指行政人员在履行职责过程中所体现的时效、办事速度等，是对具体操办事务的行政人员的办事效率评价。

区域政府管理体系效率可以从下列方面来评价。

一是区域政府行政管理服务的总体合规性评价。如果区域政府行政主体或相关人员非法行为太多，不讲法规，不遵规矩，不守纪律，办事不讲程序，行贿受贿，利用权力寻租行为泛滥，那么该区域行政管理服务就没有竞争力。

二是区域行政管理服务流程的通畅性和信息的透明性评价。如果办事流程清楚，时间和任务节点清晰，政府相关机构或部门之间少有互相推诿、扯皮的现象，责、权、利非常清晰，且信息是公开透明的，有相应的服务信息指导平台或咨询平台，就能保证管理服务的公平公正性。该区域行政管理服务就具有竞争力。

三是区域行政管理服务的效率性评价。如果区域政府行政主体或个人提供管理服务时理念正确、服务意识良好、态度端正，且业务熟练，处理事情不会因人而异，时间观念强，能够集中办事、减少距离、减少时间，等等，该区域行政管理服务就具有竞争力。

因此，管理体系效率的竞争本质上是服务意识的竞争、工作态度的竞争、任务责任的竞争、工作技能的竞争及信息技术平台条件的竞争。区域政府可以通过树立良好的服务文化，培养管理队伍的服务意识、工作技能和职业素养来提升管理体系效率，也可以利用信息技术平台加强联络与沟通，实行一站式服务来提升管理体系效率。近几年在各省市工业园区普遍实行并联式服务和一站式服务的目的就是要提升管理体系效率，进而提高招商引资的竞争力。

五、区域政府竞争力决定机制——区域资源规划模型

正如前文提到的,提高区域政府竞争力的成本需要由政府的财政支出来承担。也就是说,区域政府通过财政支出来参与三类九要素竞争:消费性支出(CE)用于提高区域政府经济管理效率;投资性支出(IE)主要用于提高区域内的基础设施供给水平;转移性支出(TE)主要用于提升区域内的人才、科技扶持政策水平和财政、金融支撑政策水平。

区域政府竞争力决定机制——区域资源规划(District Resource Planning, DRP)模型实质上是回答了结构性问题,即在财政收入有限的前提下,如何通过优化财政支出结构,增加整体的竞争力。DRP 模型的具体内容如下[①]。

$$\max_{(CE, IE, TE)} \frac{ELA}{(ELA+\overline{ELA})}FS + \frac{\overline{ELA}}{(ELA+\overline{ELA})}DEV\left(\frac{\varphi_1}{\varphi_1+\varphi_2+\varphi_3}EME + \frac{\varphi_2+\varphi_3}{\varphi_1+\varphi_2+\varphi_3}POL\right)$$

$$s.t. \quad CE+IE+TE=FE$$
$$FS>0$$
$$\varphi_1+\varphi_2+\varphi_3 \neq 0$$

其中,FE 表示财政支出,FS 表示财政盈余,CE 表示消费性支出,IE 表示投资性支出,TE 表示转移性支出,φ_1 表示消费性支出乘数(即一单位消费性支出产生多少单位总产出),φ_2 表示投资性支出乘数(即一单位投资性支出产生多少单位总产出),φ_3 表示转移性支出乘数(即一单位转移性支出产生多少单位总产出),ELA 表示财政支出弹性(外生给定),DEV 表示区域经济发展水平,EME 表示区域经济管理效率,POL 表示区域经济政策措施。

DEV、EME、POL 的表达式如下。

$$DEV = Y = \varphi_1 \times CE \times \varphi_2 \times \frac{IE}{\lambda} + \varphi_3 \times TE + C_1$$

$$EME = \omega\varphi_1 \times CE/FInc$$

$$POL = \omega\varphi_2 \times \frac{IE}{\lambda}/FInc + \omega\varphi_3 \times TE/FInc$$

[①] 陈云贤:《市场竞争双重主体论:兼谈中观经济学的创立和发展》,北京大学出版社,2020,第 115-120 页。

其中，ω 表示税收比例，λ 表示准经营性资源在公共部门中的配置比例，Y 表示区域内的总产出，FInc 表示财政收入。

FInc 的表达式如下。

$$FInc = \tau CumP(IE) + \omega Y + C_2$$

其中，$\tau CumP(IE)$ 表示收费收入，C_2 表示其他收入。

下面主要对 DRP 模型进行经济学意义上的解释。前半部分表示的是总量维度上的经济效率，因为财政盈余从侧面反映了区域政府对财政收入的使用能力，有财政盈余表明区域政府的整体经济效率偏高，在财政收入范围内完成了既定的经济与政治任务，财政盈余越少表明区域政府整体经济效率越低；后半部分表示的是结构维度上的经济效率，区域经济发展水平（DEV）和区域经济管理效率（EME）共同决定了结构维度的区域整体经济效率，实质是消费性支出、投资性支出与转移性支出在三类九要素上的结构构成，因此结构维度的经济效率最大化主要需要根据权重来优化财政支出结构。

第四节　区域政府超前引领理论

超前引领是指区域政府在市场经济活动之前对其进行引领，是对自由主义经济学中市场和政府定位的极大突破。自由主义经济学认为政府从属于市场，只能在市场中发挥一些辅助性或善后性的工作，其行为的发生是滞后于市场行为的。而"超前引领"则打破了二者的关系定位，将政府被动听命于市场的消极态度和行为扭转为对市场经济活动的积极介入。但政府的这种积极介入不同于国家干预主义，不是要凌驾于市场规律之上，而是在尊重市场规律的前提下发挥政府优势、弥补市场不足，是"有效市场"和"有为政府"相结合的最佳写照，也是现代市场经济的关键特征。

一、经济发展的双重路径

一个经济体，如何从初始的市场经济成长为成熟的市场经济呢？从 1776 年《国富论》算起的话，这是 200 多年来人类经济发展的必答题。经济发展路径无疑有多条，但主要有两条：市场引领和政府引领。

（一）市场引领

从经济思想史的演进看，经济学始终强调市场引领的重要性，并从强调市场是资源配置的唯一主体逐步转向强调市场并非资源配置的唯一主体。

1776年，斯密的《国富论》出版，强调自由市场这只"看不见的手"的竞争作用，认为政府应扮演"守夜人"角色，提供基本的社会公益保障。这表明经济学一开始就是强调市场引领。

1803年，萨伊的《政治经济学概论》出版，提出供给自动创造需求的观点。萨伊的经济思想渗透着斯密的自由经济思想，否定了生产过剩带来经济危机的可能性。

1890年，马歇尔的《经济学原理》出版，认为经济自由竞争是大工业时代的特征，市场在资源配置中具有决定性作用。

进入20世纪后，越来越多的经济学家观察到市场失灵现象，逐渐开始强调政府在经济活动中的作用。

1920年，庇古的《福利经济学》出版，提出外部性等带来的市场失灵及社会成员间的公平再分配等问题须依靠政府才能够解决。

1936年，凯恩斯的《就业、利息和货币通论》出版，提出政府干预理论，认为在经济危机期间，政府应采取财政政策等政策手段进行宏观经济管理。

1954年，萨缪尔森强调市场无法有效供给公共物品，认为提供公共物品是市场经济条件下的政府职责。

在随后的经济学发展中，尽管凯恩斯主义学派与新古典主义学派在政府作用的大小上存在着争论，但是经济学界有一个基本的共识，即政府的作用不可或缺，特别是在经济危机发生时。

从经济发展史的实践看，欧美发达经济体几乎都走了市场引领之路。以美国为例，在1933年以前，美国经济以自由放任的市场经济制度为主。1929年3月，胡佛就任美国第31任总统，当年10月经济危机爆发。胡佛坚信马歇尔的自由市场经济理论，反对联邦政府介入经济领域。1933年3月，罗斯福就任美国第32任总统，迅速实施新政，开启了政府大规模实施财政政策应对经济危机的先河，从自由放任的市场经济制度演变为政府引导、调节、监管型市场经济制度。1944年7月，美国邀请同盟主要国家政府代表筹建联合国，确立了布雷顿森林体系，开启了美国政府对世界经济干预和调控的历程。随后，肯尼迪政府的"登月"计划和里根政府的"星球大战"计划，开启了美国政府对太空经济的探索。面对2008年的经济危机和

2020年的新冠疫情，美国政府开始全面干预经济，积极运用货币政策、财政政策、监管政策，推出科技投资计划、政府采购计划、基础设施建设计划等，并为市场提供日趋完善的法治保障。

（二）政府引领

政府引领是另外一条经济发展路径，部分国家和地区对此进行了曲折的探索。

19世纪中叶，马克思主义经济学脱颖而出，继承和发展了斯密的劳动价值论，并指出生产无限发展与劳动群众购买力相对缩小的矛盾，以及单个企业生产有组织、有计划与整个社会生产无政府状态的矛盾，认为这将引起生产相对过剩的周期性经济危机，需要把生产资料的私人占有改变为社会占有，按照社会化大生产的要求，有计划地把资源配置到各个生产部门。但是，如果政府全面配置各类资源，真正的市场主体将会消失、市场竞争也会消失。同时，随着市场竞争的消失，区域政府间竞争会随之演变为区域政府间协调。最终导致生产效率低下，经济长期处于短缺状态。

在政府引领的发展路径上，市场化改革是一道必答题。1978年，中国开始推进经济体制改革。20世纪80年代开始，中国加快市场化进程，尤其是东南沿海地区，积极承接发达经济体和新兴工业化经济体的产业转移，吸引外资企业投资，同时大力兴办乡镇企业。同时，股份制企业诞生并不断发展。随着国内产品市场、劳动力市场、资本市场等不断发育成熟，微观市场主体在农村和城市被充分激活，开始主导对可经营性资源的配置，而政府则不断退出对可经营性资源的直接配置。

随着企业逐渐成为市场竞争主体，区域政府成为市场竞争主体的现象也开始出现。

一方面，区域政府开始进行资源生成，即把准经营性资源转变为可经营性资源。以城市基础设施的投资、开发、建设为例，"政府推动、企业参与、市场运作"的资源生成机制最早在深圳市迈出实质性步伐。在遵循市场规则的基础上，政府开发、利用和管理各类准经营性资源，将其转化为可经营性资源，既拓展了市场经济的作用范围，又放松了辖区企业所面临的整体资源约束。

另一方面，区域政府不断优化营商环境，便利市场主体创业兴业。区域政府主要是从两个方面不断深化政务服务市场建设：一是精简办事事项，解决政务服务市场"审什么"的问题；二是优化办事流程，解决政务服务市场"如何批"的问题。前者回答"生产什么"，其实质是精简审批职能，必须通过行政审批制度改革完成，需要中央顶层设计、统筹推进。后者回答"如何生产",其实质是规范审批程序,主要通过行政审批的机制创新、再造审批流程来完成,需要各级行政部门的行为自觉,具有常态化的特征。

行政审批制度改革主要是取消调整审批事项,解决政府"审什么"的问题。行政审批直接涉及公民、法人及其他社会组织的权益授予或禁止解除,必须在法律框架内进行。"如何批"是政务服务市场建设要解决的另一个核心问题。在部门分治的实施体制下,部门职能交叉严重、多头审批现象突出、审批流程烦琐。因此,打破部门分割和多头审批现象,优化办事流程,建设全国一体化的政务服务市场,就成为政府"如何批"的改革主线。

二、区域政府超前引领的内涵

区域政府超前引领,是指区域政府遵循市场规则、依靠市场力量,发挥对产业经济的导向、调节、预警作用,对城市经济的调配、参与、维序作用,对民生经济的保障、托底、提升作用。区域政府可以综合运用各类政策和手段,开展理念创新、制度创新、组织创新、技术创新,有效推动供给侧或需求侧结构性改革,形成区域经济发展优势,促进经济科学可持续发展。简言之,政府超前引领即让企业做企业该做的事,让政府做企业做不了和做不好的事。二者都不能空位、越位。

在理解区域政府超前引领的内涵时,要重点关注以下几个问题。

(一)区域政府通过发挥对产业经济的导向、调节、预警作用,形成区域竞争,推动经济发展

在市场经济条件下,区域政府的职能不仅包括公共事务管理和服务,还包括协调和推动经济发展。例如,制定经济规范和维持市场秩序;保持宏观经济稳定发展,提供基础服务;培育市场体系,保证市场秩序;进行收入再分配,实现社会公平目标;等等。区域政府具有双重职能,一方面代表了市场经济的微观层面;另一方面代表了市场经济的宏观层面,即宏观引领、调控经济发展,体现了区域政府作为中观资源调配主体的作用。

中国于 20 世纪 80 年代恢复包干制,向省、县政府下放权力,实行分级预算、收入分享,形成区域政府间竞争的格局。在这种制度下,经济增长了,税收占比下降了,20 世纪 80 年代末期到 90 年代初期,财政收入占国内生产总值的比重、中央

财政收入占整个财政收入的比重持续下降,这种下降已经危害到中央政府对整个国民经济的控制能力,于是中国在1994年推出分税制改革,改原来的包干制为分税制。无论是包干制还是分税制,客观上都强化了区域政府发展经济的动力。

张五常把中央政府将权力下放到县级政府,以及县级政府之间的竞争看作中国经济增长的原因。他认为,县与县之间的激烈竞争不同寻常,是中国在困难的20世纪90年代还能快速发展的主要原因。大约2004年,越南把中国的这一制度照搬过去,也获得了经济的快速发展。

在这一过程中,区域政府职能发挥的好坏,决定了区域经济发展的好坏。从实际情况来看,从中央政府到各级区域政府,从沿海到内地,区域政府职能的发挥和区域经济的发展是不平衡的。在改革开放的前沿地带,区域政府职能转变得更快。这些区域政府从市场经济的内在要求出发,超前性地实践和探索市场经济发展中政府的作用,先走一步,赢得了改革的时间差,抓住了发展的主动权,其所在区域的社会经济也就走在了前列。相反,在一些思想不够解放、对市场经济理解较差的区域,区域政府职能转变就显得步履蹒跚,影响了区域经济的发展。

(二) 区域政府超前引领以市场机制和市场规则为基础

计划经济时代实行高度集权型的经济体制,一切社会资源都是统筹统配,市场基本上被排除在经济活动之外。政府特别是中央政府的职能空前扩大,几乎取消了所有经济主体的决策权和选择权,包办包揽一切。在这种情况下,区域政府成为中央政府上传下达的中转站,没有自己独立的经济利益、责任、权利和义务,其活动被严格限定在中央政府的"红头文件"之中,根本发挥不了积极的经济职能,更谈不上所谓的政府超前引领。而企业则成为政府的附属物,完全由政府代行决策,企业只需完成指令性计划指标,可以不问市场、不管效益,蜕变成了一般性生产组织,不再是真正的经济主体。消费者的市场选择机会同样由政府代替,如就业安排、日常消费品的配给等。

在市场经济体制下,资源配置是通过价格机制运行。在理想情况下,市场能够通过自身的力量自动调节供给和需求,从而实现供求均衡。但是,在现实经济生活中,存在信息不完全、垄断、公共物品等妨碍市场出清的多种因素,从而导致市场失灵,诸如缺乏交通设施、社会治安、社会服务等方面的公共物品,出现失业和通货膨胀、收入分配不公、贫富分化、社会不公正等现象。存在市场失灵也成为政府参与经济生活的根本原因和设计政府各项职能的基本依据。

当然，强调政府的作用，并非等于政府什么都要管。不适当的政府干预可能会妨碍市场的正常发育。反之，适度的政府干预则不仅有利于社会目标的实现，还能促进市场的发育。也就是说，政府干预必须适度。发展经济学家刘易斯认为，政府的失败既可能是由于它们做得太少，也可能是由于它们做得太多[①]。区域政府只有依靠市场规则和市场机制，引导投资、消费、出口发挥作用，运用经济和法律等手段及各种创新方式有效调配资源，才能形成领先优势。

（三）区域政府超前引领的目的是有效调配资源，形成领先优势，实现可持续发展

对于政府的作用，有很多形象的说法，从最初斯密的"守夜人"，到凯恩斯的"看得见的手"，再到弗里德曼的"仆人"政府，等等。

改革开放初期，为满足招商引资的需要，中国很多区域政府提出要做"保姆"，为企业、投资者、项目提供"保姆式服务"。应该说，提出"保姆式服务"，不仅表明了政府尊重市场经济体系的态度，也体现了政府为企业服务的决心。但是，在实践中可能会因为过度服务和盲目服务，而对企业经营和经济发展造成损害。比如，如果在服务的过程中过于"热心"而介入企业的具体事务，那么这样服务得再"周到"，"保姆"当得再好，也是政府的错位。再比如过于"溺爱"，不管企业提出需求的对错，也不管其是否符合法律法规的要求、是否符合社会公平、是否符合产业的长期发展方向、是否符合企业的长期利益，一律照单全收，这种政府服务同样会对企业经营和经济发展造成不利后果。

政府的角色是什么？也许用"引领"会更准确。引领，一方面表示政府有导向、调节和预警作用；另一方面表示政府是用投资、价格、税收、法律等手段，借助市场之力发挥作用。

广东省佛山市顺德区是中国首个区域生产总值突破千亿元的县域，曾经连续多年居中国百强县的榜首。究其原因，是因为顺德区历届政府的超前引领作用发挥得比较出色，这一经验值得重视。

20世纪80年代初期，顺德区政府提出"三个为主"（公有经济为主、工业为主、骨干企业为主），以此推进农村工业化。到20世纪90年代初期，顺德区的工农业的产值比达到98∶2，基本实现了工业化。1992年以后，顺德区又以制度创新为

---

① W. 阿瑟·刘易斯：《经济增长理论》，梁小民译，上海：生活·读书·新知三联书店，1994年。

先导,在中国率先进行产权改革,一下子解放了企业发展的生产力,一大批企业成长起来。

2005年,顺德又提出了"三三三"产业发展战略(第一、第二、第三产业协调发展,每个产业中至少重点扶持三个以上的支柱行业,每一行业中至少重点扶持三个以上的规模龙头企业),以及工业化、市场化、城市化、国际化战略等,推动了顺德区的发展。一年后,即2006年,顺德的区域生产总值突破千亿元。

除了顺德区,在珠三角地区的一些区域和江浙的很多区域,政府在引领区域经济发展中也发挥了非常好的作用。中国的发展已经走过了"摸着石头过河"的阶段,应该要进入"超前引领"的阶段了。在发展还处于低水平的时候,区域政府需要"摸着石头过河",大胆地试、大胆地闯。但发展到了一定阶段,就需要对发展进行引领、规划,实施推进。

三、区域政府超前引领的理论与实践依据

(一)科斯谬误及非分散化基本定理奠定了区域政府超前引领的理论基础

1991年诺贝尔经济学奖的获得者科斯提出了著名的科斯定理。

科斯第一定理的基本含义为:如果市场交易成本为零,不管权利初始如何安排,当事人之间的谈判都会导向财富最大化的安排,即市场机制会自动使资源配置达到帕累托最优。

科斯第二定理的基本含义为:在交易成本大于零的现实世界,一旦考虑到市场交易的成本,合法权利的初始界定及经济组织形式的选择将会对资源配置效率产生影响。

科斯第三定理的基本含义为:交易费用的存在会使得不同的权利界定和分配产生不同效益的资源配置,所以产权制度的设置是优化资源配置(达到帕累托最优)的基础。

简而言之,科斯定理的核心其实包含两层含义:一是产权私有化;二是不需要政府干预市场即可实现资源有效配置。但是,科斯定理还是受到一系列的质疑。

1. 是否产权私有化就能有效率

科斯认为,私有制下的产权最清晰,自由的产权最适宜市场经济的发展,产生

的效率最高。科斯定理表明：只要产权明晰化，任何产权分配方式都会导向帕累托最优状态。然而，即便如此，不同的产权分配方式仍可以造成不同的收入分配结果，而这一问题却被科斯定理所忽视。科斯还认为，只要产权明晰并且可以转让，那么在交易成本为零时，无论将产权给予谁，市场都是有效率的。但是受到自然界因素、经济内部结构及外部经济环境的影响，这些理想的假设条件是不会同时存在的，所以科斯定理只能以假设存在，现实情况绝非如此。

科斯定理除了在假设条件上过于理想化，还在产权与经营权的区别、资源配置驱动力的认识上存在严重不足，导致其得出错误结论。对此，斯蒂格利茨也持相似的观点。

1994 年，斯蒂格利茨指出，科斯定理认为确保经济效率需要做的就是使产权明晰。这一定理是完全不正确的。他把这种以产权明晰为核心的产权理论称为"产权神话"，并指出这一神话误导了许多从计划经济向市场经济过渡的国家把注意力集中在产权问题即私有化上。斯蒂格利茨认为，在经济学中，大概还没有一种神话像"产权神话"那样影响人们的观点和行动。

按照科斯的观点，政府所必须做的就是使产权清晰。一旦做到这一点，经济效率就会自然而然地提高。斯蒂格利茨不同意这一观点。他认为，产权清晰、私有化，不一定有效率；不明晰产权，不实行私有化，也不一定没有效率。私有化不是万能灵药，私有化不能保证经济有效运行，国有企业必须私有化才能成功没有科学根据。

斯蒂格利茨在《政府为什么干预经济：政府在市场经济中的角色》一书中提到，国有企业无效率的例子有很多，但私营企业也不例外。他在书中提到的加拿大国家铁路公司的例子表明，该公司的成本和效率是可以与私营企业相比的。除了斯蒂格利茨所举的这一例子外，新加坡政府投资公司和淡马锡等国有企业，在国际上也是以富有效率而闻名的。斯蒂格利茨和萨平顿 1987 年提出了"私有化基本定理"：在一般状况下，如果不能保证私人生产必定比公共生产更好，那么由一个理想的政府经营企业会比私有化更好。

关于国有企业为何会存在无效率的问题，或者说在什么特殊的环境和条件下国有企业可以更富有效率，斯蒂格利茨指出，对国有企业来说，缺乏私有产权并不是问题的关键，关键在于缺乏竞争、激励和分权。

20 世纪 90 年代，中国和东欧国家几乎同时进行了经济改革。东欧国家奉行的是科斯的私有产权理论，采取的是"休克疗法"，进行全面的私有化改革，其经济转型目标是把原有的以公有制为基础的中央计划经济体制，转变成西欧国家那样的以私有制为基础的市场经济。但后来的改革却产生了一种畸形的、没有民族资本的资本主义经济，私有化没有促进生产力的发展，反而对生产力造成了极大的破坏。不管是用经济指标还是用社会指标来衡量，东欧国家都出现了倒退。中国采取的是渐进式改革，在保持社会主义公有制主体地位的同时，实现市场经济体制改革和国有企业改革，通过引入市场竞争、股份制、现代企业管理技术，让市场作为资源配置的基础力量，提高经济主体之间的竞争；通过科学的激励和惩罚机制，调动企业经营者的积极性，使得中国经济不仅没有出现衰退，反而迎来持续高速的增长，成为世界第二大经济体。

对比中国和东欧国家改革的结果可以看出，私有化并非必然带来经济效率的提高，竞争比私有化重要得多。生产越是社会化，生产资料就越不能单独地为个体和私人所有。在西方发达国家，企业所有权也越来越摆脱传统的单个资本家所有制，大多是以股份公司等现代企业形式存在。而在现代企业制度下，无论控股股东是国有还是民营，都存在委托代理问题、法人治理结构问题、道德风险问题、内部人控制问题等。

此外，人们从事经济活动的动力并不只来源于财产方面，也来源于其他方面。在现代企业制度下，从事生产经营的企业经营者，并不一定是企业的所有者，可能是由董事会聘任的经理人员。他们是否全心全意地为企业利益而工作，并不一定取决于其是否拥有企业的产权，也并不取决于该企业是国有控股还是私人控股，而是取决于企业与企业之间是否存在竞争，企业经营者之间是否存在竞争，所有者与经营者之间是否具有科学合理的激励、惩罚和授权机制。如果企业经营者与企业之间存在共同利益，那么即使企业经营者不具备企业的所有权，也可以说他在某种程度上拥有一定的企业财产分配权。在这种情况下，如果企业经营者之间存在竞争，企业与企业之间存在竞争，那么理性的企业经营者一定会充分利用市场配置资源，并调动自身的积极性为企业利益工作，而不会出现传统国有企业存在的低效怠工、贪污寻租等消极行为。

因此，私有化并非必然带来经济效率的提高，既存在无效率的国有企业，也存在有效率的国有企业；同样，既存在有效率的私有企业，也存在无效率的私有企业。问题的关键在于竞争，而不在于所有制，竞争比私有化重要得多，国有企业同样可以通过改革获得充分的经济动力。

2. 是否不需要政府干预市场就可以实现资源的有效配置

科斯认为，如果没有政府的干预，那么人们自愿地联合起来可以解决任何无效率的问题,当事人之间的谈判,会导向财富最大化的安排,市场机制会自动使资源配置达到帕累托最优。科斯的这一理论也曾经主导了东欧国家经济体制的改革,强调私有产权和无为政府,但是从这些国家经济改革的实践来看,这一逻辑存在很大的缺陷。

某些科斯定理的信奉者可能会天然地认为,在交易成本为零时,产权一点也不重要,因为它根本不影响效率。张五常也认为,交易成本为零时,产权界定根本就不必要。人们甚至进一步得出结论,不需要政府的参与,市场机制可以自动解决外部性问题,实现资源的最优配置。

但是,由于外部性问题的存在,个体之间很难建立"自愿"组织去解决外部性问题,市场会出现失灵的情况,然而政府可以建立一个机制,解决因外部性和交易费用问题带来的市场失灵。因此,在某种意义上,也可以把政府看作是为此目标而设定的集体性组织。

市场和政府既不是完全孤立的,也不是完全对立的,不要把市场和政府对立起来,而是要在市场和政府之间保持恰当的平衡。市场配置资源或价格配置资源通常都缺乏效率,可能会导致市场失灵,而市场失灵就要求政府干预。斯蒂格利茨认为,市场的"常态"是信息的不完全性和市场的不完全性,公共物品、外部性、垄断等市场失灵现象界定了政府活动的范围;在一般情况下,市场不存在有约束的帕累托效率;市场失灵现象的根源在于没有人对市场负责,没有人干预市场,而市场失灵就要求政府干预,以增进福利。

1986年,斯蒂格利茨和格林沃尔德提出了"非分散化基本定理":在一般情况下,如果没有政府干预,就不能实现有效率的市场资源配置,政府总能有潜力对市场资源配置做出改进,政府具有私人部门所不具有的能力。斯蒂格利茨还提出,从计划经济向市场经济转型的国家,不能削弱政府的作用,而是要重新对它加以规定。

斯蒂格利茨区分了两种资源配置:一种是价格配置,另一种是非价格配置。传统的西方经济学理论只强调价格和市场在资源配置中的作用,斯蒂格利茨对此不以为然。他认为,价格和市场在资源配置中只起到比较有限的作用,而非价格机制则起到更重要的作用。斯蒂格利茨批评市场主义,认为它只重视价格和市场机制,而对非价格机制的重要作用缺乏足够的认识。他还强调,政府在大规模投资方面能够充当更有效率的角色,以避免在市场经济中不时显现出的生产能力过剩的问题。

信息不完全和外部性等问题决定了市场无法独自实现资源的最优配置。政府,特别是区域政府,不仅可以解决市场交易所需的基本法律、环境和制度问题,还可以通过合理的产权分配、投资、价格、税收、人才教育等价格和非价格机制，弥补市场失灵，实现对经济的超前引领。

（二）区域政府的公共性与强制力为区域政府超前引领提供了前提条件

在经济活动中，政府、企业和个人都是其中的主体，但政府和其他经济活动主体相比有着明显的不同之处：一是政府具有公共性，二是政府具有强制力。

市场规律被人们认识和遵从有一个漫长的过程，在发展过程中，市场秩序常常会因人性的自私和贪婪被扰乱和被凌驾，历史的发展实践证明，这个过程是痛苦的，代价是沉重的。而区域政府作为具有公共性和强制力的组织，有能力迅速排除干扰因素，建立和维持市场秩序，缩短市场调整的阵痛期，具有纠正市场失灵的先天优势。一个"强政府"必然对市场机制是熟悉的，对市场秩序的建立和维护是有预见性和规划性的，区域政府的公共性与强制力为区域政府超前引领提供了前提条件。

政府在经济活动中所表现出的公共性和强制力，极大地推动了市场秩序的构建与维系，保护和促进了市场主体之间自愿、公平的交易，提高了整个社会的产出和收益。此外，政府在经济活动中所表现出的公共性和强制力，也使得其具有纠正市场失灵的先天优势，政府可以通过法律、税收、行业政策等诸多具有公共性和强制力的手段，不断完善市场机制，改善市场秩序，引导市场方向。

（三）第三方监督机制是市场自由、公平交易的强有力保证

在正常情况下，人们常常可以在市场这只"看不见的手"的引导下，通过自愿交换来实现其利益，只要交易的收益超过成本，那么市场中的个体就愿意参与其中并做出更有助于增加收益的交易行为，这种理性的自利是可以通过自愿交换来实现互惠互利、提高社会生产活动效益的，这对于社会而言就是一种帕累托改进。但如果没有一个具有强制力的第三方监督机制来约束和保障交易，那么自利的动机也会驱使交易中理性的一方通过威胁他人实现自己的利益，这无疑是对市场自由公平交易秩序的极大破坏。类似的情形，在世界贸易的发展历史和现在的世界经济格局中并不少见，比如经济发达、军事强大的国家在和经济不发达、军事弱小的国家的国际贸易中，往往采用威胁、垄断甚至是战争的方式，进行占有、剥夺，或是以极度不平等的方式，以极低的价格，从不发达国家攫取大量的资源。

因此，只有在一个拥有强制力的第三方监督机制下，自愿交易和市场机制才能真正发挥其应有的作用。如果交易双方出现纠纷或者不履约的情况，法院、警察局

等强制机关可以帮助受损失的一方挽回损失，或者惩戒违约的一方，那么原来有违约倾向的一方就会评估其守约的收益和违约的成本，从而可以提高自愿、公平交易的可能性。

第五节　创新是区域政府超前引领的关键

一、区域政府以创新实现超前引领

（一）以理念创新实现超前引领

以理念创新实现超前引领，是指政府在行使国家公共权力和管理社会的过程中，对不断出现的新情况、新问题进行前瞻性的理性分析和理论思考，对经济社会现象进行新的揭示和预见，对历史经验和现实经验进行新的理性升华，从而指导经济制度和组织形式的创新和发展。在新的经济发展阶段，只有全面创新中国政府的理念，如公民社会理念、有限政府理念、政府公开理念、政府效能理念等，才有可能为创新中国政府的管理体制、管理行为、管理方法和管理技术，提供正确的价值导向和巨大的创新动力。

（二）以技术创新实现超前引领

以技术创新实现超前引领，是指发挥政府在集中社会资源方面的优势，使其直接或间接参与技术发明，推动技术进步，促进企业技术创新能力建设。这包括两个方面：一是为企业提高技术创新能力创造一个有利的外部环境，如加强专利体系和产品标准化体系建设等；二是采取一系列直接在经济上激励企业技术创新的措施和政策，如制定关键技术领域的研发资助计划、设立技术基金等。

（三）以组织创新实现超前引领

以组织创新实现超前引领，是指区域政府通过在组织结构、组织方式、组织制度等方面进行的创新活动，提高经济和产业发展的组织基础，从而促进经济发展和社会进步。组织与管理往往是相互联系的，因此组织的超前引领也必然涉及管理的超前引领。管理是对经济发展的战略目标、实现路径、资源的调配方式、保障和监督措施等进行前期的科学规划和控制，目的是在行动之前把握好方向，并对其可行性及效果作出事前预测。因此，管理必然是超前引领的。

(四) 以制度创新实现超前引领

以制度创新实现超前引领，是指充分发挥政府，特别是区域政府，在制度创新上的作用，通过创设新的、更能有效激励人们行为的制度和规范体系，改善资源配置效率，实现社会的持续发展和经济的持续增长。制度创新的核心内容是社会政治、经济和管理等制度的革新，是支配人们行为和相互关系的规则的变更，是组织与其外部环境相互关系的变更，其直接结果是激发人们的创造性和积极性，促使新知识的不断创造、社会资源的合理配置及社会财富的涌现，最终推动社会的进步。只有创新型政府，才能发挥制度上的超前引领作用，形成创新型的制度。

二、区域政府超前引领的重大理论意义

(一) 区域政府超前引领理论扩大了市场作用范畴，开创了政府层面的市场原理运用

传统经济学认为，企业是市场竞争的唯一主体，微观经济学的主要研究内容就是在不同市场结构下的企业长短期的均衡问题，而关于政府行为的一系列研究则纳入宏观经济学范畴，政府仅被定义为市场的调控者而非参与者，而且，传统经济学也比较排斥政府对市场的参与，认为政府对市场的过多介入是对企业的排挤。这些说法并非毫无道理，政府作为宏观管理者，拥有公共权力和公共资源，对政府的监管又存在相当的难度，政府与企业在权力上、资源上确实有相当大的差距。同时，政府还是各种规则的制定者，企业多半是法律和其他制度的被动接纳者，如果政府既做"裁判员"又做"运动员"，与企业同时在市场上展开竞争，对企业而言无疑是不公平的。

但这里所讲的对市场进行超前引领的市场参与者——区域政府，并不是和企业展开市场竞争，而是在区域政府之间展开竞争，其竞争规则来源于市场。也就是说，把市场竞争机制扩展至区域政府之间，这一做法本身就有一定的超前引领的性质。以往的理论忽视了区域政府之间的关系，区域政府的职能和行为方式常常被模糊化，和宏观政府的职能混为一谈，只考察其作为调控者的调控手段和影响效果。区域和区域之间的竞争仅表现为一些经济指标的比较，很少考虑这些指标背后的政府因素，而是假定政府在区域经济发展方面是完全被动和放任自流的。这一刻板化的认识已

被中国经济实践所否定。中国区域经济发展和区域政府之间的竞争有着紧密联系，中国区域政府在专业化市场的建立、产业结构的调整、高新技术的引进、研发立项、经济发展基础设施、企业融资引导、外资引进上不遗余力。如果没有把市场竞争机制扩展到区域政府这个层面，这一切的政府行为是很难被激发的。

这种区域政府之间的市场竞争更多体现在区域政府的规划性和引导性上，对区域政府的战略定位能力、资源调动能力、规划统筹能力是极大的挑战，强调区域政府对区域经济发展的事前控制和规划，这种事前的引领作用建立在对市场的充分认识和分析的基础之上，需要充分发挥市场机制在资源配置中的决定性作用。

（二）区域政府超前引领理论构建了全新的多层次市场体系

传统市场经济理论中，政府和企业构成宏观经济和微观经济的"两维"主体，政府和企业在权限范围上是相互对立的，一方的强就意味着另一方的弱，比如政府管理范围的扩大就意味着企业自主权的缩小、市场作用的减弱；如果政府收缩其在经济运行中的管理范围，企业的自主权就会扩大，也意味着市场化程度的提高。

政府和市场到底孰强孰弱，也就是政府和市场的关系到底应如何界定，无论在理论上还是实践上，始终是西方国家争论的焦点。

从西方国家经济发展的历程上看，完全竞争的市场经济发展时代较为排斥政府对市场的参与，强调市场自身的巨大创造力和自我平复的内在机制，但在1929—1933年的世界性经济危机面前，政府的宏观调控力度显著提升，市场完美的信念受到质疑，政府对经济的控制范围大大扩张。但是到了撒切尔和里根政府的时代，人们又开始反思政府干预经济的各种缺陷，通过市场化的进一步改革，给企业以更大的自主权。但是这种改革又导致了失业攀升、福利下滑等问题，于是政府干预再次变得强硬，企业的自主权在一系列制度和法律的干涉下再度被限制，企业活力受到一定程度的影响，于是政府对经济的干预再次有所调低。2008年的全球金融危机，又迫使欧美进入新一轮政府力量的加强阶段，比如企业的国有化、银行的国有化等，政府管制不断加强。而随着金融危机的好转，政府的管制也会逐步撤出。从西方经济在政府和市场之间的不断摆动可以看出，政府和市场始终是经济运行的两极，政府和市场中的企业之间的关系也出现时而积极时而消极的状况。这种情境也常被称为"钟摆"现象。

但中国的改革实践却对市场与政府之间的关系做出了突破。中国多年来的经济改革实现了经济增长的奇迹，企业焕发了前所未有的生机与活力，而政府治理方面的改革也在实践中不断创新，发现了一种"强式有效市场"与"强式有为政府"并存的双强经济模式，打破了传统经济学的非此即彼的惯性发展套路，建立了一个全新的、多维的市场经济体系。这个多维市场经济体系建立的关键因素就是，在传统的企业竞争和政府宏观调控中插入了一个参与市场竞争的区域政府体系，使之成为市场经济体系中的第三个维度。

这个变化在结构上具有十分深远的意义，与西方国家区域政府参与经济有质的不同。我们看到，美国的州政府也招商引资，但这些区域政府的行为并不是基于区域竞争，多半是出于经济形势的需要而使用的短期调控手段。而中国区域政府之间的竞争是在承认市场为资源配置主导手段的前提下，将市场竞争机制扩展到区域政府层面而实现的，中央政府通过长期的国家战略有效地将区域政府的竞争目标纳入国家总体战略规划中，从而使得区域政府在超前引领方面具有长期战略规划性、内部竞争可控性，以及促进经济良性发展的有效性。这样的一个具有超前引领作用的有序竞争的区域政府体系大大增加了中央政府的决策空间，使中央政府从当年计划经济下的微观管控，转向更多集中于区域和产业的宏观调控，更多着眼于长期稳定的国家战略发展规划，而具体的区域和行业发展与调控，则交给区域政府这样一个中观主体，可以更准确、有效地把握和实施在微观层面上的引导和管理，兼顾整体经济发展的稳定性和灵活性。可以说，中国在市场经济发展的道路上，创造了一种不同于西方传统体系的市场机制，区域政府超前引领在制度创新上建立了全新的理论和实践模式，是中观经济学确立的关键核心。

阅读材料一

顺德密码——关于三十二万多户市场主体的调查

以806平方千米的土地面积，322.91万常住人口，创造了超过1万亿元的工业产值，创造出约占全国1/283的GDP总量，连续十年蝉联全国综合实力百强区第一，连续十二次荣获"中国全面小康十大示范县市"称号，居民人均可支配收入超过6万元……

这是广东省佛山市顺德区交上的一份优异答卷。

顺德为什么能？顺德做对了什么？

面对高质量发展的新时代，区域竞争格局不断变化，顺德在新发展理念下，不在功劳簿上"躺平"。放眼粤港澳大湾区，调整参照系，重设新标高——对标深圳、广州、上海、杭州等城市，感到了"压力山大"，"优等生"高喊"危机感"，直言：标兵渐远，追兵日近。

为什么是顺德？又是什么力量推动顺德不断向前？

一、市场主体定大盘

市场主体是一座城市运行的基本盘和"温度计"。

顺德市场主体近年来呈现喷发之势。从2018年6月突破20万户大关，到2021年4月达到"30万+"，仅用了不到3年。"这10万户的增量，超过2012年至2018年的新增总和。"顺德区市场监督管理局审批服务科科长张春晓说。

2021年岁尾的最新数据显示，顺德企业总量和注册资本（金）已实现连续5年增长，规模不断扩大，更多资本实力雄厚的大型企业落户顺德，注册资本1亿元以上的高达813户。32.5万市场主体中，各类企业数量14.31万户，占市场主体总量的44.03%，个体工商户18.19万户，占市场主体总量的55.97%，呈现出齐头并进的发展态势。

与全国市场主体突破1.5亿户中个体工商户数量超过1亿户的结构相比，顺德企业类市场主体占比高于全国约10%，结构明显优化，这为顺德经济高质量发展奠定了坚实基础。而从市场主体类型看，在顺德14.31万户各类企业市场主体中，民营企业又占13.28万家，占比高达92.8%，这也正是顺德的活力所在。

这与刚发布的顺德企业100强榜单相吻合：民营企业总营业收入占100强企业总营业收入的86%，可看出民营企业已成为顺德经济发展的绝对中坚。

顺德市场主体活跃的"温度计"功能，还可通过外来人口的净流入得到验证。2000年、2010年和2020年，顺德常住人口三次全国人口普查呈持续上升态势，增量均保持在70万人以上。其中，2020年"七普"与2010年"六普"相比，10年增加76.74万人，增长31.17%。

值得关注的是，顺德322.91万常住人口中，跨省流入人口123.89万人，省内流动人口49.36万人，流动人口占总人口的53.65%，这使得顺德15岁至59岁人口占75.09%，人口与人才红利共生。

开拓创新、开放包容、多元一体的顺德，推动了外来人口的社会融入，已然成为大湾区城市里的一个标杆。

"哪里有钱赚，哪里好创业，哪里好吃饭，人们就会流动到哪里去。"这种说法很朴素，但也说明了国内外发达地区人口流动与区域经济发展的规律。

保市场主体就是保社会生产力，让企业"壮起来""跑起来"，带来了实实在在的要素引力、兴业推力、发展动力，使得顺德能够成为强区、富区。

二、营商改革不停步

"为有源头活水来"，市场主体的加速倍增，得益于顺德多年来通过不断改革着力构建的"顺心顺意"的营商环境。

在赛迪顾问城市经济研究中心发布的赛迪营商环境百强区（2020）榜单上，顺德排在第4位。

改革是这座城市最强大的基因。广东在40多年改革开放的艰难探索中，多次选择了顺德，很多经验在顺德试点后推向了全省甚至全国。早在1992年，顺德就进行了旨在转变政府职能、建立新型政企关系的"大部制"改革，推动建设与市场经济发展相匹配的服务型政府。

从大部制改革肇始，顺德率先探路行政审批制度改革，围绕"放管服"的改革从未停步：发出广东省商事登记改革的第一个营业执照，推行"365天全天24小时不打烊商事登记"……几乎五年一大改，三年一小改，年年不断改，成为"改革大户"。

顺德贯彻新发展理念，全面对照世界银行营商环境指标体系，以市场主体反映的问题和诉求为导向，聚焦开办经营、投资建设、发展壮大、信用监管、法治保障等企业运营高频事项，打造全生命周期服务链条，擦亮顺德企业服务"金字招牌"，以一流的营商环境激发经济活力，为高质量发展提供有力支撑。

把高效、便捷、精准的企业注册作为当下全方位提升营商环境的着力点和突破点。顺德在涉企审批服务改革上，推出了一批突破性改革举措。2020年，在广东省率先开展"一照通"改革，发出首张"一照通"营业执照——食品经营许可等与营业执照合并办理，经营许可信息通过二维码加载在营业执照上。申请人只跑一次、只交一套材料、只填一张表格。

2020年启动的"1210"改革，通过企业开办全流程再造，减环节、减材料、减时间、减成本，以最便捷的方式让企业跑步进入市场。

顺德的营商环境，还包括多方面全方位对企业成长的呵护。这一点来自香港国际语文集团的董事长杨涛体会颇多，他的企业2021年4月商谈落户、5月完成注册、7月开始运营。"顺德亲商、重商、扶商，有各种实实在在的惠企政策帮助企业降低了运作成本，让企业能在顺德落地开花。"杨涛说。

营商环境就是生产力，就是竞争力，就是吸引力。2021年，顺德完成招商引资总投资额超千亿元。

三、创业发展生态优

近年来,顺德更注重产业链的良好配套,提出打造超 5000 亿元的家电产业集群,大力培育产业链"链主"企业,增强自主技术创新能力,走专业化、精细化、特色化产业发展之路。

在顺德,1.4 万家家电企业结成了一张强大的供应链网络,3.6 万家企业提供生产设备、生产原料等产品或服务,大部分配件的采购半径在 50 千米内。一台高端咖啡机,全身 260 个零部件,40%在顺德本地采购。"我们为什么扎根在顺德?因为珠三角拥有完善的供应链,新产品在珠三角能很快就做出来,而且更新更快。"德尔玛国内营销总经理李军卫说。

值得注意的是,2018 年 4 月以来,主动从外地迁入顺德(包括回迁)的企业数量达 3443 家。"像一些鹭鸟回归一样,是因为生态优化。"顺德市场监督管理局审批服务科科长张春晓说,"这反映出顺德市场环境不断优化升级。"

一个有趣的现象是,围绕顺德的家电、装备制造等几大产业集群,成千上万家配套企业像藤蔓一样,盘根错节,形成产业互补依托的产业生态,从上游到下游在周边完成配套,以至形成"独木成林"的"榕树效应"。这正是顺德产业竞争力强、发展韧性足的根源所在。

在顺德,看得见的发展土壤是产业生态,而看不见的社会心态则显得一样重要:顺德人羡富不仇富,尊敬企业家,尊重财富,崇尚市场。

四、跳出发展舒适区

拥有多个亮丽称号,享受着外界的"注目礼",过着幸福的小康日子……多年来,顺德就是时代妥妥的"优等生"。

"'顺德制造,中国骄傲''可怕的顺德人'家喻户晓。但看不到风险就是最大的风险,如果躺在前人的功劳簿里,只想着过去的辉煌,就很难有辉煌的未来。"去年10 月,刘智勇在顺德第十四次党代会上直言,"当前区域竞争日趋激烈,顺德要继续挺立潮头走在发展前列,就要把保持危机感作为做好当前各项工作的基本出发点。"

在百舸争流、千帆竞发的区域竞争中,标兵渐远、追兵日近,顺德如何进一步增强内生动力、积蓄发展后劲?在新一轮科技革命、产业变革中,顺德如何从"两家一花"等传统产业中催生新经济、开辟新赛道?在全国城市品质和环境的大比拼中,顺德如何解决不城不乡、工业化和城市化"一条腿长、一条腿短"的问题,从而更好地吸引和集聚优秀人才?在辉煌历史、一片赞歌中,承平日久,作为一个老先进,顺德如何再燃激情、求新求变、挺立潮头?

"这四大追问，表明顺德面对新发展格局，在新发展理念下有了新追求、新航向。"顺德区文化广电旅游体育局新闻出版广电科曾光磊说，"我注意到区委领导在不同场合有过类似于'两蛙'的比喻：不做井底之蛙，不做温水青蛙。就是讲顺德不能自满，不能躺在舒适区，而是要继续开拓创新。"

针对现代产业体系上的短板，顺德提出坚持工业立区、科技强区，加快构建现代产业体系，打造国际一流智造中心，确立实施千亿产业集群倍增、百亿企业倍增、数字化示范工厂倍增、上市企业倍增等促进产业发展的"六大倍增"计划，构建现代产业体系。

记者发现，"六大倍增"计划中的每一条，都是顺德锤炼产业"新肌肉"的训练目标，也是催生新经济、开辟新赛道的新利器。

针对城市面貌与现阶段发展水平不相匹配，在城市建设上中气不足的现状，顺德向"不城不乡"的环境"亮剑"，以治水为抓手，开展新一轮城市大建设，促进城市环境品质大提升，打造魅力之城。

2021年，佛山市把打造一流营商环境作为一号改革工程。作为佛山市经济大区的顺德，在营商环境改革上，再上层楼，通过广泛布局的银行服务网点试点推行政务服务"门口办"新模式，推出226个"门口办"网点，打造覆盖半径不超过2千米的政务服务圈；并开展了新一轮区、镇（街道）事权划分调整，新增下放镇（街道）事权共计2882项。

"这些变化是顺德人自我加压，源于顺德勇求一流的向上精神，而这种精神镌刻在顺德人骨子里，渗透在顺德人血液里，生长在顺德人的基因里。"何劲和这样评价说，这是顺德不断向上的"核心密码"。

"在高质量发展的时代，顺德要先行示范，不为定势所困，不为成绩所累，思想再解放，改革再出发，激情再燃烧，奋力在实现第二个百年奋斗目标新的赶考之路上交出优异答卷。"刘智勇说。

顺德城小理想大，欲与天公试比高。

资料来源：张建军，2022.顺德密码：关于三十二万多户市场主体的调查[N]. 经济日报，02-22（3）.

阅读材料二

让财政在新征程中发挥更大作用

全面建成小康社会、实现第一个百年奋斗目标之后，我们要乘势而上开启全面建设社会主义现代化国家新征程，向第二个百年奋斗目标进军。"十四五"规划和2035年远景目标纲要全面贯彻党的十九届五中全会精神，擘画了我国开启全面建设社会主义现代化国家新征程的宏伟蓝图，是全国各族人民共同的行动纲领。全面建设社会主义现代化国家，离不开财政的支撑和保障，需要加快建立现代财政制度，让财政在社会主义现代化建设中发挥更大作用。

一、促进高质量发展

习近平总书记指出："新时代新阶段的发展必须贯彻新发展理念，必须是高质量发展。"当前，我国经济正处在转变发展方式、优化经济结构、转换增长动力的攻关期，实现高质量发展还有许多短板弱项。加快建设现代财政制度，有助于转变发展方式、优化经济结构、转换增长动力。这要求提升财政资源配置质量和效率，为高质量发展提供创新动力，促进产业结构优化，保障国家重大战略任务实施。

促进科技创新。科技创新是高质量发展的重要支撑。党的十九届五中全会提出："坚持创新在我国现代化建设全局中的核心地位，把科技自立自强作为国家发展的战略支撑。"这要求积极的财政政策更加积极有为，优化科技资源配置，强化国家战略科技力量，为国家科技创新体制机制建设提供有力保障，从而更好发挥新型举国体制优势，打好关键核心技术攻坚战；适当、灵活运用基金、补贴、税收优惠等政策，健全创新激励和保障机制，振兴实体经济，激发企业创新活力，发挥企业在科技创新中的主体作用；加强对创新基础条件和制度建设的支持力度，调动科技人才的积极性；不断提高财政资金使用质量和效益，充分发挥财政资金对科技创新的引导作用，带动构建活跃的创新生态体系。

促进构建现代产业体系。党的十九届五中全会提出："加快发展现代产业体系，推动经济体系优化升级。"贯彻落实这一部署，需要调整和优化财政支出、税收优惠方向，为传统产业高端化、智能化、绿色化发展提供有力支持；聚焦产业短板，加大对创新企业的财政支持力度，提高产业配套能力，增强产业链韧性和竞争力；强化财政资金的引导作用，撬动社会资本积极参与战略性新兴产业投资；服务构建新发展格局，为构建现代化高质量国家综合立体交通网提供资金支持，深化交通运输与相关产业协同融合，提升全产业链支撑能力；整合优化相关产业发展资金，支持中小企业创新发展，疏通产业链供应链堵点，增强产业链供应链完整性，为产业数字化和现代服务业发展提供财力保障。

保障国家重大战略任务。"十四五"规划和2035年远景目标纲要提出："完善跨年度预算平衡机制，加强中期财政规划管理，增强国家重大战略任务财力保障。"贯彻落实党中央决策部署，推动加快构建新发展格局，推动高质量发展，要求积极的财政政策提质增效、更可持续，努力保持经济运行在合理区间；推动科技创新和产业链供应链优化升级，实现更高水平自立自强；坚持尽力而为、量力而行，加强基本民生保障；做好重点领域风险化解工作，促进财政可持续发展；坚持系统集成、协同高效，加快建立现代财税体制。

二、完善宏观经济治理

科学有效的宏观经济治理是推进国家治理体系和治理能力现代化的客观要求，也是构建高水平社会主义市场经济体制的重要组成部分。党的十九届五中全会提出："健全以国家发展规划为战略导向，以财政政策和货币政策为主要手段，就业、产业、投资、消费、环保、区域等政策紧密配合，目标优化、分工合理、高效协同的宏观经济治理体系。"这要求我们根据经济形势发展变化不断优化和完善宏观调控措施，并在多方联动中深化财政体制改革。

正确处理中央和地方财政关系。财政政策是宏观调控的主要手段之一。充分发挥财政政策的作用，处理好中央和地方财政关系、充分调动中央和地方两个积极性十分重要。"十四五"规划和2035年远景目标纲要提出："建立权责清晰、财力协调、区域均衡的中央和地方财政关系。"这需要明确中央和地方事权与支出责任，适当加强中央在知识产权保护、养老保险、跨区域生态环境保护等方面的事权，减少并规范中央和地方共同事权；健全省以下财政体制，健全地方税体系，培育地方税源，逐步扩大地方税政管理权，健全转移支付定期评估机制，增强基层公共服务保障能力。同时，把握财政体制变动的基本脉络和历史规律，建立稳定的各级政府事权、支出责任和财力相适应的制度，更好推进中央和地方分工协作、有序运转和有效履责。

在法治轨道上推进现代财政制度建设。法治是治国理政的基本方式，也是加快建立现代财政制度的根本要求。在法治轨道上建设现代财政制度，需要加快推进财政预算、税收管理、财政监督等领域的法治化建设。通过法治化方式约束财政预算、规范收支行为，促进预算公开透明、规范预算绩效管理、完善预算绩效考核、提高预算资金使用效率，加强中期财政规划管理，加强公共财政支出等重点领域监督机制改革和制度建设；通过法治化方式完善中央和地方财政关系，完善地方税制、健全直接税体系、优化税制结构、提高税收征管效能，优化提升国家财政治理的体系和效能；通过法治化方式建立财政信息、数据公开制度，明晰债务责任，建立债务资金使用、债券发行管理、常态化监控和债务违约处置等机制，有效支持阳光财政、责任政府建设。

三、促进共同富裕

共同富裕是社会主义的本质要求,是人民群众的共同期盼。党的十九届五中全会提出,到2035年实现"人民生活更加美好,人的全面发展、全体人民共同富裕取得更为明显的实质性进展"。在这方面,财政可以发挥促进共同富裕、增进人民福祉的重要作用。

满足人民对美好生活的新期待。优化财政运行机制,促进生产力提高,进而提升人民物质生活水平。围绕改善收入和财富分配格局,助力加快健全覆盖全民、统筹城乡、公平统一、可持续的多层次社会保障体系,促进和保障居民就业、养老、教育、居住、医疗等民生事业发展。把按劳分配和按生产要素分配结合起来,不断提高财政税收、社会保障、转移支付制度的调节力度和精准性,完善直接税制度并适当提高直接税比重,优化收入分配制度。增强财政保障精神文化服务的能力,支持人民群众广泛开展文化创新活动,推动文化产业持续健康发展,提升人民群众思想道德素质、科学文化素质和身心健康素质。

推进基本公共服务均等化。充分发挥财政在促进社会公平方面的作用,加强对基本公共服务的财政支持,抓住公共教育、就业创业、社会保险、医疗卫生、社会服务、住房保障、公共文化体育、优抚安置、残疾人服务等重点环节,建立健全基本公共服务标准体系,促进基本公共服务覆盖全体人民。完善财政转移支付支持欠发达地区的机制,推动城乡区域基本公共服务制度统一、质量水平有效衔接,逐步实现基本公共服务均等化,在此基础上不断提升基本公共服务质量。

促进城乡区域协调发展。以深化转移支付制度改革为重点,推进一般性转移支付的规范化、机制化建设,支持革命老区、民族地区、边疆地区、脱贫地区发展;提升专项转移支付使用效率,完善专项转移支付定期评估和退出机制;严格落实预算法有关规定,与转移支付制度改革做好衔接,加快完善转移支付预算下达和执行机制,提高地方预算编制规范性和完整性。因地制宜完善财政支农政策,促进新增公共资源向农村倾斜,推进农业农村现代化,保持财政投入力度总体稳定并持续完善其他财政手段,增强农业农村发展活力。

资料来源:吕炜,2021. 让财政在新征程中发挥更大作用[N]. 人民日报,05-21(13).

阅读材料三

"东数西算":布局国内一体化算力网络,助推区域经济高质量发展

以人工智能、物联网、5G、大数据等新一代信息技术为代表的数字经济不断推动生产方式、生活方式和治理方式发生深刻变革,现已成为经济增长的新动能。随着我国数字经济的快速发展,区域的数字化差异和算力不足等问题也逐渐凸显。在此背景下,2022年2月,国家发展改革委等部门联合印发通知,同意在京津冀、长三角、粤港澳大湾区、成渝、内蒙古、贵州、甘肃、宁夏8地启动建设国家算力枢纽节点,并规划了10个国家数据中心集群。这标志着"东数西算"工程正式全面启动。实施"东数西算"工程,有利于优化资源配置,提升国家整体算力水平,扩大有效投资,促进绿色发展,推动区域协调发展,战略意义十分重大。

一、优化算力资源配置,打造全国一体化算力网络

"东数西算"中的"数"指数据,是数字经济中的关键生产要素。"算"指算力,即对数据的处理能力。如同农业时代的水利和工业时代的电力,算力是数字时代的核心生产力。"东数西算"工程,即指通过构建数据中心、云计算、大数据一体化的新型算力网络体系,将东部算力需求有序引导到西部,优化数据中心建设布局,促进东西部协同联动。

与"南水北调""西电东送"和"西气东输"等工程异曲同工,"东数西算"是一个国家级算力资源跨域调配战略工程,旨在解决我国东西部存在的算力资源错配问题。我国数据中心大多分布在东部地区,数据中心能耗较高,对于电力、水力资源的消耗大,东部地区虽然经济发达,但在能源、水、土地等方面的供给上压力不断增加,且人工费用相对较高,进一步建设发展数据中心难以为继。相比之下,西部地区水力、电力等各种资源极其丰富,成本偏低,且土地空间广阔,完全具备承接东部地区算力需求、发展数据中心的能力,与东部地区形成了极强的互补性。

"东数西算"工程,通过建设国家算力枢纽节点,统筹规划数据中心建设布局,引导大规模数据中心适度集聚,形成数据中心集群。围绕集群,调整优化网络结构,加强水、电、能耗指标等方面的配套保障。在集群和集群之间,建立高速数据中心直联网络,支撑大规模算力调度,构建以数据流为导向的全国一体化的算力网络格局。

二、提升国家整体算力水平,激发数字要素创新活力

"东数西算"工程通过全国一体化的数据中心布局建设,扩大算力设施规模,提高算力使用效率,实现全国算力规模化、集约化发展,提升整体算力水平,为激发数字要素创新活力、促进数字经济进一步发展夯实底座。

算力枢纽节点由东向西梯次布局、统筹发展。对于京津冀、长三角、粤港澳大湾区、成渝等用户规模较大、应用需求强烈的节点,重点统筹好城市内部和周边区

域的数据中心布局，实现大规模算力部署与土地、水、电等资源的协调可持续，优化数据中心供给结构，扩展算力增长空间，满足重大区域发展战略实施需要。对于贵州、内蒙古、甘肃、宁夏等可再生能源丰富、气候适宜、数据中心绿色发展潜力较大的西部节点，重点提升算力服务品质和利用效率，充分发挥资源优势，夯实网络等基础保障，积极承接后台加工、离线分析、存储备份等非实时性算力需求，打造面向全国的非实时性算力保障基地。

数据作为数字时代的关键生产要素已上升为国家战略资源。数据中心已成为支撑各行业"上云用数赋智"的重要新型基础设施。通过优化数字基础设施和应用的空间布局，有助于形成数据自由流通、按需配置、有效共享的全国性要素市场，激发数字要素的创新活力，为数字经济发展赋能。

三、扩大有效投资，促进地方经济发展

"东数西算"工程将有力带动产业链上下游投资，给各类市场主体带来利好。从而促进地方经济发展。

从产业链角度看，数据中心产业链条长、投资规模大、带动效应强。数据中心产业链既包括传统的土建工程，还涉及IT设备制造、信息通信、基础软件、绿色能源供给等产业，将有力带动产业上下游投资。据相关测算，"东数西算"工程每年投资体量会达到几千亿元，产业拉动效应达八倍。通过算力枢纽和数据中心集群建设，将扩大上下游产业链的有效投资，助力经济实现稳增长。

从企业角度看，加快推动算力中心建设，直接受益的是各类市场主体，特别是提供算力和使用算力的企业。当前，随着数字技术向经济社会各领域全面持续渗透，全社会对算力的需求仍十分迫切，预计每年仍将以20%以上的速度快速增长。算力的进一步提升优化，将有助于降低上云用数成本，加快工业互联网、远程医疗、虚拟现实、人工智能等新技术的应用和落地，这无疑给企业创新发展、加快数字化转型提供了更为坚实的基础。

四、契合"双碳"目标，助力绿色经济发展

"东数西算"工程是促进绿色节能，助力实现碳达峰、碳中和目标的重要手段。

数据中心作为算力基础设施，电力消耗巨大，被称作"不冒烟的工厂"。我国各类数据中心大约有500万机架，2020年我国数据中心耗电量超过了2000亿千瓦时，2025年这个数字可能还会翻倍。但目前数据中心的"绿电"使用率只有20%，"双碳"目标下，实现高效、清洁、循环的绿色发展至关重要。

目前东部算力需求旺盛，但东部地区在气候、资源、环境等方面不利于低碳、绿色数据中心的建设。通过算力基础设施的西部迁移，充分利用西部地区自然条件，大幅提升绿色能源使用比例，推动数据中心绿色发展。国家选取的 10 个国家数据中心集群所在地都拥有着巨大的气候和能源优势，比如，张家口以风电著称，风电装机容量排名全国第二，凉爽的气候有利于数据中心散热。

五、缩小数字鸿沟，促进区域协调发展

"东数西算"工程能产生产业协同效应和技术溢出效应，有利于弥合东西部数字鸿沟，促进区域协调发展，加快推进共同富裕。

一方面，"东数西算"工程能够发挥算力产业的协同效应，从而扩展东西部产业合作。对于西部地区而言，"东数西算"工程不仅能够在当地带动产业上下游投资，还能够借助东西部一体化的数据生态构建东西部一体化的产业生态，从而破除产业发展的地理约束，实现产业布局分散化和去中心化。同时，开拓东西部产业转移的数字通道，重构东西部区域发展的经济格局，有助于发挥区域经济增长的协同效应，推进西部地区产业转型升级和经济高质量发展。

另一方面，"东数西算"工程能够释放数字技术的溢出效应，推进东西部发展机会均等化。"东数西算"工程在长期能够发挥稳定增长、扩大就业、改善民生的综合效益。在经济领域能够衍生新产业、新业态、新模式，有助于为西部地区创造新的经济增长点；在政务管理领域能够提升政府治理水平、优化营商环境，有助于为西部地区创造繁荣有序的创新创业环境；在民生领域能够有效支撑西部地区公共服务、社会保障等工作，有助于提升社会服务数字化普惠水平。

在数字经济的浪潮之下，"东数西算"工程只是数字化建设全国布局的开始，面向未来，要充分发挥我国体制机制优势，推进这一重大工程目标任务落到实处，为我国数字经济做强做优做大、经济社会高质量发展注入不竭动能。

资料来源：王方方，2022. "东数西算"：布局一体化算力网络，助推经济高质量发展[J]. 科技与金融（7）：57-58.

复习思考题

一、名词解释

区域政府竞争、"三类九要素"竞争、区域政府超前引领、区域政府创新

二、简答题

1. 简述区域政府在区域经济发展水平上展开竞争的基本内容。

2. 简述区域政府在区域经济政策措施上展开竞争的基本内容。
3. 简述区域政府在区域经济管理效率上展开竞争的基本内容。
4. 如何认识区域政府超前引领的基本内涵?
5. 区域政府以创新实现超前引领主要有哪几种方式?

第六章

成熟市场经济"双强"机制理论

斯密的《国富论》一经发表,便对西方经济理念产生了深远的影响,经济主体功利性的追求与"看不见的手"产生了一种强大的力量,推动了经济发展与社会变迁,最后演变成了一种新的经济生态。价格机制作为一种资源配置的手段,表现出了对效率提升、经济结构优化与经济形态演变的强大推动力。

经济发展的实质就是提高稀缺资源的配置效率,以尽可能少的资源投入获得尽可能大的效益。斯密之后的经济学,无论是西方经济学还是马克思主义政治经济学,都无一例外地承认市场经济在资源配置效率上具有无与伦比的强大功能,世界各国的经济实践也用国家发展的速度和实力证实了市场是最有效率的资源配置形式。市场决定资源配置是市场经济的一般规律,市场经济本质上就是市场决定资源配置的经济,这一点已经在理论界和各国实践中达成共识。

但是在世界经济的实践发展中,出现过两种主要的经济体制类型——以市场经济为主体的市场经济体制与以计划经济为主体的计划经济体制。随着世界经济的发展,这两种经济体制出现不断融合的趋势,政府与市场之间也不断发生交叉,政府经济行为的方式和结果越来越多地影响到经济总量和结构,原有的经济理论体系框架不断被突破。世界经济发展实践所反映出的市场的失效性、政府行为的主动性与竞争性、关键职能的多重性、市场与政府不同边界的产出率等问题,都标志着现代市场经济内涵中市场与政府的同生共存性。市场与政府在经济运行中到底如何发生作用及如何匹配是现代市场经济中的根本性的关键问题。

第一节　三种市场类型

一、弱式有效市场

（一）标志

弱式有效市场是指只具备市场要素体系和市场组织体系的市场，对于资源类型的划分还不够明确，市场负责资源配置的界限还不够明晰，一般出现在市场经济的发育初期。

（二）内涵

市场要素体系是由各类商品市场和要素市场构成的体系，包括可供交换的商品、商品的卖方和买方。商品包括有形的物质产品、无形的服务，以及各种商品化的资源要素，如资金、技术、信息、土地、劳动力等。各类市场的最基本运行要素是价格、供需和竞争等。

市场组织体系则是指在社会分工的基础上，各类市场在价格机制的引导下形成了一个有机联系的整体，具体是指由各种市场要素组合而成的各类市场实体及市场中介机构，包括各类商品和生产资料的零售市场、批发市场、跨境贸易机构等，以及各种专业劳动力市场、金融机构、技术信息交易机构、产权市场、房地产市场等中介组织。它们相互联系、相互制约，有效调配市场要素开展各类生产和服务，提高市场运作效率，实现市场运行体系下的组织发展和消费效用的最优化。

市场要素体系和市场组织体系意味着市场在资源配置中发挥着基础作用，无论是消费还是生产，基本都可以纳入市场体系中，所以具备这两个要素的市场可以称为有效市场。

但只具备这两个要素的市场又是"弱式"的，因为在市场经济发展初期，虽然市场要素体系和市场组织体系已经初具规模，市场资源配置功能占据主导地位，但由于此时市场发育还不完善，资源尚未作出清晰分类，可经营性资源、非经营性资源和准经营性资源仍处于界限不清的混沌状态。在逐利的动机驱使下，市场资源配置自然会出现只要有利可图便不分界线随意尝试的问题。加之此时市场结构不合理、信息不对称、缺少监管、缺少法治环境，一些本该由政府主导配置的非经营性资源也可能被纳入私人领域，权钱交易、垄断暴利等问题都有可能发生，既损害了市场效率也极大地破坏了社会公平。而准经营性资源的概念还处于空白状态，在配置上更可能存在随意介入、随意抛弃的混乱境地。资源界定不清，就意味着市场和政府的资源配置界限不清，就一定会存在市场与政府之间的越位、缺位或错位问题。这些问题的发生都说明此时的市场距离公平公正、高效规范的现代市场模式还有一定距离。因此，仅有市场要素体系和市场组织体系，而缺少监管和法治体系的市场只能是弱式有效市场。

（三）历史时期

美国 1776—1890 年的市场属于弱式有效市场。这一时期，美国认可自由放任的理念，市场要素体系和市场组织体系随着南北战争中北方的获胜得到了进一步的发展和完善，但反对政府干预经济的理念依然盛行，市场秩序处于自发状态。因此这一时期的美国属于弱式有效市场阶段。

二、半强式有效市场

（一）标志

具备市场要素体系、市场组织体系、市场法治体系、市场监管体系的市场可以称为半强式有效市场。半强式有效市场是在弱式有效市场基础上发展的，是对市场体系的进一步完善。市场要素体系和市场组织体系依然是市场运转的主体，但在认同市场资源配置主导地位的同时，半强式有效市场也加强了对市场法治体系和市场监管体系的建设。在资源类型划分上，可经营性资源和非经营性资源的划分已经基本明确，但准经营性资源该如何界定，以及该如何提高配置效率仍然不够清晰。

（二）内涵

存在市场要素体系、市场组织体系，同时又逐步健全了市场法治体系和市场监管体系的市场经济，为半强式有效市场。

市场法治体系是以规范市场价值导向，规范市场交易行为、契约行为和产权行为等为规制对象的法律法规整体。它包括市场立法、市场执法、市场司法和市场法治教育等系列。

市场监管体系则立足于保证市场公平竞争，商品和要素自由流动、平等交换，诚信守法，管理透明高效，运行受法治保障的市场监管格局建设，对地区封锁、行业垄断、价格欺骗、不正当竞争行为等进行有效治理，营造公平公正的市场竞争环境。

市场法治体系和市场监管体系的建立健全能够有效保障市场机制的正常运行。

半强式有效市场已经可以对资源进行大体分类，并对市场与政府的资源配置界限做出划分——可经营性资源的配置由市场主导、非经营性资源的配置由政府主导，二者资源配置领域的基本划分使得市场与政府的定位与职能更为清晰，减弱了政府对市场的过多干预，也增强了政府对市场的维护功能，资源配置的效率得到进一步提升。但由于半强式有效市场对准经营性资源的划分界限还不清晰，配置手段还处于尝试阶段，所以市场在此类资源配置上还缺少成熟、规范的操作体系，也会使得准经营性资源的配置效率较为低下。因此，称其为半强式有效市场。

（三）历史时期

美国1890—1990年的市场属于半强式有效市场，以建立反垄断的市场法治体系和市场监管体系为标志。1890年，美国国会颁布美国历史上第一部反垄断法，禁止垄断协议和独占行为。随后，美国建立了相关的法治体系。根据这些法律，一旦企业被认定有垄断嫌疑，将可能面临罚款、监禁、赔偿、民事制裁、强制解散、分离等多种惩罚。一旦企业被认定违反反垄断法，就要被判罚三倍于损害数额的罚金。美国的反垄断制度与实践经历了100多年的演进和完善，对垄断行为始终保持着一定的打击力度，形成了垄断和竞争动态并存的格局。

三、强式有效市场

（一）标志

强式有效市场是同时具备市场要素体系、市场组织体系、市场法治体系、市场监管体系、市场环境体系和市场基础设施这六大要素的市场。相对于半强式有效市场而言，强式有效市场又多了市场环境体系和市场基础设施这两个要素。强式有效市场阶段，准经营性资源的概念已经清晰，同时，在该类资源的配置方面，市场与政府的分工已经明确，配置效率达到了新的高度，意味着市场经济发展已进入现代市场体系阶段。

（二）内涵

市场环境体系包括实体经济基础、企业治理结构和社会信用体系三大方面。建立健全社会信用体系,以法律制度规范和约束信托关系、信用工具、信用中介及相关信用要素,并以完善社会信用保障机制作为起点建立社会信用治理机制,是市场环境体系建设的重点。市场环境体系的日益成熟,意味着信息的全面公开透明,市场主体的竞争不再是凭借信息优势、依靠某个机会的爆发性增长,而是在管理能力、产品创新能力和渠道升级换代等整合能力方面的比拼。市场竞争发展到了"系统管理"的阶段,市场主体不但要在某几个方面具备独特的优势,而且要在各个方面建立相匹配的系统管理能力,实现内部管理、技术开发、市场营销等各方面的全面提升,产品的价格也真正体现了市场主体的全部竞争力。

市场基础设施包括与市场相关的一系列软硬件设施集合,市场服务网络、配套设备技术、各类市场支付清算体系、科技信息系统等是现代市场经济体系的必备基础设施。对这些基础设施的登记、结算和托管,实现资本市场监管数据信息共享,推进资本市场信息系统建设,提高防范网络攻击、应对重大灾难与技术故障的能力是市场基础设施建设的重点。市场大数据信息系统的建设和完善将市场价格的信息承载力推向新的高度。市场要素体系、市场组织体系、市场法治体系、市场监管体系、市场环境体系和市场基础设施这六个方面的现代市场体系要素共同打造了强式有效市场。

市场环境体系和市场基础设施的完善也为准经营性资源的界定和高效配置提供了条件。市场环境体系的完善可以在政府和市场之间建立良好的契约关系,利于市场与政府在准经营性资源领域的合作共赢模式的形成和发展;市场基础设施中的清算体系、风险控制系统等也为政府与市场的资源配置合作打开了更为广阔的空间。因此,现代市场体系要素的不断完善是与资源分类和资源配置手段的不断清晰化相生相伴的,六个现代市场体系要素的完备和准经营性资源配置的明确化是强式有效市场形成的重要标志。

(三) 历史时期

美国从 20 世纪 90 年代开始的市场正在朝着强式有效市场的方向前进。美国证券市场应该处于半强式有效市场与强式有效市场之间。如在公司收购活动中,收购消息封锁较为严密,对市场的冲击力度极小,保证了市场的相对公平性。而绝对的强式有效市场在现实中还没有出现。

按现代市场体系中的市场要素体系、市场组织体系、市场法治体系、市场监管体系、市场环境体系和市场基础设施这六个方面的成熟与完善程度来划分强式有效市场、半强式有效市场、弱式有效市场，能反映市场经济历史的本来面目与真实进程。世界各国努力构建现代市场体系，能促使完善的市场功能在其经济发展、城市建设和社会民生中发挥出重要作用。

第二节　三种政府类型

对政府类型的划分仍要从资源的三种分类入手，即按照政府对非经营性资源、可经营性资源和准经营性资源的介入程度可以将政府划分为弱式有为政府、半强式有为政府和强式有为政府。只关注非经营性资源的政府可以被称为弱式有为政府；不仅关注非经营性资源，对可经营性资源也给予一定扶助的政府可以被称为半强式有为政府；而那种对非经营性资源直接配置、对可经营性资源积极扶助、对准经营性资源超前引领的政府则可以被称为强式有为政府。

世界各国政府实践和中国改革开放的成功经验告诉我们：为防范城市资源闲置浪费问题或城市建设管理低质无序问题，各国政府都会部分或大部分地让准经营性资源由市场去开发、经营和管理。此时，其载体——项目的股权性质与结构，必须符合市场竞争规则；其运营——项目的投资经营管理，必须通过市场竞争手段来进行。

一国政府对经济发展和增长的推动，表现在其对三类资源的有效配置及政策配套上：①对非经营性资源的有效配置与政策保障，能促使社会协调稳定，提升和优化经济发展环境；②对可经营性资源的有效配置和政策匹配，能促进市场公开、公平、公正，有效提高社会整体生产效率；③对准经营性资源的有效配置和参与竞争，能推动城市建设和经济社会全面可持续发展。对三类资源的优化配置和政策配套，是国家与国家之间的一个大竞争，是一个大市场体系的竞争。

一、弱式有为政府

（一）含义

弱式有为政府是指政府只关注非经营性资源的配置及相关配套政策，而对可经营性资源的配置和配套政策问题认识不清。这种政府管理模式也常常被称为"小政府"模式。

（二）特征

弱式有为政府推崇市场机制，尽可能限制政府在资源配置中的作用，行为表现相对消极和被动，只在非经营性资源较多的公共领域发挥作用，对经济领域一般采取不干涉的态度，以政府最小的权威来保障经济运行，尽可能依靠市场自身力量调节经济运行，哪怕市场调节需要付出较大代价或需要较长时间恢复，政府也不直接干预。因此，弱式有为政府通常将其职能限制在"守夜人"这些基础功能的提供上。

对国家权威的分散与下放也是弱式有为政府的特色，认为政府应将权威下放至小型的管辖范围（如区域）。

弱式有为政府通常反对政府直接参与接济，反对在经济上进行财富重新分配和补贴。在政策安排上基本是低支出、低税率、低社会福利，强调个人的自由意志和自我负责精神。

二、半强式有为政府

（一）含义

只关注非经营性资源和可经营性资源的配置及相关政策配套的政府可以称为半强式有为政府。这类政府除了履行公共职责、社会保障等基本职能，对市场运行状态也予以关注：在市场运行失灵时，运用有效需求或有效供给的相关政策措施进行宏观调控、调整和干预，防止经济陷入过度低迷，带来经济运行中的重大损失与破坏；开始着手经济战略发展，对产业布局进行规划、引导，对生产经营进行扶持、调节，对市场竞争进行监管，调控物价上涨，控制失业率，以力图促进国家总供给与总需求动态平衡。但半强式有为政府对准经营性资源仍认识模糊，界定不清，政策不明，措施不力，效果不佳。

（二）特征

半强式有为政府的主要特征如下所述。

（1）承认市场是资源配置的决定性力量，并关注市场运行态势，不一味消极。

（2）对涉及整体经济布局和国计民生的重大领域的可经营性资源采取扶助态度，根据项目的战略意义和资产专用性程度选择扶助或干预方式。

（3）对容易产生市场失灵的经济领域给予调整和引导。

（4）对市场主体不愿意进入的领域，政府直接进入，或者以适当的方式促成市场主体进入。

（5）政府对可经营性资源的调整和扶助具有一定的临时性和灵活性，主要以弥补市场不足为主。

三、强式有为政府

（一）含义

强式有为政府是指政府已能对准经营性资源进行准确界定，并能够与市场协同配置市场资源。政府充分发挥其经济导向、调节、预警作用，依靠市场规则和市场机制，通过引导投资、消费、出口，运用价格、税收、利率、汇率、法律等手段，引领理念创新、制度创新、组织创新、技术创新，对非经营性资源、可经营性资源、准经营性资源各自采取有针对性的政策措施，有效配置各类资源，形成领先优势，促进区域经济科学、可持续发展。因此，强式有为政府也可以理解为超前引领的政府。

后文中，我们也把"强式有为政府"简称为"强政府"；把"强式有效市场"简称为"强市场"。

（二）特征

强政府不仅关注非经营性资源和可经营性资源的配置与政策配套，还参与和推动准经营性资源的配置和政策配套。强政府的主要特征如下所述。

（1）强政府可以通过调节、预警机制形成区域竞争，推动经济发展。

在市场经济条件下，强政府的职能不仅包括公共事务管理和服务，还包括协调和推动经济发展。例如，制定经济规范和维持市场秩序；保持宏观经济稳定，提供基础服务；培育市场体系，保证市场有序进行；进行收入再分配，实现社会公平目标；等等。强政府具有双重职能，一方面代表了市场经济的微观层面，另一方面代表了市场经济的宏观层面。

（2）强政府的超前引领以市场机制和市场规则为基础。

在市场经济体制下，资源配置应该通过价格机制的作用来实现。强调强政府，并非等于政府什么都要管，应把可经营性资源交由市场去管，把非经营性资源交由政府管好，而准经营性资源，则应根据区域市场发展的成熟程度和社会民众可接受度，交由政府与市场共同处置。不适度的政府介入可能会妨碍市场的正常发育，从而导致更多的政府干预。反之，适度的政府介入则不仅有利于社会目标的实现，还能促进市场的发育。因此，政府必须依靠市场规则和市场机制通过引导投资、消费、出口，运用经济和法律等手段及各种创新方式，形成领先优势。

（3）强政府超前引领目的是有效配置各类资源，形成领先优势，实现可持续发展。

强政府的角色用引领来形容会更加准确。引领，一方面表示政府有导向、调节和预警作用，另一方面表示政府是用投资、价格、税收、法律等手段，借助市场之力起作用。在经济发展还处于低水平的时候，需要"摸着石头过河"，大胆地试、大胆地闯。但发展到了一定阶段，就需要政府对发展进行超前引领、有效规划、积极推进。

（三）强政府的超前引领范畴

对于一个经济体的发展而言，制度、组织、技术、理念等要素都很重要，因此可以将政府超前引领归纳总结为制度的超前引领、组织的超前引领、技术的超前引领和理念的超前引领。

制度的超前引领，是指充分发挥政府，特别是区域政府在制度创新上的作用，通过创设新的、更能有效激励人们行为的制度和规范体系，改善资源配置效率，实现社会的持续发展、变革和经济的持续增长。它的核心内容是社会政治、经济和管理等制度的革新，是支配人们行为和相互关系的规则变更，是与其外部环境相互关系的变更，可以激发人们的创造性和积极性，促使新知识的不断创造、社会资源的合理配置及社会财富的不断涌现，最终推动社会的进步。只有创新型政府，才能发挥制度上的超前引领的作用，形成创新型的制度。

组织的超前引领，是指通过政府，特别是区域政府在政府组织管理结构、组织管理方式和组织管理模式等方面进行的创新活动，提高经济和产业发展的组织基础，从而促进经济发展和社会进步。它的内涵和目的实质上是管理模式或商业模式的变革与创新。

技术的超前引领，是指发挥政府在集中社会资源方面的优势，使其直接或间接参与科研组织、科研活动、科研项目和技术发明，推动技术进步，促进企业技术创新能力建设。它包括两个方面：一是为企业提高技术创新能力创造一个有利的外部环境，如加强专利体系和产品标准化建设等；二是采取一系列直接在经济上激励企业技术创新的措施和政策,如在关键技术领域设立研发资助计划或设立技术基金等。

理念的超前引领,是指政府在行使宏观公共权力和管理社会的过程中,对不断出现的新情况、新问题进行前瞻性的理性分析和理论思考,对经济和社会现象进行新的揭示和预见,对历史经验和现实经验进行新的理性升华,从而指导经济制度和组织形式的创新和发展。在新的经济发展阶段,只有全面创新区域政府的理念,如公民社会理念、有限政府理念、政府公开理念、政府效能理念等,才有可能为创新区域政府的管理体制、管理行为、管理方法和管理技术,提供正确的价值导向和巨大的创新动力。

第三节　市场与政府组合模式

在传统微观经济学理论中,市场价格机制是推动经济运行的根本力量,价格的变动影响市场供求机制,消费、生产、分配等活动在价格的引领下实现均衡,形成资源配置的最佳状态。传统微观经济学理论认为,政府对微观经济领域应该采取不干预态度,任何一种政府对微观企业或市场机制的干预都会造成效率的损失。但这种传统理论在20世纪30年代的世界经济危机面前变得有些苍白了,政府干预经济的时代由此开始,政府宏观调控下的市场经济模式成为主流,凯恩斯主义经济学及其后来的新古典综合派成为宏观经济学的主体理论体系。

传统微观经济学的分析范式,通常是假定政府的作用只是外生变量,而市场才是效率最大化的资源配置手段,这一价值判断往往会得出"政府作用最小化的经济就是最好的经济"这一结论。但实际上,这种将政府因素"外生化处理"的分析已经前提性地排除了政府和市场之间可能的兼容性关系,从而忽略了对经济发展动态进程和机制的各种现实考虑,也就是说,正确理解政府与市场之间的关系,需要内生化政府因素,政府和市场在资源配置方面的相对效率是因时、因地和因对象而变的。所以需要在实践中以动态优化的视角来看待市场和政府之间的有效边界[①]。

在经济发展的实践中,尽管大多数国家自称是市场经济体制,但由于各国政府调控与市场机制的组合边界不尽相同,使得各国经济效率和发展态势有显著不同。

---

① 马勇、陈雨露:《金融发展中的政府与市场关系:"国家禀赋"与有效边界》,《财贸经济》2014年第3期。

以中国为首的一些国家在市场主体、竞争领域、经济发展速度等方面，对传统意义上的宏观经济学产生了突破，关于政府与市场的不同组合模式所引发的经济行为和发展规律是现代市场经济理论必须面对的问题。

一、市场与政府组合模式的理论演变

市场与政府的关系一直以来都是西方经济领域争论的核心问题之一，其焦点便是政府在市场经济资源配置中的作用及其对经济增长、城市建设、社会民生的影响。

（1）市场经济早期的重商主义（16—18世纪），主张政府干预经济，禁止金银输出，增加金银输入。其主要理念是一国的国力增长是基于贸易顺差，即出口额大于进口额时方能获取财富。因此重商主义主张由政府来管制农业、商业和制造业，通过高关税率及其他贸易限制来保护一国市场，并利用殖民地为母国的制造业提供原料和市场。这一理论为早期市场经济快速发展注入了动力。

（2）18世纪末期，古典经济学开始兴起。其理论核心是市场配置资源。斯密的经济自由主义，李嘉图的比较成本理论，都将政府职能限定在一个极小的范围内，且其目标是保障市场的有效运行。

（3）20世纪30年代，凯恩斯主义主张政府采用扩张性经济政策，通过增加需求促进经济增长，政府不仅要保障市场运行，还要通过货币政策和财政政策来干预经济，以保障经济体系中的供需平衡。

（4）20世纪70年代，弗里德曼等经济学家又提出政府应不直接参与经济活动的理念，从而改善经济的供给，解决经济危机。

在整个市场经济发展的历程中，各种理论阐述了市场与政府的关系，或者二者相互排斥，或者二者相互补充，或者二者协同发挥作用。

二、市场与政府组合模式种类

从整个市场经济的发展历史来看，市场与政府的关系一直处于变动之中，随着经济环境的变化，二者互相排斥、互相补充或协同发挥作用。市场与政府组合模式在理论上至少存在九种（图6-1）。

模式一是弱式有效市场与弱式有为政府的组合。这种模式是弱式有效市场和弱式有为政府的双弱组合，也就是市场和政府都难以对资源实施有效配置，政府对经

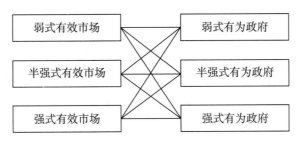

图 6-1 市场与政府组合模式

济基本不能发挥调控作用，市场发育也不完善，市场竞争机制常被隔断，法治欠缺，秩序混乱。

这种极端的双弱模式基本上只存在于理论假定中，现实中这样的例证很少。但一些低收入国家的状况比较接近这种双弱模式。

模式二是半强式有效市场与弱式有为政府的组合。这种模式类似市场经济发展中的放任模式，价格反映的市场信息量虽然不十分全面，但企业内部信息透明程度较高，与古典经济学假设的"完全信息"接近，市场在资源配置中的作用范围依然是比较大的。而政府则坚持尽可能少地干预经济事务，依靠市场力量进行调节。

这种组合模式在现实经济中难以存在，因为半强式有效市场必定存在市场法治体系和市场监管体系，它不可能由弱式有为政府去推动。

早期的美国市场经济比较接近这种模式，主要特点是私人经济占绝对主导，国有经济比重小；私人资本集中程度高，垄断性强；市场自发调节作用很大，国家干预少；劳动力市场的自由开放程度高、流动性大，就业竞争压力大。但由于缺乏必要的监控和干预，容易产生垄断，且市场运转出现的问题也难以及时有效解决，其效率较低。

模式三是强式有效市场与弱式有为政府的组合。这种模式类似于古典主义市场经济模式，即坚持市场效率最大化、政府作用外生性的设定，基本上排斥政府在经济领域中的作用。这种组合模式其实是有严格假设的，比如经济人假设，即每个人都有能力，且会根据自己的经验，利用捕捉到的信息，使他的经济决策和经济行为达到最优；完全竞争假设，即各类市场内部都能基本实现充分竞争，一旦市场出现供求失衡，价格和工资就会迅速做出调整，这种市场的自动调节功能可以使经济总是在充分就业的均衡状态下运行；完全信息假设，即经济人能够获得"完全信息"以达到最优结果。这些理想化的假设当然就意味着自由选择才是经济活动最基本的原则，市场自由竞争是实现资源最佳配置和充分就业的唯一途径，而政府的任何干预都将是对市场效率的一种破坏，所以政府不要干预经济，即使不得不干预，也是越少越好。

这一理论假定在现实中的不可行性已经达成共识，在现实的经济世界中，这一模式没有有力的经验支持，属于纯粹古典主义市场经济模式的国家还没有出现。

模式四是弱式有效市场与半强式有为政府的组合。在市场经济初期，市场竞争还不够充分，价格还不能实现自动调节作用，使得市场配置资源的效率有限。政府在非经营性资源配置上可以较好地履行职责，提供基本公共物品，同时，政府也开始具备了对可经营性资源的配置能力和相应的扶持能力，但对市场发展趋势把握不好，市场运行中出现的问题还需等待市场成熟再去解决。这种市场弱小、政府正在成长的阶段可以定性为市场经济初期的政府调控模式。

中国 1978 年至 1984 年的市场经济属于市场经济初期的政府调控模式。这一时期，市场模式被允许在某些行业和地域出现，但只是局部的、被严格管制的，资源配置仍然以计划分配为主，区域政府的计划不但要管理全局，而且深入企业的微观层面，企业的市场竞争机制基本没有形成。比较显著的表现就是市场发挥作用的领域极为有限，而政府则大小事务都在抓，政企问题较为突出。这时候的政府虽然管辖范围大、权力高，但这不是强式有为政府的表现，而恰恰是政府还不够成熟、正在寻找准确定位的半强式有为政府的表现。这个时期的中国经济资源配置模式可以被看作半强式有为政府和弱式有效市场组合的市场经济初期的政府调控模式。

模式五是半强式有效市场与半强式有为政府的组合。这种模式意味着市场与政府都发展到半强式状态的经济模式，双方力量处于势均力敌的状态，但无论是市场还是政府，在资源配置功能方面都在成长中，市场的潜力还需进一步挖掘和释放，政府的定位也在进一步摸索中。总之，这一时期的经济模式比较多表现为混合制，市场与政府间功能分配正在不断的调整和探索中，市场的价格决定机制基本形成，但因市场监管机制、法律保障机制、环境机制等还没有健全，所以价格还不能完全反映市场的一切信息。同时，政府虽然已经在非经营性资源配置中承担责任，但在准经营性资源的界限把握上和可经营性资源配置的引领上还缺少成熟的经验和政策纲领，因此政策的反复性调整还会较多地出现，但对市场的基础调节作用已经基本形成。

这种模式一般出现在处于市场经济发展中期阶段的国家。中国在加入世界贸易组织之前的市场经济非常类似于此模式。半强式有效市场和半强式有为政府相结合的半成熟经济模式，一方面表明中国政府规划、引导产业布局，扶持、调节生产经营，监管市场运行的机制和力度在加强，另一方面表明市场监管机制、法律保障机制、环境机制等在不断完善。

模式六是强式有效市场与半强式有为政府的组合。这种模式代表着市场已经发展到极为成熟的阶段，成为资源配置的决定性力量，并带来高效的市场效益。同时，政府在非经营性资源配置和准经营性资源配置上也发挥着重要作用，只是受到某些制度或理念的限制，对可经营性资源和准经营性资源的配置或者界定模糊，或者采取比较放任的态度，整体经济发展缺少规划性、系统性和前瞻性。

现在的美国市场与这一模式很相似。美国政府依靠市场配置资源的决定性力量获取高效市场收益，在非经营性资源的配置中发挥着重要作用，但是受到制度或理念的限制，对可经营性资源的配置和准经营性资源的开发或界定模糊，言行不一，难有突破。整体经济增长、城市提升规划性、系统性、前瞻性较弱。

模式七是弱式有效市场与强式有为政府的组合。这种模式在现实中难以存在。因为强式有为政府发挥作用的前提是市场经济发展到较为成熟的阶段，而弱式有效市场意味着市场不能有效发挥作用，也就不可能诞生强式有为政府。计划经济国家也不属于这一模式，因为计划经济国家基本不存在市场，也就无所谓弱式有效市场，而且计划经济国家对市场基本采取排斥态度，所以也谈不上对市场的有效补充和超前引领，只能称之为"强权政府"而绝对不是"强式有为政府"。所以这种组合模式只是一种理论上的对应组合，既不能在理论上做出符合逻辑的推论，也无法在现实中找到范例。

模式八是半强式有效市场与强式有为政府的组合。这种模式的核心是"政府主导"，即政府以较高的政府强度及政府能力，推动经济增长，缓解随之产生的各种社会、政治、经济压力。这种模式也可以称为权威政府经济模式，权威政府经济模式能够以较高的政府质量有效地确保各种制度安排的顺利实施，从而有力地推动经济增长和工业化进程。但政府在施展其强大的资源调动和配置能力的时候，也懂得并尊重市场规律，能够预见市场发展前景，并制定较为得当的产业发展和企业引领政策，整体经济发展较有规划性，政府在经济活动中的主动性、主导性、权威性的特征明显。同时，这种经济模式下的市场也较为成熟，市场秩序较为稳定，但因为政府的强势介入，市场机制在某些领域受到一定束缚，区域内的市场竞争并不十分充分，以政府和企业联盟形式居多，强调政府、企业、员工之间关系的彼此忠诚和协调。

这一模式非常类似现阶段的中国市场，中国市场通常被世人看作政府主导型的逐渐成熟的市场运行经济，经济成就世界瞩目，但又面临着市场竞争、市场秩序、市场信用，以及市场基础设施进一步提升与完善的更大挑战。其他典型国家有日本、韩国和新加坡等。这种权威政府经济模式的形成有其深刻的历史原因。新加坡、韩国等作为后发国家，普遍存在市场结构残缺、市场主体发育不全、生产要素缺乏流动性、经济发展滞后等特点。为了尽快实现经济起飞，这些国家特别重视国家的职能，同时尊重市场规律，通过政府干预提高市场的效率。

模式九是强式有效市场与强式有为政府的组合。这是市场与政府组合的最高级模式，也称为最佳模式，它是世界各国在市场运行方面实践探索和理论突破的目标，也是真正成熟的市场经济所要体现的目标模式，也称为双强经济模式。双强经济模式以区域政府超前引领的实践为逻辑起点，揭示区域政府的双重职能，进而发现市场竞争具有企业和区域政府的双重主体，最后得出成熟市场经济所特有的双强机制——即强式有效市场与强式有为政府的机制。

三、市场与政府组合模式的评价依据

双强经济模式是市场与政府发展到充分成熟的阶段而发育出的最高级别的组合形式，但在不同的经济发展阶段，市场与政府的发育程度不同，各区域最适宜的市场与政府的组合模式也不同，不适宜的组合模式会造成区域经济的混乱，阻碍发展，所以不能将任何一种市场与政府的组合模式生硬地套在区域发展中，这是大前提。但事实上，一般区域经济发展落后并不是因为市场或政府没有力量，而是因为区域政府常常对市场与政府作用的范围及功能发生误判，导致市场与政府的错位和混乱。所以对不同组合模式的经济效益评价应尽量避免对市场或政府作用的抑制和夸大，为区域经济中市场与政府的定位及发展指明方向，根据各区域经济发展的实际情况用好市场、管好政府，防止双方的越位、空位或争位，保证区域经济的健康稳定发展。

从区域经济发展的潜力爆发、可持续推动的角度出发，可以依据区域经济发展的有效性、协调性、持续性、创新性和分享性构建不同市场与政府组合模式的经济发展质量评价指标体系和标准体系。

（一）经济发展的有效性

经济发展的有效性是指经济增长的效率及可持续性，以及由经济增长带来的就业稳定性和物价稳定性。能使得效率提高、物价平稳、就业充分的经济增长才是有效的，否则就会引发新的动荡，甚至得不偿失。

经济增长有效性的指标包括劳动生产率、经济增长率及其持续性、就业率、价格指数的波动率等指标。

劳动生产率是区域生产总值与区域劳动者人数的比值。劳动生产率越高，经济发展质量越高；反之，经济发展质量越低。将劳动生产率作为组合模式的评价指标，可以较好地判断该区域经济发展方式是数量型还是质量型，有利于把区域经济发展转移到提高劳动者素质的轨道上来。

稳定、合理、持续的经济增长速度是经济发展质量的显著标志，是衡量区域发展效率的重要指标，一个发展效率较高的区域，经济增长率必然也持续较高。能迅速做大总量，是创造社会财富的必由之路。

但如果经济增长不能带来稳定的就业率或者造成较为严重的通货膨胀，那么这种经济增长反而会对经济的长期可持续发展造成破坏。

经济增长的有效性必须关注整个社会的全面发展。

区域经济增长的有效性也可以根据实际区域生产总值对潜在区域生产总值的接近程度来判断。潜在区域生产总值是指在一定时期内，一个区域可供利用的经济资源在充分利用的条件下所能生产的最大产量，也就是该区域在充分就业状态下所能生产的区域生产总值，反映了在该时期的最大产出能力。实际区域生产总值占潜在区域生产总值的比重越接近百分之百，说明生产能力利用越充分，经济发展质量越高，闲置和浪费越少。但潜在区域生产总值的测量还存在一定的困难。

（二）经济发展的协调性

经济发展的协调性主要是指产业结构、城乡结构、贸易结构等的协调程度，是经济发展质量的关键。其中，产业结构居于主导地位，其变化对经济发展起着重要作用，是经济发展质量的重要内容。经济发展的协调性可用产业结构比、城市化率和对外开放指数来衡量。

（三）经济发展的持续性

经济发展的持续性是指经济持续发展的能力，主要表现为资源、环境承载经济长期发展的能力。经济发展的持续性可用资源供求系数、单位产值能源消耗量、环境质量成本变化率来衡量。

资源供求系数是资源供给量与资源需求量的比值，系数大于1意味着资源供给足以保证经济发展的需要；系数小于1则说明资源供给难以保证经济发展的需要。

单位产值能源消耗量是能源消耗总量（标准煤）占区域生产总值的比值，降低该指标有利于提高能源的使用效率，加大对传统产业的技术改造，强制淘汰高耗低效产品，以缓解经济发展过程中能源供求矛盾。

环境质量成本变化率是经济发展过程中的环境质量成本变动状况，环境质量成本变化率上升，说明经济发展的可持续性差，需要减少对环境的破坏，并对被破坏的环境尽快进行恢复。

（四）经济发展的创新性

经济发展的创新性主要是指经济的创新能力。研发经费占区域生产总值的比重是经济发展创新性的核心指标。研发经费占区域生产总值不到1‰的区域是缺乏创新能力的；处于1‰~2‰范围的区域在创新方面才会有所作为；大于2‰的区域创新能力则比较强。其他指标还包括高技术产业增加值占区域生产总值的比重和专利授权指数等。

（五）经济发展的分享性

经济发展的分享性是指经济发展对于减少贫困、提高居民生活水平的作用，可用居民收入增长率、恩格尔系数和城乡居民收入比等指标来衡量。一个好的市场与政府组合模式应该在经济增长的同时缩小收入差距、提高社会公平的程度。

第四节 强式有效市场与强式有为政府的内涵及标准

没有充分成熟的市场经济的发展，就难以有成熟的现代市场经济理论。当今的世界市场经济孕育了多种市场经济模式：英美的有调节的市场经济、法国的有计划的市场经济、德国的社会市场经济、北欧的福利主义模式、中国特色社会主义市场经济，这些经济模式都是对市场和政府的有效组合的不断尝试和探索。

当前的理论研究和实践探索——越来越多的政府间竞争行为、政府对市场和企业的规划和超前调整、政府行为对简单宏观调控的突破、政府目标对区域生产总值稳定增长的超越，都有别于传统经济学中对市场竞争主体的界定和政府职责的定位，"什么是强式有为政府""强式有效市场的标准应如何确定"等问题亟需明确。

一、强式有效市场的内涵与标准

强式有效市场包含以下三方面内涵：①市场基本功能的健全（包括市场要素体系和市场组织体系）；②市场基本秩序的健全（包括市场法治体系和市场监管体系）；③市场环境基础的健全（包括社会信用体系和市场基础设施）。

强式有效市场的标准有以下三方面：①市场充分竞争；②法治监管有序；③社会信用健全。

强式有效市场主要有以下几个方面的表现。

（一）经济效率的提升：交易利得与价格机制的有效性

在经济学中，满足帕累托最优状态的资源配置方式是最具有经济效率的。一般来说，帕累托最优状态会同时满足以下三个条件：①交换的最优条件；②生产的最优条件；③交换和生产配比的最优条件。尽管帕累托最优只是一个理论上的概念，但这个概念却隐含着一个重要的前提，即未受外部干预的市场机制是实现帕累托最优的条件，只有存在有效的价格机制，才有可能实现帕累托最优状态。

（1）劳动分工提高了资源的生产效率。

市场交易改变了传统的经济结构，也出现了纯粹的不以自我消费为目标的生产活动。市场范围的扩大，为生产中的劳动分工提供了可行性，而这种分工又促进了效率的提升与成本的下降，进而推动了市场的边界。可以这样讲，劳动分工与价格机制在互相推动的作用下共同发展，进而不断提升生产效率与扩大市场范围。

（2）通过价格机制可以提升资源配置效率。

价格机制为市场交易建立了媒介与桥梁，使交易成了资源配置的最重要手段。劳动分工提升了生产效率，把生产的可能性边界不断向外延展，但在实现资源最优配置方面，却无能为力。不同需求方对产品的主观评价是明显不同的，只有将产品配置给最需要的需求方才是有效率的资源配置，而市场交易恰好可以用自己评价较低的产品去换自己短缺的产品，带来双方效用的巨大改善，是价格机制最适合发挥作用的领域。随着交易范围的扩大，自由市场在全球范围内涌现，买卖双方都可以在自由选择中获利。

（二）经济结构的优化：自发秩序与市场行为的意义

经济效率的提升不仅可以通过价格机制实现，也可以通过国家集权的计划机制实现。但是，无论是理论论证还是经济实践，都验证了价格机制相对于计划机制而言存在以下两个方面的优越性。

（1）供给与需求是最优的信息传递机制。

主流经济学假定每一个经济主体都是功利与理性的，这种功利与理性会根据市场价格机制自动与自发调节供给与需求，实现资源最优化的配置，即"自发秩序"。由于市场范围十分广大，市场内的供求信息十分庞杂，没有任何一个国家机构可以准确地掌握这些细小的并随时会调整的信息。因此，以市场为核心的劳动分工及资源配置体系必然优于以国家的计划为基础的劳动分工及资源配置体系。

（2）知识分布与自由决策的民主秩序。

哈耶克指出，相对于国家集权的计划经济，自由的市场经济会更有效率与秩序。在论证这个"自发秩序"的过程中，哈耶克引入了"私人知识"这个概念。私人知识主要是由个人拥有的，并只能被个人所把握，最有代表性的例子便是个人的偏好选择，个人的偏好选择只有自己才能真正掌控，外人无法准确得知。这种"偏好知识"是分散的、变化的，是没有任何一个国家计划机构可以完全了解的。而市场通过赋予每个经济主体自主选择权，使得每一个主体通过自发选择，促进整个经济的自发调整。哈耶克认为，社会秩序的产生不是来自个人和群体的理性设计，也不是来自某种超验的力量，而更可能是一种适应性的、自我演化的结果。自发秩序原理为个人的自由和有限的政府提供了系统的正当性依据。既然个人在自发的秩序中享有天然的自由，政府就不能动用自身的强制权力来剥夺这些自由，不能用人为设计的强制性秩序去取代天然发生的自由秩序，不能用命令性的计划经济去取代自由的市场经济。因此，政府行动的范围和方式、政府的规模就应受到严格的法律限制，政府的权力也应该加以分立并相互制衡。因此，保守主义的自发秩序原理也是个人自由与有限政府的原理。

（三）经济形态的进化：理性选择与市场机制的优胜劣汰

主流经济学建立在行为主体理性选择的行为假定基础上，尽管遭到了许多学者的质疑与批判，但这种假定一直未发生改变。许多经济学者为该假定辩护的理由是市场经济有一种强大的净化功能，可以通过竞争把缺乏理性的行为主体淘汰出市场，进而改善市场的生态环境。这种自我改良的进化形式，恰恰是国家集权的计划经济体制缺乏的。

（1）习俗与规范的作用。

市场交易过程中，即使参与的主体都是理性的，在交易互动的过程中也会产生理性的博弈困境,即囚徒困境。囚徒困境描述了参与市场的双方因为都追求个人的最大化选择,造成了集体福利的下降。但是,在相同主体间发生多次交易时,针锋相对策略可以演化出一种自我"治愈"的机制。一旦针锋相对的策略取得了市场主导地位,良好的参与双方默示的习俗与规范就会出现,进而可以改善整个市场的交易效率。

(2)声誉的作用。

在非重复的囚徒困境中,博弈中的参与人可以通过一些信息筛选的手段来甄别谁是有声誉的交易方。因为一个交易方一旦在市场中发生了欺诈行为,市场中的没有被骗的主体就降低了对欺诈主体的声誉评级,会减少与之发生交易的可能,进而将这种低声誉主体淘汰出市场。所以,市场声誉是在针锋相对策略基础上,对反复诚实行为进行奖励与对欺诈行为进行惩罚的淘汰机制。

二、强式有为政府的内涵与标准

(一)强式有为政府的内涵

强式有为政府包括三方面内涵:①能对非经营性资源有效配置并配套政策,促使社会和谐稳定,提升和优化经济发展环境;②能对可经营性资源有效配置并配套政策,使市场公开、公平、公正,有效提高社会整体生产效率;③能对准经营性资源有效配置并参与竞争,推动城市建设和经济社会全面可持续发展。政府有为,是对三类资源功能作用系统的有为,是对资源配置、配套政策、目标实现三者合一的有为。

(二)强式有为政府的标准

(1)强式有为政府尊重市场规律,遵循市场规则。

第一,强式有为政府尊重市场规律。强式有为政府运用价格、税收、利率、汇率、法治等手段,开展制度创新、组织创新、管理创新和技术创新,有效配置资源,引导投资、消费和出口。强式有为政府和强式有效市场之间不是替代关系,二者的强并非是在一处进行功能和地位的争夺,其发挥作用的范围、层次和功能均有所不同。强式有为政府和强式有效市场需要在各自擅长的区域资源配置中发挥优势、保持强势、互相协调。

第二,强式有为政府遵循市场规则。强式有为政府借助市场经济的基础、机制和规则来超前引领经济,用有形之手去填补无形之手运行过程中存在的缺陷和空白,纠正市场失灵。这侧重体现在区域政府对可经营性资源的调控与扶持,促使其提高生产效率;对非经营性资源的完善与提升,优化发展环境;对准经营性资源的开拓与创新,以协调区域可持续发展。

(2) 强式有为政府维护经济秩序,稳定经济发展。

强式有为政府对现代市场经济的六大要素体系起着重要的维护作用。市场的有效运转需要政府通过对非经营性资源的配置实行法治约束和监管,市场信用等环境体系和市场基础设施的完善都涉及政府对非经营性资源的有效配置。政府只有把市场无法做和做不好的事情都做好,才能保证强式有效市场作用的正常发挥。所以强式有为政府必然是一个维护经济秩序、稳定经济发展的政府。

(3) 强式有为政府有效配置资源,参与市场竞争。

区域政府是中观经济学的研究主体,区域政府间展开的有效竞争可以有效纠正政府行为,减少政府失灵。区域政府要做强做大自己,同样是靠区域资源的配置效率竞争来实现的。区域政府之间的竞争可以有效避免垄断、官僚、效率低下、浪费严重等多种政府干预经济的弊病。为了竞争取胜,区域政府必须通过超前引领的方式,对政府各项行为及其效果进行分析、研判和监督,防止政府失误,减少政府失灵,尽可能降低经济的纠错成本,从而提升区域竞争力。

(三) 强式有为政府的条件

在现实中,成为强式有为政府至少需要具备三个条件。

(1) 与时俱进。

这一条件主要强调,政府有为需"跑赢"新科技。科技发展日新月异,其衍生出来的新业态、新产业、新资源、新工具,将对原有的政府管理系统产生冲击。新科技带来生产生活的新需求,提升了效率,同时也给政府治理带来应接不暇的新问题。例如大数据的应用使政府决策不能再拍脑袋行事。因此,政府要在经济增长、城市建设、社会民生三大职能中,在非经营性资源、可经营性资源、准经营性资源的资源配置中有所作为,其理念、政策、措施应与时俱进。

(2) 全方位竞争。

有为政府需要超前引领,运用理念创新、制度创新、组织创新和技术创新等,在社会民生事业中完善优化公共物品配置,有效提升经济发展环境,在经济增长过程中引领、扶持、监管、调节市场主体,有效提升生产效率,以及在城市建设发展中遵循市场规则，参与项目建设，全要素、全过程、全方位、系统性参与竞争。它以企业竞争为基础，但不仅仅局限于传统概念上企业的竞争，而是涵盖了一国实现经济社会全面可持续发展的目标规划、政策措施、方法路径和最终成果的全过程。

（3）政务公开。

政务公开包括决策公开、执行公开、管理公开、服务公开、结果公开和重点事项（领域）信息公开等。政务公开透明，有利于吸纳和发挥社会各方的知情权、参与权、表达权和监督权，优化提升经济增长、城市建设、社会民生等重要领域资源的配置效果。透明、法治、创新、服务型和廉洁型的强式有为政府，将激发和带动市场活力和社会创造力，造福于各国，造福于人类。

（四）区域发展中的强式有为政府

1. 非经营性资源配置

非经营性资源具有两个特征：非竞争性与非排他性。国防、外交、立法、司法、政府的公安、公共教育、环境保护、基础设施、公共知识的创造与传播、知识产权保护、工商行政管理等都属于非经营性资源，这些资源不会因这一时期增加或减少了一些人口享受而变化。另外，非经营性资源的非排他性保证了其不能在任何情况下被独占专用。例如，环境保护为人们带来了新鲜空气和安静环境，如果要让这一区域的某人不能享受新鲜空气和安静的环境是不可能的，即具有非排他性。非经营性资源的非竞争性导致市场需求的不足，非排他性导致市场收益无法独享，所以市场对于非经营性资源的配置没有动力。非经营性资源的配置必然要由政府来完成，而如果政府在非经营性资源配置上存在不足，就会直接导致社会公益品供给不足，并可能产生过多的公害品，比如公共污染等问题。

2. 准经营性资源配置

准经营性资源领域是市场和政府资源配置的交叉领域，强式有为政府必然是在尊重市场规律的前提下对准经营性资源积极发挥作用。政府与市场在准经营性资源配置上的界限通常根据"交易成本"来确定。市场交易可以促进资源的有效配置，但是信息不对称和资源专用性常常会使市场交易效率降低，这种阻碍市场交易效率的成本被称为"交易成本"。这一概念由科斯提出。例如，土地、道路、矿产与能源等关系国计民生的准经营性资源，一旦被一个行为主体所掌控，其就可以利用社会大众对于这类资源的依赖而敲竹杠，破坏了价格的配置效率。而且，无论是企业还是参与市场的个人,都受理性的支配,都以效率和结果为根本目标,不能从根本上解决资源专用性带来的敲竹杠问题。因此,国家在准经营性资源的配置中大有可为。

(五) 宏观调控中的强式有为政府

1. 政府投资与乘数效应

政府通过扩大支出,包括消费性支出和公共投资性支出,可以改善有效需求不足的状况,从而减少失业,促进经济的稳定和增长。政府支出具有连锁效应,一笔政府支出可以取得几倍于原始支出额的收入水平。这种现象被称为乘数效应。

2. 税收制度供给

税收是政府财政收入的主要来源,但税收制度的制定不仅决定了政府收入的多少,更决定了市场效率的高低。供给学派认为整个社会运行成本过高是经济危机的主要原因,改善供给更需要减少市场参与主体的成本,即通过降费与降税的方式来促进经济增长。所以税收制度的制定是区域之间展开竞争的重要方面,也是政府职能发挥的关键点之一。

3. 产权制度体系建设

从市场经济的角度看,界定和保护产权是政府的首要职责,也是保障市场机制有效运作的基本前提。产权制度就是通过政府权威来划分、确定、保护和行使产权的一系列规则。政府对于公共产权的维护与设计也有不可推卸的责任。对于公共产权而言,政府属于广大群体的代理人,投票与民主程序是其权力的运行基础。因此,公共决策的信息披露与问责制的建设也是政府制度体系建设的重要组成部分。

4. 货币与国家信用体系建设

使货币替代贵金属成为新的交易媒介是国家最重要的信用之一。利用国家的权威对货币的信用进行背书,保证了货币在市场交易中的可靠性,可以极大地降低因为不信任而产生的交易成本,提高交易效率。国家信用还可以用于公共资金的筹集,以保证基础设施的顺利建设。中国的国家信用形式主要有:发行国家公债、发行国库券、专项债券和银行透支或借款。国家信用是一种特殊资源,政府享有支配此种资源的特权,负责任的政府不会滥用国家信用资源。政府利用国家信用获得的资金应该主要用于公共基础设施的建设,以及为保障经济社会顺利发展并促进社会公平的重要事项,以向社会公众提供更多的公共物品、公共服务,实现社会的和谐与安宁。国家信用一般由国家的法律予以保障。

（六）全球博弈中的强式有为政府

1. 幼稚工业保护

幼稚工业保护是基于先发展国家与后发展国家间的不平等贸易产生的理论建议。第一次工业革命时期，英国等先进工业国倡导自由贸易，直接导致一些后发展国家的民族工业受到冲击。自由贸易反映的是先发展国家的利益；而后发展的国家如果按部就班跟着走，只能沦为先发展国家的伐木场或者牧羊场，成为被掠夺的对象。所以后发展国家在发展的过程中，应采取保护主义政策，保护本国幼稚工业，国家强大之后再转而推行自由贸易。

2. 战略性贸易

战略性贸易理论认为，在规模收益递增的情况下，要提高产业或企业在国际市场上的竞争力，必须先扩大生产规模，取得规模效益。而要扩大生产规模，仅靠企业自身的积累一般非常困难，对于经济落后的国家来说更是如此。对此，政府应选择发展前途好且外部效应大的产业加以保护和扶持。政府的保护和扶持十分必要，可以使其迅速扩大生产规模、降低生产成本、凸显贸易优势、提高竞争能力。

3. 扶持高技术梯度产业

演化理论学者针对后发展国家提出了一些产业升级的建议。其观点的核心内容主要有：①高质量的活动是以学习为核心的，不论是生产现场的改善、产品设计，还是技术研发方面的改善，都促进了知识的积累，提升了工业活动的质量；②学习是一个由简单到复杂的过程，发展中国家的企业一般都是经由外包制造到原产地设计，再到原产地品牌这样一个学习与升级的过程；③打破路径依赖，政府需要对企业的高质量学习与技术升级进行扶持；④学习活动在不同的产业有不同的分布，一些产业不需要大量的学习与技术升级活动，如服装生产，而另一些产业则必须进行大量的学习与技术升级活动，如精密仪器制造、汽车制造等。

4. 利用后发优势

后发优势理论主要包括以下四个方面的内容。

①后发展国家可以通过对先进技术的模仿和借用，在一开始就处在一个较高的起点，少走很多弯路。

②后发展国家可以跨越性地引进先进国家的技术、设备和资金，节约科研费用和时间，快速培养本国人才，在一个较高的起点上推进工业化进程；资金的引进也可解决后发展国家工业化中资本严重短缺的问题。

③后发展国家可以学习和借鉴先进国家的成功经验，吸取其失败的教训，从而缩短初级工业化时间，较快进入较高的工业化阶段。

④相对落后也会形成社会发展与成长的动力。

综上所述，在对等贸易时，市场不需要政府的参与；但是在不对等贸易时，先发展国家政府有动机去强化先发优势，而后发展国家政府则有动机去利用后发优势实现跨越成长。

第五节 强式有为政府＋强式有效市场 ＝成熟市场经济

一、华盛顿共识与中等收入陷阱

20世纪80年代末，世界经济陷入衰退，各国经济萎缩。面对这一状况，国际货币基金组织、世界银行和美国国际经济研究所等，在1989年提出华盛顿共识，包括十条政策措施：①加强财政纪律，压缩财政赤字，降低通货膨胀率，稳定宏观经济形势；②把政府开支的重点转向经济效益高的领域和有利于改善收入分配的领域（如文教卫生和基础设施）；③开展税制改革，降低边际税率，扩大税基；④实施利率市场化；⑤采用一种具有竞争力的汇率制度；⑥实施贸易自由化，开放市场；⑦放松对外资的限制；⑧对国有企业实施私有化；⑨放松政府的管制；⑩保护私人财产权。

华盛顿共识的政策核心是主张政府的角色最小化、快速私有化和自由化。在理论上，其主张实行完全自由的市场经济模式，最大限度减少政府的作用；只要市场能够自由配置资源，就能够实现经济增长。在政策上主张市场和内外贸易的快速自由化；国有企业的快速私有化；减少财政赤字，严格限制贷款和货币发行以实现宏观经济稳定化。

华盛顿共识旨在为陷入债务危机的拉美国家提供经济改革方案和对策，并为东欧国家转轨提供政治经济理论依据。应该说，华盛顿共识的十项政策措施对刺激各国经济发展在一定阶段有一定合理内涵，但其既忽视了各国完善市场体系六大方面建设的重要性，又忽视了各国政府对三大类经济资源作用的重要性，从而形成弱式有为政府与弱式有效市场的组合模式，政府对经济基本没能发挥出调控作用，市场发育也并不健全，法治欠缺，秩序混乱，市场竞争机制也常被隔断，这种增长模式、政策措施、理论主张，是肯定没有持久生命力的。

2006年，世界银行提出中等收入陷阱的概念，指新兴市场国家突破人均国内生产总值1000美元的"贫困陷阱"后，会很快奔向1000美元至3000美元的"起飞阶段"；但在人均国内生产总值达到3000美元后，在快速发展中积聚的矛盾会集中爆发，这些经济体自身体制与机制的更新会陷入瓶颈，矛盾难以克服，落入经济增长的回落或停滞期，陷入中等收入陷阱阶段。这些陷入中等收入陷阱的国家会面临两方面的困境，一方面，资源成本、原材料成本、劳动力成本、资金成本、管理成本等居高不下；另一方面，核心尖端技术缺乏，难以创新，产业处于链条中低端，缺乏竞争力。由此带来的经济增长的回落或停滞进一步引发就业困难、社会公共服务短缺、金融体系脆弱、贫富分化、腐败多发、信仰缺失、社会动荡等。于是这些国家长期在中等收入阶段徘徊，迟迟不能进入高收入国家行列。遵循华盛顿共识推进经济改革的阿根廷是陷入中等收入陷阱的典型代表。

二、经济增长率与成熟市场经济双强经济模式

只有成熟市场经济中的双强经济模式才能实现潜在经济增长率。这里包括两方面内涵：一是市场有效——即现代市场体系中的市场基本功能（包括市场要素体系和市场组织体系）、市场基本秩序（包括市场法治体系和市场监管体系）与市场环境基础（包括社会信用体系和市场基础设施）的健全；二是政府有为——即一国政府能对可经营性资源、非经营性资源和准经营性资源进行有效配置、政策配套、制度安排。

潜在经济增长率是在现代市场体系健全条件下一国政府对三类资源充分利用时所能实现的增长率，是双强经济模式下实现的增长率。

现实经济增长率是指一国末期国内生产总值与基期国内生产总值的比率。以末期现行价格计算末期国内生产总值，属名义经济增长率，以基期价格（即不变价格）计算末期国内生产总值，属现实经济增长率。现实经济增长率是反映一个国家一定时期经济发展水平变化程度的动态指标。

由于世界各国市场发展程度和政府有为状况不一，或者出现弱式有为政府与弱式有效市场组合的模式，比如大多数中低收入水平的国家；或者出现半强式有为政

府与强式有效市场组合的模式，比如说现行的美国；或者出现强式有为政府与半强式有效市场组合的模式，比如说目前的中国。它们的现实经济增长率与双强经济模式下形成的潜在经济增长率相比，都存在一定的差距。这个差距就是各国经济增长的潜力所在。针对这个差距采取的一系列经济措施就是各国经济发展的活力所在；针对这个差距采取的系列政策配套或制度安排就是各国经济发展的创新力所在。

成熟的市场经济＝强式有为政府＋强式有效市场。

这是政府与市场结合的最高级模式，是世界各国经济增长率的理论目标，也是世界各国经济运行的最佳模式。

在现实经济中，世界各国会出现社会总需求小于社会总供给或者社会总需求大于社会总供给的状况，我们都可以从市场要素体系、市场组织体系、市场法治体系、市场监管体系、市场环境体系和市场基础设施六大方面分析，从政府配置非经营性资源、准经营性资源、可经营性资源的模式上找到问题的根源，提出解决问题的基本路径与方向。

阅读材料一

党领导政府与市场关系建设的经验及启示

纵观中国共产党的经济探索历史实践，中国能够突破政府与市场、公平与效率双重二元对立的西方经济学传统局限，在发展中统筹公平、效率、安全，走向政府、市场、区域三者协调整合的"辩证法"，创造举世瞩目的"中国奇迹"，主要基于如下原因。第一，中华人民共和国成立初期，党领导搭建起政府网络初步架构，为改革开放以后所进行的一系列战略部署与经济改革提供了重要支撑和现实保障。第二，党领导改革开放的不断推进和深化，促使大量要素资源从政府网络中脱离并进入区域市场交易之中，进而催生出一系列商贸平台、市场中介，形成了体制转轨框架下政府、市场及区域的联动整合关系，构筑起社会主义市场经济体制下政府与市场的优势互补特征与协同发力机制。第三，党领导在建设区域市场的过程中，往往强调区域平衡发展和地区合理分工，善于从空间战略布局规划入手，为构建平衡协调的区域分工网络谋篇布局，将区域一体化发展蓝图落到实处。总体来说，改革开放以来，党对区域经济建设工作的领导，往往着眼于特定时期区域转型发展的全局性谋划和整体性推进，从政府、市场及区域三个层次入手进行战略性布局，对于在区域发展中构筑起政府、市场及区域三者协调联动的经济网络结构具有重大意义。

此外，改革开放至今，中国对于重大突发事件下经济冲击的有效应对，均离不开由党的领导所促成的政府与市场的高效配合及优势互补。在重大外部冲击发生之际，获取有效可靠的动态信息、发布及时准确的专家判断，以及落实高效全面的治理方案，均需要党强大的统筹安排能力作为基础性支撑。特别是在危机爆发时，党领导下的中国政府能够充分发挥集中力量办大事的独有优势，集结有限社会资源进行高效危机应对与积极风险防控。而对于经济冲击到来时产业之间所发生的结构性洗牌，市场参与稀缺资源配置的最大优势在于能够通过分散化的决策使碎片化的经济信息充分发挥作用，同时在党的引导下为特殊资源的配置提供补充和支持作用。正是在党的有力领导下，政府与市场在生产系统、物流系统及社会公益系统中都有着出色表现。在应对重大突发事件的过程中，中国能够推进各类稀缺资源的有效配置与高效利用，从根本上来说是由党的领导所促成的政府与市场协调配合、相辅相成的积极结果。

资料来源：李宜达，2021.党领导政府与市场关系建设的经验及启示[J].学习月刊（9）：15-18.

阅读材料二

推进高质量发展　走好中国式现代化道路

党的二十大报告指出，高质量发展是全面建设社会主义现代化国家的首要任务。习近平总书记在学习贯彻党的二十大精神研讨班开班式上再次强调，全面深化改革开放，推动高质量发展，进一步引导经营主体强信心、稳定社会预期，努力实现经济运行整体好转。发展是解决一切问题的关键，高质量发展是以创新为第一动力、协调为内生特点、绿色为普遍形态、开放为必由之路、共享为根本目的的发展，能够充分满足中国式现代化所强调的全体人民共同富裕、人与自然和谐共生、物质文明与精神文明相协调等要求，是走好中国式现代化道路的关键所在。

高质量发展夯实中国式现代化之基。高质量发展的核心在于经济高质量发展，促使经济增长动力机制从要素驱动转向创新驱动，构建现代产业体系，培育经济新增长点。近十年来，我国贯彻新发展理念、构建新发展格局，经济总量不断壮大，占全球经济比重从2012年的11.4%升至18%以上，2022年，我国经济总量突破120万亿元，再上新台阶；我国经济对世界经济增长的贡献总体上保持在30%左右，成为世界经济增长的主要动力源和稳定器。不仅如此，随着新产业新业态新模式蓬勃发展，我国产业结构日益优化。据国家统计局数据，2022年新能源汽车、移动通信基站设备、工业控制计算机及系统等领域产量分别增长97.5%、16.3%、15.0%，为经济增长注入新动力。

高质量发展汇聚中国式现代化之力。中国式现代化始终以人为核心，坚持人民至上，发展依靠人民、发展为了人民。中国式现代化是全体人民共同富裕的现代化，人民对美好生活的向往是中国式现代化的出发点和落脚点。相较于传统发展路径，高质量发展更加侧重均衡、关注协调、注重共享，符合中国式现代化的本质要求。一方面，以高质量发展为基础，持续推进经济增长，为"做大蛋糕"提供有利条件；另一方面，以高质量发展为抓手，促使制度优化完善，为"分好蛋糕"提供有力保障。近十年来，我国居民人均可支配收入累计实际增长78%，城乡居民收入相对差距持续缩小。根据《共同富裕蓝皮书：中国共同富裕研究报告（2022）》，2013—2020年，我国共同富裕指数从24.67增长至44.23，增长了79.3%，尤其是经济发展、社会结构、居民收入与财产等7个二级指数更保持持续上升趋势。

高质量发展拓展中国式现代化之路。中国式现代化是物质文明和精神文明相协调的现代化，是人与自然和谐共生的现代化。高质量发展不仅关注经济增长，而且关注环境保护、民生保障、社会建设等领域，高质量发展为中国式现代化的目标实现提供了可选择的路径。一方面，高质量发展以创新为第一动力，促进经济发展尽快尽早转入创新驱动发展模式，经济发展科技含量更高、附加价值更大、环境污染更小，在环境保护中促使经济发展，实现两者共赢。另一方面，高质量发展充分调动企业作为经济社会发展主体的力量，能够提供高质量就业岗位，提高居民收入水平。不仅如此，企业作为市场主体亦提供着社会服务保障、文化娱乐产品等，丰富居民精神世界。近十年来，我国建成了世界上规模最大的教育体系、社会保障体系、医疗卫生体系，人民生活全方位改善。

当然，我国在高质量发展中仍旧存在科技创新能力不强、现代产业结构不优、区域发展不平衡不充分等问题，破解这些问题的关键依然是高质量发展，既要求数量，更注重质量。只有深入推进高质量发展才能走好中国式现代化道路。在此进程中，更需要统筹推进，坚持创新在现代化建设全局中的核心地位，推进经济发展全面转入创新驱动发展模式，塑造引领未来的新增长极；全面深化改革，着力优化营商环境，尤其是以数字化改革为抓手撬动系统性变革，激发经济增长的内生性动力；打造现代农业农村体系，加快推进以人为核心的新型城镇化，促进城乡之间、区域之间协调发展；坚持高水平对外开放，加速构建国内统一大市场，将扩大内需与深化供给侧结构性改革有机结合，形成牵引经济增长的新动力，为助推高质量发展提供动能。

资料来源：肖文，潘家栋，2023. 推进高质量发展 走好中国式现代化道路[N]. 光明日报，04-06（2）.

阅读材料三

加快建设全国统一大市场

习近平总书记指出："构建新发展格局，迫切需要加快建设高效规范、公平竞争、充分开放的全国统一大市场，建立全国统一的市场制度规则，促进商品要素资源在更大范围内畅通流动。"这为我们建设全国统一大市场提供了根本遵循。《中共中央 国务院关于加快建设全国统一大市场的意见》，从全局和战略高度明确了加快推进全国统一大市场建设的总体要求、主要目标和重点任务。加快建设全国统一大市场，对于畅通国内大循环和国内国际双循环、提高社会主义市场经济运行效率、激发市场主体活力等都具有重要意义。

有利于供需有效对接。当今世界，最稀缺的资源是市场。建设全国统一大市场，既有利于释放内需潜力，推动国内大循环通畅运行和国内国际双循环相互促进，不断增强我国超大规模市场优势，也有利于激励市场主体加快技术创新步伐，不断提升发展质量和效益，增强我国产业链供应链稳定性。要进一步深化市场经济体制改革，有效解决我国经济发展中长期存在的市场分割和地方保护等问题，打通市场堵点，破除市场壁垒，实现全国市场互联互通，让每个市场主体都能面向全国市场，让每个消费者都可以挑选全国范围内的商品和服务，实现以市场需求引领生产供给，让供给更好满足需求。

有利于促进公平竞争。习近平总书记强调："建设高标准市场体系，完善公平竞争制度，激发市场主体发展活力。"建设全国统一大市场，必须从完善公平竞争制度入手统一市场规则，规范不当市场竞争和市场干预，破除行政垄断和市场垄断，破除地方保护和区域壁垒，破除违反全国统一大市场建设的规定和做法，促进各类企业公平竞争。严格落实"全国一张清单"管理模式，无论是国企、民企、外企，还是大、中、小、微企业和个体工商户，都一视同仁；依法保护各类市场主体的产权和知识产权；健全社会信用体系，激励守信，惩戒失信，打击假冒伪劣产品，维护企业信誉；塑造公平竞争制度，清除对企业不合理的制度束缚，使企业致力于技术创新、产品创新、管理创新等；统一市场监管规则，营造稳定透明可预期的营商环境，坚持依法行政，公平公正监管，为各类企业经营发展营造良好环境。

有利于企业开拓创新。创新是引领发展的第一动力，加快构建新发展格局，推动高质量发展，必须深入贯彻新发展理念，坚持创新在我国现代化建设全局中的核心地位。建设全国统一大市场，清除市场壁垒和商品服务流通的体制机制障碍，有利于降低制度性交易成本和市场流通成本，为市场主体开拓创新营造良好市场环境；能够有效扩大市场规模容量，释放需求潜力，实现资源要素高效配置，加快企业创新发展步伐，提高企业自主创新成果转化效率。

有利于提升企业国际竞争力。企业是推动经济发展、提升发展质量的重要主体。建设全国统一大市场能够有效提升我国企业的国际竞争力，推动经济高质量发展。一方面，有利于畅通生产、分配、流通、消费各环节，提升企业运行效率；促进消费者权益保护和生产者权益保护，激发企业活力，提升企业发展质量。另一方面，有利于促进国内外资源要素有序流动，增强我国企业在全球市场配置资源的能力，促进形成市场化法治化国际化的营商环境，推动企业深度融入全球产业链供应链并加速向中高端迈进。

资料来源：刘翔峰，2022. 为经济发展注入强大动能：加快建设全国统一大市场［N］. 人民日报，08-10（13）.

复习思考题

一、名词解释

强式有效市场、强式有为政府、华盛顿共识、中等收入陷阱、潜在经济增长率、现实经济增长率

二、简答题

1. 简述强式有效市场的内涵与标准。
2. 简述强式有为政府的内涵与标准。
3. 有为政府与有效市场存在哪几种组合模式？
4. 简述潜在经济增长率与现实经济增长率的关系。
5. 如何认识"强式有为政府＋强式有效市场＝成熟市场经济"？

第七章

经济增长新引擎

1948年,纳克斯把贸易比作19世纪的增长引擎,借以说明进口替代工业化战略的合理性。2012—2014年全球经济下行,全球贸易年平均增长速度远远低于之前。于是,有世界银行官员提出如何重启全球贸易引擎的问题。我们认为,世界各国经济发展经历了从要素驱动阶段到投资驱动阶段,再到创新驱动阶段的转换过程。很多国家,尤其是那些石油、天然气等自然资源丰富的经济体,将资源要素、土地要素、劳动要素等有形要素驱动经济增长的作用发挥到了极致,但是这一模式呈现出不可持续性。那么,在21世纪的现代市场体系中,推动与提升供给侧结构性新引擎(而非需求侧贸易引擎),充分发挥企业竞争配置产业资源、政府竞争配置城市资源的作用,构建全球有形要素与无形要素相结合的投资、创新、规则三引擎,将对全球经济治理与发展起到重要作用。

第一节 资源生成领域大有作为

为了讨论世界各国区域经济发展新引擎的构建问题,我们有必要先回顾一下两个经济学理论——金德尔伯格陷阱与内生增长理论。

金德尔伯格陷阱由美国著名政治学家、哈佛大学教授奈提出。他于2017年撰文指出,马歇尔计划的构建者之一、后执教于麻省理工学院的金德尔伯格认为,20世纪30年代的灾难起源于奉行孤立主义的美国在第一次世界大战后取代英国成为全球最大强权,但又未能像英国一样承担起提供全球公共物品的责任,而是在全球合作体系中继续搭便车,其结果是全球体系崩溃、经济陷入萧条、种族灭绝和世界大战。

奈指出,在国际上,小国缺少提供全球公共物品的动力。因为小国贡献太小,公共物品对其影响甚微,所以搭便车对它们而言更为合理。但大国能看到自己贡献的效果,也能感受到公共物品所带来的好处。因此大国有理由带头,不然就会有全球公共物品不足的问题。

奈同时也认为,美国在制定对华政策的时候,应该当心前车之鉴。其一是修昔底德陷阱,即如果一个现存的大国(如美国)视一个崛起的大国(如中国)为威胁,战争将变得不可避免;其二,也是美国更需注意的,是金德尔伯格陷阱,即中国在国际上不是展示强大,而是示弱。然而如果我们仔细研究实际情况的话,会发现中国在全球治理体系中发挥了与国际地位相当的建设性作用,并实现了从资金供给到制度建设再到理念创新的阶段性发展。从 2008 年开始,中国开始为全球治理贡献更多资金,包括注资推动清迈倡议多边化、注资国际货币基金组织和世界银行。不仅如此,中国也开始在制度建设上为全球治理做贡献,其标志性事件是 2013 年中国提出"一带一路"倡议并倡议设立亚洲基础设施投资银行建设,2014 年中国又提出建设金砖国家新开发银行。而从 2016 年开始,特别是以二十国集团领导人杭州峰会为起点,中国开始在全球治理中贡献思想和理念。从资金到制度再到理念,中国正一步步地成为一个成熟的、负责任的大国。

在金德尔伯格看来,全球公共物品包括国际贸易体系、国际货币体系、资本流动体系、宏观经济政策和危机管理机制等。而斯蒂格利茨则认为,全球公共物品包括国际经济稳定、国际安全、国际环境、国际人道主义援助和知识五大类。

在此,我们暂且不论金德尔伯格陷阱带来的政治和意识形态争议,仅从经济学角度分析,它至少存在三方面问题需要解决:其一,全球公共物品是什么,或者说什么类型的产品才能被视为全球公共物品;其二,谁来提供全球公共物品;其三,以什么方式提供或以什么方式接受此类全球公共物品。

暂时搁置上述问题,我们先来看内生增长理论。内生增长理论是产生于 20 世纪 80 年代中期的一个宏观经济理论分支。其核心思想是,经济能够不依赖外力推动而实现持续增长,内生的技术进步是保证经济持续增长的决定因素。该理论强调不完全竞争和收益递增。

自斯密以来,整个经济学界围绕着驱动经济增长的因素争论了长达两百多年,最终形成了比较一致的观点。在一个相当长的时期里,一国的经济增长主要取决于下列三个因素:一是随着时间的推移,生产性资源的积累;二是在一国的技术知识既定的情况下,资源存量的使用效率;三是技术进步。但是,20 世纪 60 年代以来最流行的新古典经济增长理论把技术进步等作为外生因素来解释经济增长,并由此得出,当要素收益递减时,长期经济增长将停止。而在 20 世纪 90 年代成型的新经济学，即内生增长理论则认为，长期增长率是由内生因素解释的。也就是说，劳动投入过程包含着由正规教育、培训、在职学习等形成的人力资本，物质资本积累过程包含着由研发、创新等活动形成的技术进步，因此该理论把技术进步等要素内生化，认为因技术进步的存在，要素收益会递增，因而经济长期增长是可能的。对此，新古典经济增长理论和内生增长理论的政策导向就出现了分歧。

随着理论的发展，不少经济学家意识到，内生增长理论面临的最大问题是如何进行实证分析。这种实证研究事实上是沿着两条技术路线进行的：一条是进行国别研究，寻找内生增长的证据；另一条是根据一国的长时段数据研究经济增长因素，或者单独讨论某个具体因素，如对外开放、税收、平等、金融进步、教育支出和创新等，对于经济增长的作用。

在此，关于内生增长理论的相关模型、现代发展，以及所谓新熊彼特主义的复兴，我们不多做介绍。不过需要指出的是，研究一国经济增长因素的传统经济学家，即使在现阶段仍然局限在斯密所阐述的产业经济中，仍然在产业经济内寻找增长的新动力，仍然认为技术进步是内生增长的决定因素。

在此，我们不想评论内生增长理论的对错，只是想指出：第一，经济的内生增长，应该是指一个国家经济的可持续发展；第二，对经济内生增长因素的讨论不能总是局限在产业经济中，而应该涵盖三类经济领域，即产业经济、民生经济和城市经济；第三，笔者不反对传统经济学家从产业经济的资源稀缺角度去寻找内生增长的动力（比如技术等），但我们在现阶段更应该从城市经济中的资源生成角度去寻找内生增长的动力；第四，三类资源中的新生成性资源（当前主要是以城市基础设施的软硬件投资建设及智能城市开发运营为主体的城市经济，之后还会有太空、深海、极地、网络等新兴领域经济）既是社会准公共物品，又是全球准公共物品，更是世界新的经济增长极，或者说是世界经济发展的新引擎。

以国际援助这一全球公共物品为例，它与三类资源、三类经济是相互联系的，也可分为社会型、经济型和环境型三类。与各国民生经济相关联的国际援助，带有公益性，可以把它称为社会型国际援助；与各国产业经济相联系的国际援助，带有商品性，可以把它称为经济型国际援助；与各国城市经济相联系的国际援助，可以把它称为环境型国际援助。比如国际赈灾、救济、扶贫、医疗、教育等，属国际社会公益性质，即为社会型国际援助，是通过联合国等组织机构无偿提供给国际社会的；而三大产业的相关产品，属国际市场商品性质，是通过国家间的进出口贸易和相关制度安排，按市场规则提供给国际社会的，即为经济型国际援助；再比如国家间的基础设施的软硬件投资建设，则具有援助性质或商业性质或二者兼有，因此属环境型国际援助。至于采取何种方式来提供，则是根据国与国之间的关系等多种因素来决定。

至此，我们的分析沿着三类资源、三类经济的分类、定性及政府政策的配套方式，延伸到国际援助的分类、定性与供给上来，这将有效解决金德尔伯格陷阱中何为全球公共物品，以及全球公共物品从何处来又到何处去的问题。以基础设施投资建设为主体的生成性资源领域，既是全球性准公共物品，又是世界各国乃至全球经济发展的新引擎。

第二节 构建全球投资新引擎

投资驱动型增长，既取决于供给侧产品和产业资源的配置与竞争状况，又取决于供给侧政府配置城市资源和推动基础设施建设的竞争表现。它能导致各国市场深化、资本增加，带来技术革新和岗位就业，具有长期可持续性。构建全球投资新引擎，可以从以下几方面进行。

一、推进供给侧结构性改革

推进供给侧结构性改革，重点是促进产能过剩有效化解，促进产业优化重组，降低企业成本，发展战略性新兴产业和现代服务业，增加公共物品和服务的供给，着力提高供给体系质量和效益，更好满足人民需要，推动社会生产力水平实现整体跃升，增强经济持续增长动力。这又包括以下三个方面。

（一）推动新型工业化

所谓新型工业化，就是坚持以信息化带动工业化，以工业化促进信息化，即科技含量高、经济效益好、资源消耗低、环境污染少、人力资源优势得到充分发挥的工业化。推动新型工业化涉及以下三个方面。

一是扶持、引导传统产业改造、提升。科学技术进步在应用领域的落地，能够将消耗资源、环境的旧工业改造为循环发展的新工业。各国扶持、引导企业进行技术改造，能盘活巨大的存量资产，优化、提升产业效益，拉动需求，进而推动经济增长。

二是扶持、培植战略性新兴产业和高技术产业。各国应在信息工业基础上发展智能工业这种增量资产，智能工业是以人脑智慧、计算机网络和物理设备为基本要素的新型工业结构，是具有绿色发展方式的增长形态。各国应着重扶持、培育企业核心和关键技术的研发创新、成果转化及产业化，培植优势产业和主导产业，构建完善的产业链和现代化服务网络。

三是各国应借助市场竞争，推动企业兼并收购、整合重组，不断淘汰旧工业，推进新型工业化，提升企业的核心竞争力。

推动新型工业化是实现供给侧有效投资、新旧动力转换的重要手段之一。

（二）加快农业现代化

农业现代化指从传统农业向现代农业转化的过程和手段。在这一过程中，农业日益被现代化工业、现代化科学技术和现代经济管理方法武装起来。各国应运用现代化发展理念，将农业发展与生态文明建设结合起来，使落后的传统农业转化为符合当代世界先进生产力水平的生态农业。

具体而言，农业现代化的内涵既包括土地经营规模的扩大化，又包括"农民的现代化"。各国应引导农民摆脱愚昧、落后状态，成为"有文化、有技术、会经营"的新式农民。以组织方式而言，不管是大农场，还是小规模家庭经营，各国都应扶持农民合作组织或帮助分散农户与市场对接，实现产前、产中、产后的服务一条龙，以及购买生产资料，开展农产品储存、加工、运输和销售的运营一条龙。此外，各国还应促进适度规模经营、适度城镇化，推进农业技术教育职业化，等等。总之，农业现代化包括农业生产手段先进化、生产技术科学化、经营方式产业化、农业服务社会化、产业布局区域化，以及农业基础设施、生态环境、农业劳动者水平和生活的全面现代化。农业现代化能为工业化和城市化创造稳定的社会环境，降低社会成本，繁荣各国经济。

（三）公共服务多元化

公共服务多元化，即通过多元主体（政府、市场和社会组织）的通力合作保障公共服务的有效供给。

第一，要让公众的需求有顺畅的表达渠道，能让公众参与到社会公共服务的决策中，体现"以人民为中心"的决策思想，增加全社会公共服务供给总量。

第二，建立多元化公共服务体系，并不代表着公共服务中政府角色的退出，而是要让政府通过建立合作的责任分担机制和责任追究机制，从而深化政府对公共服务供给的有效管理。

第三，要破除城乡二元结构，深化户籍制度改革，缩小城乡公共服务供给的差距。

第四，要加强公共服务供给的法律保障体系建设，合理划分不同层级政府间的事权和财权，建立公共服务均等化的财政支撑体系。

二、加快基础设施建设

国家宏观经济政策的调整，对基础设施投资的影响巨大，这是因为，基础设施投资作为固定资产投资的重要流向，关系到国计民生，对社会经济的稳定和可持续发展具有极其重要的作用，其资金主要是来源于各级政府的财政税收或专项资金（如国债等）。

当前，在我国城市化进程加速发展的同时，国家为建立和谐稳定的社会、保持经济的健康增长，也加紧了对固定资产投资的宏观调控。对基础设施投资不足，将制约我国城市化发展进程，并制约其他产业的发展；而对基础设施投资过度又易造成基础设施闲置和资源的浪费，占用城市或产业发展所需的资金。因此，基础设施的投资应保持一个适度的比例。在宏观调控背景下，我们又有很多问题需要解决：如何控制基础设施投资的规模和比例；如何调整基础设施投资的方向和力度；如何协调基础设施投资与城市化进程的共同发展；等等。这些问题比以往任何时期都显得更为迫切。

（一）推进新型城镇化

新型城镇化，既是以城乡统筹、城乡一体、产业互动、节约集约、生态宜居、和谐发展为基础特征的城镇化，也是大中小城市、小城镇、新型农村社区协调发展、互促共进的城镇化。发达国家城镇人口一般占全部人口的80%以上。随着各国城乡一体化进程的加速和以城市为中心的城镇体系的形成，以人为核心的新型城镇的规划与建设，城乡基本公共服务如教育、医疗、文化、体育等设施的建设，以及休闲旅游、商贸物流、信息产业、交通运输的发展，等等，都将为世界各国提供新的增长潜力。

（二）推进基础设施现代化

推进基础设施现代化，包括能源、交通、环保、信息和农田水利等基础设施的现代化。例如，促进城市综合交通建设，构筑区域便捷交通网络；加快推进海绵城市建设，增强城市防灾减灾能力；构建并完善排水防涝体系，有效解决城市内涝风险；推进城市黑臭水体整治，重塑城市水资源环境品质；健全区域公园绿地体系，共享绿色城市生活；构建城市地下综合管廊，统筹管线有序高效运作；加强城市供水设施建设，健全供水安全保障体系；有序优化城市能源供给，大力促进城市节能减排；提升垃圾污水设施效能，实现资源节约循环利用；提升信息基础设施建设，推动智能城市发展；等等。这方面的投资回旋空间大、潜力足，能有效推动各国经济增长。

（三）推进智能城市开发建设

智能城市是一个系统，也称为网络城市、数字化城市、信息城市。它由人脑智慧、计算机网络、物理设备等基本要素构成。推进智能城市开发建设，具体包括智能交通、智能电力、智能建筑、智能环保、智能安全等基础设施的智能化，智能医疗、智能教育、智能家庭等社会生活的智能化，以及智能企业、智能银行、智能商店等社会生产的智能化。智能城市能全面提升城市生产、生活、管理、运行的现代化水平，进一步为各国开拓新的经济增长点。

三、加大科技项目投入与提升金融配套能力

（一）加大科技项目投入

推进供给侧结构性改革和加大基础设施投资建设都是构建全球投资新引擎的重要措施。除此之外，各国要构建全球投资新引擎，还需要加大科技项目投入。

例如，美国制造业创新网络建设计划、英国的知识转移伙伴计划、基于信息物理系统推动智能制造的德国工业4.0战略。这些举措能整合人才、企业、社会机构的创新资源，引领产业研发方向，促进产业提升发展。世界各国对大数据、云计算、物联网等的投入，以及对纳米技术、生物技术、信息技术和认知科学等的投入，将促进各国经济的可持续提升。

（二）提升金融配套能力

构建全球投资新引擎，还要提升金融配套能力。各国既需要配套政策引领金融行业服务于实体经济，又需要通过政策创新推进金融、科技、产业三者的融合。投资新引擎离不开金融体系的改革、创新和发展。

总结来说，在加快基础设施投资建设的三个方面中，基础设施现代化一直是现

今城市基础设施概念的建设主体。而现今城市基础设施投资建设主要从两方面展开。一是推进新型城镇化中的城乡一体化，这是现今全世界多数发展中国家（包括中国）的短板领域，同时正是因为城乡一体化的推进，将城市基础设施概念向全区域基础设施概念延伸，具有了更深更广的内涵，所以值得进一步深入研究。二是推进智能城市的开发建设，它是中观经济学中对生成性资源领域的城市基础设施概念进一步发展的表现形式，是城市基础设施建设的新内容和新内涵。

第三节　构建全球创新新引擎

在构建全球投资新引擎时，必然会涉及一系列新问题。例如，全球经济治理体系中的公平、公正问题，发展中国家在全球经济秩序中的利益保护问题，开放经济体系的维持或扩大问题，应对经济新领域（例如网络领域）的实施规范问题，等等。

因此，对于世界各国在竞争合作中形成的全球公共机制或公共物品——思想性公共物品、物质性公共物品、组织性公共物品和制度性公共物品，我们需要予以完善与创新。

一、推进思想性公共物品创新

思想性公共物品的创新即理念的创新，要求区域政府在行使公权力、管理区域的过程中，对产业发展、城市建设和社会民生进步过程中不断出现的新情况、新问题进行有前瞻性的理论分析和思考，对区域的经济社会现象做出有预见性的判断，对历史经验和现实探索进行新的理论升华和总结，从而指导区域经济制度、组织形式和技术手段的创新与发展。例如，在不同的经济增长阶段，区域政府需要不断革新有为政府理念、政务公开理念、管理效能理念等，才能发挥区域政府的超前引领作用，推动区域政府的管理体制、管理行为、管理方法和管理技术的创新，从而为区域发展提供正确的引导和巨大的动力。

思想性公共物品的创新主要包括以下四个方面。

第一，市场应是有效市场。现代市场纵向体系是由六个子系统组成的完整体系。一些国家过分强调市场要素体系与市场组织体系的竞争，而忽视市场法治体系和市场监管体系的建设、市场环境体系和市场基础设施体系的健全，这都将偏离公开、公平、公正的市场原则。

第二，政府应是强式有为政府。各国政府不仅应对可经营性资源，即产业资源的配置实施规划、引导、扶持、调节、监督和管理；而且应对非经营性资源，即社会公共物品基本托底，确保公平公正、有效提升；还应对准经营性资源，即城市资源的配置进行调节并参与竞争。

第三，世界各国追求的成熟市场经济模式应是"强式有为政府＋强式有效市场"的模式，即在市场经济体系通过企业竞争配置产业资源，通过政府竞争配置城市资源。各国政府应在全球经济增长中发挥重要作用。

第四，政府还应具有超前理念，需要打破传统思维定式，不断突破政府自身局限，敢于挑战和创新，借助投资、价格、税收、法律等手段，利用技术创新、组织创新、制度创新等方式，充分发挥区域政府对经济的导向、调节、预警作用，从而完善区域资源的有效配置，进而促进区域经济科学发展、可持续发展。

传统西方经济学理论认为，政府、市场、社会三者都是各自独立的，一直把政府置于市场之外，认为政府的职能仅限于提供公共事务，而这严重影响了世界各国政府职能作用的发挥。根据前述现代市场经济理论，横向上来说现代市场经济包括产业经济、城市经济和民生经济，纵向上来说它包括了市场要素体系、市场组织体系、市场法治体系、市场监管体系、市场环境体系和市场基础设施。

现代市场纵向体系的六个方面职能，正在或即将作用于现代市场横向体系的各个领域。也就是说，在历史进程中逐渐完整的现代市场体系，不仅会在作为各国经济基础的产业经济中发挥作用，而且伴随着对各类生成性资源的开发和利用，也会逐渐在城市经济、国际经济（包括深海经济和太空经济）中发挥作用。不同领域、不同类型的商品经济、要素经济和项目经济，产生了不同的参与主体，它们需要现代市场纵向体系六个方面的职能不断提升、完善。而这又需要当代经济理论，尤其是现代市场经济理论的不断提升与完善。

二、推进物质性公共物品创新

当前科技发展的最典型路径是通过信息化与工业化、城镇化、农业现代化的融合，促进基础设施现代化，即"互联网＋"。政府通过建设结合了有形要素与无形要素的智能城市，向社会提供智能化的公共交通、城管、教育、医疗、文化、商务、政务、环保、能源和治安服务，为社会经济和民生事业提供安全、高效、便捷、绿色、和谐的发展环境。这不仅能造福民众，还能推动城市乃至国家加快工业化转轨、城市化转型和国际化提升，进而促进新兴国家的崛起。

区域政府技术创新，从政府角度主要是指创新政策的制定和政策工具的支持，要求区域政府在集中区域资源的过程中发挥积极作用。区域政府应直接或间接参与重大科技专项研究项目，助力区域技术创新能力建设，推动技术进步。其具体举措主要包括两个方面：一是为区域企业提高技术创新能力创造一个有利的外部环境，如加强专利体系和产品标准化体系建设等；二是直接采取政策措施激励区域技术创新，推动区域科技发展。例如设立科技基金，对关键科技领域进行研发资助，搭建产学研一体化平台，设立科技孵化器、科技园区和科技走廊，等等。

当今社会，科技是第一生产力，技术创新已经上升到国家战略的高度，西方发达国家的政府在鼓励新技术创新方面，都发挥了越来越重要的作用。美国社会学教授凯勒通过对1971年到2006年美国关于获奖创新的数据资料的分析研究发现，在创新过程中，政府机构和公共资金发挥着越来越大的作用，进而得出一个惊人结论：自1971年后美国科技创新主要源自政府推动。

三、推进组织性公共物品创新

就组织管理而言，小到一座城市，大到一个国家乃至世界，都有相通之处。传统的城市建设和组织结构犹如"摊大饼"，即使有了一环、二环、三环、四环甚至五环道路，红绿灯失效、交通不畅、空气污染、效率低下等问题也仍然会发生。现代城市的发展需要科学规划的组团式布局，这就像网络发展会重塑空间秩序、全球供应链的发展能"抹掉"国界一样，组团式布局的城市发展架构能有效解决传统"摊大饼"式城市管理带来的系列问题。世界经济秩序的组织管理同城市发展架构一样，也需要由刚开始的"摊大饼"模式向组团式布局进行改革并不断创新发展，但这需要相应的新规则和必要的基础设施投资，才能形成合理布局，促进世界和谐、可持续发展。

组织性公共物品创新，要求区域政府在组织结构、组织方式和组织管理等方面进行创新，从而提升区域产业发展、城市建设、社会民生的组织保障机制，促进区域经济发展和社会进步。

在组织结构上，应尽量使行政组织扁平化，尽量减少行政中间环节和障碍，确保行政信息的流通通畅。

在组织方式上，应根据实际需求和未来发展要求，遵循效率原则、激励原则、竞争原则等系列原则，进行深度机构整合，不能搞简单合删。

在组织管理上，应充分发挥政府人员的积极性和创造性，发挥政府的整体优势和力量，使整个组织统一认识、目标明确、各尽所能。

其中，组织管理创新是组织性公共物品创新的重要内容，它不仅要求区域政府在具体行动之前把握好方向、对行动的可行性及结果进行预测，而且要求区域政府从宏观上对区域经济发展的战略目标、实现路径、资源的调配方式及保障和监督措施等进行科学规划与调节。

随着时代的进步，新的组织管理形式不断涌现。这些新的组织管理形式无疑为区域政府更好地履行政府职能，提高政府工作效率提供了保障。以下是几个典型例子。

一是扁平化管理。扁平化管理，即减少区域政府管理层次，适度扩大单层次管理机构的管理幅度，从而提升管理效率。例如，中国曾实施省直管县的改革（1992年中国浙江省对13个经济发展较快的县（市）进行扩权，将原来属于地级市管理的权限下放到各个县行政区，内容含人事、财政、计划、项目审批等），即在组织纵向的等级上，打破了原来的省-市-县三级行政管理体制，变成省-市（县）的二级行政管理体制，这样有助于县一级政府更加方便地调动经济资源和行政资源，从而提升运作效率。

二是矩阵制结构管理。矩阵制结构管理的主要特点就是围绕某项专门任务成立跨职能部门的机构，从而解决内部职能部门的协调问题。例如，中国浙江省杭州市富阳区以"专委会"的形式，实现"对上依旧、对下从新"，即对上在组织架构上保持原来的职能部门，但对下却是以"专委会"一块牌子运作，每一个"专委会"都包含若干职能部门，可以对所辖各个职能部门的权力进行重新整合，从而解决职能部门之间难以协调的问题。

三是大部制改革。中国广东省佛山市顺德区是这一组织管理创新形式的典型。大部制即精简机构，将党政部门合并，党委部门全部与政府机构合署办公，区委办与区政府办合署办公。大部制便于协调和相对集中管理，从而可以实现行政效率的提高。

四、推进制度性公共物品创新

制度性公共物品创新，要求区域政府通过创设新的、更有激励作用的制度和规范体系，改善资源配置效率，实现区域经济和社会的持续发展。它的核心内容是区域政府根据区域产业发展、城市建设和社会民生的进步进程，配合区域的理念创新、技术创新和组织创新，推动区域社会制度、经济制度和管理制度等的革新。制度性公共物品创新的实质是对支配人们的经济社会行为和互动规则的变更，是对经济组织与外部环境相互关系的变更，其目标是更好地激发人们的积极性和创造性，促进区域资源的优化配置和社会财富的不断增长，最终推动区域经济和社会的进步。制度性公共物品创新还可以推动区域创新型政府的建设，从而促进区域政府发挥超前引领作用。

国家建设以概念规划、城乡规划和土地规划三位一体的规划系统作为引领，在这一框架下形成战略规划、布局定位、标准制定、政策评估、法治保障等既体系严谨又层次细分的具体方针。全球经济治理以联合国宪章及联合国贸易和发展会议、经济合作与发展组织和世界贸易组织等的规章机制作为框架，在此框架下世界各国围绕着"让全球化带来更多机遇"和"让经济增长成果普惠共享"而努力。可见制度性公共物品在全球经济发展中的重要性。面对当前的新形势，我们需要创新经济增长理念和相关制度性公共物品，促进各国财政、货币的结构性改革，保持经济发展、劳动就业和社会政策的一致性。只有需求管理和供给侧结构性改革并重，短期政策与中长期政策结合，社会经济发展与环境保护共进，共商、共建、共享全球经济治理格局，全球经济才能实现健康、可持续增长。

在实践中，区域政府的理念创新、技术创新、组织创新和制度创新需要载体，这些载体主要就是各区域政府在竞争中使用的政策工具，即财政、金融、环境、效率和法治手段，这些政策工具的创新就是区域政府理念创新、技术创新、组织创新和制度创新的具体化和实质化。政策工具创新力度的大小和推动速度的快慢，将直接影响区域经济现代化的进程。而区域政府的理念创新、技术创新、组织创新和制度创新实质上是相互结合在一起的，相互作用，相互影响。只不过在不同的经济体制、不同的社会发展阶段和不同的资源禀赋条件下，起主导作用的创新方式可能会不同。例如，在产业经济驱动主导的发展阶段，市场经济制度尚不完善，这种情况下理念创新起主导作用；而在城市经济驱动主导的发展阶段，则可能是技术创新起主导作用。而要实现技术创新，往往先要有理念创新，其次也需要组织创新和制度创新，只有这样才能更好地发挥区域技术创新的作用。只有把区域政府的理念创新、技术创新、组织创新和制度创新完全结合起来，才有可能更好地发挥区域政府创新的作用。

第四节　构建全球规则新引擎

构建创新、活力、联动、包容的世界经济，需要完善全球经济治理体系。与各国非经营性资源相对应的是国际公共物品供给体系；与各国可经营性资源相对应的是国际产业资源配置体系；与各国准经营性资源相对应的是国际城市资源配置体系。它们各自遵循客观存在的规则运行。

一、国际安全秩序规则——和平、稳定

和平、稳定，这已是世界各国的共识，是国际公共物品供给体系的基本保障。世界各国应共同努力，加强国际安全合作，捍卫联合国宪章的宗旨和原则，维护国际关系的基本准则，营造和平、稳定、公正、合理的国际安全秩序，构建健康有序的经济发展环境。

冲突对抗没有赢家，和平合作没有输家。国家和，则世界安；国家斗，则世界乱，这是《新时代的中国与世界》白皮书告知我们的基本规则。历史上追逐霸权、结盟对抗、以大欺小的国际关系，会为世界带来混乱甚至战争。当今世界不仅面临发展困境，还面临深刻的规则危机、信任危机、秩序危机。一些在长期国际实践中形成且被各国普遍认同和遵守的规则规范和道德观念被抛弃和践踏，一些事关战略稳定和全球福祉的国际条约和协定得不到履行，甚至被撕毁和破坏。个别国家漠视国际公理，公然侵犯他国主权、干涉他国内政，动辄以大欺小、恃强凌弱。面对国际局势的动荡不安，各国应遵守规则、增进信任、维护秩序，构建新型国际关系，走对话不对抗、结伴不结盟的国与国交往新路，坚持以国际法和公认的国际关系基本准则为基础，通过对话解决争端，用对话代替冲突，使地球村成为共谋发展的大舞台，而不是相互角力的竞技场。

联合国宪章是世界和平与发展的重要保障，是规范国家间关系的基石。就像联合国宪章开章所讲的一样："我联合国人民同兹决心欲免后世再遭今代人类两度身历惨不堪言之战祸，重申基本人权，人格尊严与价值，以及男女与大小各国平等权利之信念，创造适当环境，俾克维持正义，尊重由条约与国际法其他渊源而起之义务，久而弗懈，促成大自由中之社会进步及较善之民生，并为达此目的力行容恕，彼此

以善邻之道，和睦相处，集中力量，以维持国际和平及安全，接受原则，确立方法，以保证非为公共利益，不得使用武力，运用国际机构，以促成全球人民经济及社会之进展，用是发愤立志，务当同心协力，以竟厥功。爰由我各本国政府，经齐集金山市之代表各将所奉全权证书，互相校阅，均属妥善，议定本联合国宪章，并设立国际组织，定名联合国。""维持国际和平及安全"是联合国宪章的第一大宗旨，联合国宪章充分展示了和平与安全的秩序规则，从而为构建健康有序的经济环境提供基础。

二、国际经济竞争规则——公平、效率

公平、效率是世界各国产业资源配置体系中企业竞争的基本准则。这包含两方面的内容，一方面是指在国内引导、规范企业竞争时，应注意公平和效率；另一方面是指，各个国家在国际上进行产业竞争时应注意公平和效率。

竞争产生效率，相较于效率，我们此处重点讲述公平。

本国竞争公平主要是使市场竞争的主体都有公平的地位和参与机会，包括强化及落实竞争法律，减少开办企业和扩大经营的行政及法律障碍，促进公平的市场竞争，实施高效的破产程序，减少妨碍竞争的限制性规定，减少额外的监管合规负担，对监管政策进行有效监督，加强法治，提高司法效率，打击腐败，等等。这些无不是各国在引导、规范企业竞争时需要遵循的公平与效率规则。

而国际上的公平，则是指各国应摒弃单纯的物质主义取向和竞争至上法则，确保资源禀赋和发展水平不同的国家能够获得平等的发展权利和机会，缩小彼此的发展差距；国家间交往应遵循义利相兼、以义为先的义利观，实现自身获益与国际贡献的有机统一。

例如，二十国集团制定了"促进贸易和投资开放"指导原则，包括减少关税和非关税贸易壁垒，减少对外国直接投资的壁垒和限制，实施贸易便利化措施以降低跨境交易成本，适当减少贸易和投资的边境限制，促进更广泛的跨境协调，通过多边、诸边和双边协议最小化对第三方的歧视性措施，等等。

三、国际共同治理规则——合作、共赢

合作、共赢是城市资源配置体系中政府间竞争所需要遵循的基本准则。城市资源包括有形要素和无形要素。其中，新型城镇化，智能城市开发，对以能源、交通、

环保、信息和水利等为主体的基础设施现代化的投资，将是世界各国经济增长的新引擎，能带来资本扩大、就业增加、技术革新、市场深化、经济可持续增长、社会受益、环境改善、国力提升等效果。各国由于城市化进程、政策举措和制度安排有所不同，其投资驱动增长的效果与竞争力也就有所不同。但政府间的竞争应该是合作竞争，应该是可持续发展的竞争，应该是共同提升全球经济治理体系的竞争，以及共同创新经济增长方式的竞争。其基本原则应是合作共赢。

合作共赢，就是各国应摒弃一味谋求自身更大相对利益的理念，纠正"赢者通吃"的过时做法，坚持以双赢、多赢、共赢为目标，在追求本国利益时兼顾对各国的合理关切，在谋求本国发展时促进各国共同发展，在维护本国安全时尊重各国安全，变压力为动力、化危机为机遇、化冲突为合作。只有合作共赢、共同发展，全世界才能办大事、办好事、办长久之事。一些国家越来越富，另一些国家越来越穷，则世界不可能长久太平、持久繁荣。构建以合作共赢为核心的创新型、开放型、联动型和包容型世界经济体系，将促进增长方式的持续创新，提升全球经济治理水平，进而造福于各国，造福于世界。

为顺应和平、发展、合作、共赢的历史趋势，全球治理应该秉持共商、共建、共享的原则，推动各国权利平等、机会平等、规则平等，使全球治理体系符合变化了的世界政治经济，应对全球性挑战。

阅读材料一

以三大平台推动新时代开放经济向纵深发展

世界强国、大国推行的对外战略，不仅会给本国的经济社会发展、国民生活水平带来直接影响，还关乎全球和平、安全、稳定与发展的大局，影响其他国家和地区人民群众的社会福祉。当前美国作为曾经的全球化的最大受益者与引领者，却接二连三退出、重新谈判区域自贸协定，证明了美国主导的全球化体系中确实存在着内在的不可持续因素。从某种意义上讲，美国甚至已经开始从世界秩序的主导者，逐渐沦为世界政治的乱源和"麻烦制造者"。而中国作为新兴国家的突出代表、发展中国家的龙头，从为世界其他国家提供更多发展机遇、推动"人类命运共同体"构建的高度出发，提出了"一带一路"倡议、自由贸易区（港）等，致力于引领和建设可持续的新型全球伙伴关系。

党的十九大将党的十八大提出的"加快形成更高水平对外开放新格局"提升到"推动形成全面开放新格局"的新高度。其中，"一带一路"、自由贸易区（港）以及粤港澳大湾区是新时代下推动我国形成全面开放新格局的主要路径，是推动新时代中国开放经济向纵深发展的三大平台。

一、"一带一路"：建设包容性开放经济的国际示范

包容性发展，既是我国推动和平发展的重要战略路径之一，也是我国基于当前和平发展所处阶段而进一步升级的新型对外发展战略。"一带一路"倡议顺应全球经济一体化的历史大潮，拒绝冷战思维、零和游戏，反对纵横主义、丛林法则，考虑到了人类社会的统一性、人类利益的共同性，超越了马歇尔计划、对外援助及"走出去"战略，给21世纪的国际合作带来了全新的理念，是全球经济一体化下新型对外合作模式的新范式。"一带一路"倡议以包容性增长打造新型经济全球化，是我国在新时代下全球经济治理中造就更高层次开放经济的重要发力点，主要表现在以下几个方面。

第一，"一带一路"倡议有利于解决我国产能过剩的市场问题。目前传统的出口市场已经没有多大的增量空间，因此我国国内的过剩产能很难通过其进行消化。习近平总书记指出，"一带一路"建设本质上是通过提高有效供给来催生新的需求，实现世界经济再平衡。在当前国内消费加速启动还难以持续推进的情况下，通过"一带一路"倡议来开辟新的出口市场是当前解决我国产能过剩问题很好的抓手。

第二，"一带一路"倡议有利于我国夺取区域经济的贸易主导权。21世纪海上丝绸之路以海南自由贸易试验区（港）作为重要战略支点，能够促进高水平贸易的发展，以及投资自由化、便利化政策的落实；而粤港澳大湾区的建设同"一带一路"倡议紧密关联，有利于战略纵深的开拓。二者与"一带一路"倡议相辅相成、相得益彰，共同承担着新一轮对外开放的重任、承载着更多对外开放的功能，有利于实现我国对贸易主导权的掌握。

第三，"一带一路"倡议有利于我国成为建设包容性开放经济的国际示范。习近平总书记强调，各国经济，相通则共进，相闭则各退。"一带一路"倡议以全球经济一体化的视角规划沿线各个国家和地区的发展前景，通过与沿线国家在政治、经济和文化等方面的合作和对话，增进相互了解、增强相互信任，共同分享中国的改革红利、理论经验和历史教训；通过与沿线国家在资金、技术和经验等方面的共享和交流，让更多的国家和地区能够更加深刻地了解中国的国家意志、大国胸怀及包容心态，增进世界各国人民对我国发展观、价值观的认同，进一步提升我国在国际社会上的国家形象和文化话语权，从而逐渐化解域外国家制造的"中国威胁论"等负面国际舆论。倡议并推动"一带一路"建设，不仅有利于推动中国自身发展，而且

惠及亚洲、欧洲、非洲乃至全世界，有助于建立更加公正合理、平等均衡、健康稳定的可持续的新型国际关系，推动全球经济一体化的进程和世界经济的繁荣发展。

二、自由贸易区（港）：重构国际贸易新格局的重要抓手

随着经济全球化的不断深入发展，以自由贸易区为主要形式的区域经济一体化快速发展，使得现阶段全球经济贸易发展呈现出碎片化的趋势。超大型自由贸易区相继涌现，加快了新的国际经贸规则的形成，同时也进一步推动了全球政治经济格局的改变。党的十九大报告提出了要赋予自由贸易区更大的改革自主权，探索建设自由贸易港。自由贸易区（港）的建设是新时代下我国进一步扩大对外开放、建设高水平开放型经济的重要内容，是我国重构未来国际贸易格局的重要抓手。

在以往的世界秩序中，总体经济格局基本上是以世界主要发达国家为中心的南北贸易结构。然而随着中国经济的快速发展以及对外开放水平的不断提高，中国在国际贸易中的特殊地位将使得传统的南北贸易结构逐渐演变为"发达国家-中国-发展中国家"的三方贸易格局。事实上，大多数发展中国家出口的原材料只能对接中低端制造业，而无法对接高端制造业、服务业，因此随着世界发达国家创新经济转型，发达国家将无法通过传统贸易模式对发展中国家的经济发展产生直接拉动作用。而中国作为世界制造业中心，可以为发展中国家的原材料、能源提供超大规模的市场，特别是自由贸易区（港）的建立能够为各国商贸物流发展提供更为便捷、更加有效的制度保障。自由贸易区（港）沟通着世界主要的海洋区域，必将成为沟通中国与海洋世界的关键节点。基于此，未来"发达国家-中国-发展中国家"的三方贸易格局将会趋于固化。发达国家将继续占有价值链上游，通过品牌、知识产权保护，强化领导地位；中国通过自由贸易区（港）对接发达国家和发展中国家，一方面加速与发达国家之间的人才流动、人员往来及商贸物流，另一方面则向亚非拉等发展中国家和地区进口原材料、能源等，出口其所需要的制成品、资金、技术及高端金融服务；发展中国家将继续通过能源、原材料等初级产品的出口，获得国际发展空间。总之，中国因加入世界秩序而崛起，在深刻影响国际秩序重构的过程中，必将自己的视野和格局提高到世界高度。新时代下中国可以把自由贸易区（港）作为重要平台重构国际贸易新格局，带动发展中国家的经济发展，最终提高世界经济发展的平衡性。

三、粤港澳大湾区：推动形成全面开放新格局的实践样本

粤港澳大湾区与自由贸易区（港）、"一带一路"倡议紧密相连，既有"一带一路"倡议中的网络节点作用,又有自由贸易区(港)的实践样本,因此其更具有新时代中国特色社会主义开放经济的研究价值。粤港澳三地可以通过优势互补助推三地经济高质量发展:香港可以利用其作为国际金融中心的优势,发挥国际化营商环境与国际交通枢纽的作用,将自身建设成为国际合作应用平台,同时为粤港澳大湾区的建设提供投资方式、运营模式等方面的成功经验;澳门可以利用其作为世界旅游休闲中心的优势,发挥独特的人文资源吸引作用,为粤港澳大湾区的商贸服务提供便利条件;广东可以利用其毗邻港澳的区位优势,发挥其作为发达制造业聚集地的作用,通过深化与香港、澳门的合作,将自身打造成为商品贸易平台,同时借势提升珠三角的核心带动力,带动泛珠三角地区、粤东西北地区的共同发展。粤港澳三地各施所能、各展所长,有利于发挥网络化效应的巨大力量,从而盘活湾区资源,构筑起21世纪海上丝绸之路与丝绸之路经济带有效对接、相互汇融的重要支撑区和示范区,建立起与国际接轨的新型开放经济体制,最终为建设中国特色社会主义理论体系提供可借鉴、可复制的实践样本。

资料来源:李宜达,2019. 以三大平台推动新时代开放经济向纵深发展[J]. 社会科学动态(7):28-32.

阅读材料二

构建人类命运共同体是引领世界大变局发展方向的人间正道

"建设一个什么样的世界、如何建设这个世界"是人类社会永恒的命题。2015年9月,习近平主席在第七十届联合国大会的讲话中,强调各国携手构建合作共赢新伙伴,同心打造人类命运共同体。2017年1月,习近平主席在联合国日内瓦总部发表演讲,倡导各国共同构建人类命运共同体,坚持对话协商、共建共享、合作共赢、交流互鉴、绿色低碳,建设持久和平、普遍安全、共同繁荣、开放包容、清洁美丽的世界。在世界百年未有之大变局背景下,构建人类命运共同体重大倡议,深刻回答了世界向何处去、人类应怎么办的重大命题,在历史转折关头彰显出璀璨的真理光芒,指引着中国和世界前进的正确方向。构建人类命运共同体,是习近平新时代中国特色社会主义思想特别是习近平外交思想的重要组成部分,不仅写入党章和宪法,而且多次写入联合国等国际组织文件,反映了中国人民和各国人民的共同心声,凝聚着国际社会的广泛共识,其深远影响随着中国和世界的发展进一步彰显。

近年来,世界大变局加速演进,世界之变、时代之变、历史之变正以前所未有的方式展开。逆全球化思潮抬头,单边主义、保护主义明显上升,世界经济复苏乏力,局部冲突和动荡频发,全球性问题加剧,世界进入新的动荡变革期。和平赤字、发展赤字、安全赤字、治理赤字加重,恃强凌弱、巧取豪夺、零和博弈等霸权霸道霸凌行径危害深重,人类社会面临前所未有的挑战,世界人民对和平、发展、合作、共赢的期待更加强烈,构建人类命运共同体的历史远见和时代意义更加凸显。

面对国际形势新动向新特征,习近平总书记提出一系列重要新理念新倡议,深刻阐述积极应对全球性挑战的中国主张和中国方案,不断丰富完善构建人类命运共同体的思想体系,深刻体现了中国同各国一道建设更加美好世界的坚定决心和使命担当。

——弘扬和平、发展、公平、正义、民主、自由的全人类共同价值,强调文明多样性是世界发展的活力和动力之源,倡导尊重各国人民自主选择发展道路和制度模式的权利,摒弃傲慢和偏见,反对冷战思维、以意识形态划线和搞零和博弈,促进不同文明和社会制度相互包容、交流对话、和谐共生。我们倡议并推动同多个国家和地区构建双边及区域性命运共同体,倡议构建一系列领域性命运共同体,积极搭建文明对话、政党交流、民间外交等互学互鉴平台,以实际行动打造践行全人类共同价值的样板。

——提出全球安全倡议,强调安全是发展的前提,人类是不可分割的安全共同体,倡导坚持共同、综合、合作、可持续的安全观,坚持尊重各国主权、领土完整,遵守联合国宪章宗旨和原则,重视各国合理安全关切,通过对话协商以和平方式解决国家间分歧和争端,统筹维护传统领域和非传统领域安全。我们在乌克兰危机以及一系列国际和地区热点问题上独立自主地发挥建设性作用,积极参加联合国维和行动,致力于同直接当事国通过协商谈判解决领土主权和海洋权益争议,共同营造和维护安全的发展环境。

——提出全球发展倡议,强调坚持以人民为中心的发展思想,把促进发展、保障民生置于全球宏观政策的突出位置,落实联合国2030年可持续发展议程,加强宏观政策协调,推动建设开放型世界经济,促进全球平衡、协调、包容发展,共同构建全球发展命运共同体。我们秉持新发展理念,加快构建新发展格局,推动高质量发展,稳步推进共建"一带一路",积极开展减贫、缓债、防灾减灾等国际发展合作,为各国分享中国机遇创造有利条件,为促进世界经济企稳复苏和实现共同发展注入中国力量。

——践行真正的多边主义,致力于稳定国际秩序,维护以联合国为核心的国际体系、以国际法为基础的国际秩序、以联合国宪章宗旨和原则为基础的国际关系基本准则，反对单边主义、保护主义、霸权主义、强权政治，推动国际关系民主化和法治化，推动全球治理体系朝着共商共建共享的方向发展。我们在国际事务中仗义执言，推动提升广大发展中国家代表性和发言权，坚决反对干涉别国内政和搞单边制裁施压，深化拓展新兴市场国家和发展中国家团结合作的机制平台，引领国际秩序发展的正确方向。

——推动建设人类卫生健康共同体，强调人民生命安全和身体健康是人类发展进步的前提，坚定信心、同舟共济是战胜新冠疫情的唯一正确道路，倡导各国相互支持，加强防疫措施协调，完善全球公共卫生治理，形成应对疫情的强大国际合力，弥补国际"免疫鸿沟"，共同守护人类生命健康。我们积极开展抗疫国际合作，发起中华人民共和国成立以来最大规模的全球紧急人道主义行动，向众多国家提供物资援助、医疗支持、疫苗援助和合作，为实现疫苗在发展中国家的可及性和可负担性作出重要贡献。

——推动构建人与自然生命共同体，倡导加快绿色低碳转型，实现绿色复苏发展，完善全球环境治理，积极应对气候变化，促进高水平的全球经济社会可持续发展，共同寻求人与自然共生共存的绿色之路，建设生态文明和美丽星球。我们宣布力争于2030年前实现碳达峰、2060年前实现碳中和目标，大力推动建设绿色丝绸之路，加大援助实施绿色环保和应对气候变化项目，为全球应对气候变化作出更大贡献。中国率先出资15亿元人民币，成立昆明生物多样性基金，共同促进全球生态文明建设。

在构建人类命运共同体理念的指引下，新时代中国特色大国外交积极开拓进取，勇于担当作为，坚定捍卫国家主权、安全、发展利益，维护国际公平正义，推动构建新型国际关系，积极建设覆盖全球的伙伴关系网络，积极参与全球治理体系改革和建设，为国家发展和民族复兴营造良好外部环境，为维护世界和平稳定和发展繁荣作出新的重要贡献，我国国际影响力、感召力、塑造力显著提升。

资料来源：杨洁篪，2022. 推动构建人类命运共同体[N]. 人民日报，11-22（6）.

阅读材料三

推动建设更加美好的世界

习近平新时代中国特色社会主义思想的深邃智慧、天下情怀，闪耀思想之光，照亮前行之路。

坚持胸怀天下，顺大势、行大义、谋大同，不断拓展构建人类命运共同体的思想内涵和实践路径，矢志不渝将这一伟大事业推向前进。

145个国家、地区和国际组织共赴"东方之约"，284家世界500强和行业龙头企业参展，一系列"全球首秀""亚洲首发""中国首展"纷至沓来……前不久，第五届中国国际进口博览会落下帷幕，再次谱写开放融通、互利共赢的恢宏乐章。这一由习近平总书记亲自谋划、亲自部署、亲自推动的全球贸易盛会，让人们看到了中国主动向世界开放市场、同各国分享机遇的满满诚意，为艰难复苏的世界经济注入强大正能量。

大道之行，天下为公。中国共产党是为中国人民谋幸福、为中华民族谋复兴的党，也是为人类谋进步、为世界谋大同的党。党的十八大以来，面对风云激荡的国际形势，习近平总书记从全人类共同利益和共同价值出发，以深邃的历史眼光洞察"世界之变"，以博大的天下情怀回答"世界之问""时代之问"，创造性地提出一系列富有中国特色、体现时代精神、引领人类进步潮流的新理念新主张新倡议，为解决全球问题指明了前进方向，为共创美好世界提供了中国智慧，充分彰显了共行天下大道的胸怀担当。围绕开辟马克思主义中国化时代化新境界，党的二十大报告明确提出了"六个必须坚持"，其中一个重要方面就是"必须坚持胸怀天下"。

一部人类发展的历史，就是一部思想史。习近平新时代中国特色社会主义思想的深邃智慧、天下情怀，闪耀思想之光，照亮前行之路。提出构建人类命运共同体重大理念，明确"中国外交的目标，就是要推动建设相互尊重、公平正义、合作共赢的新型国际关系，构建人类命运共同体"；提出共建"一带一路"倡议，强调与共建国家加强政策沟通、道路联通、贸易畅通、货币流通、民心相通；提出全球发展倡议、全球安全倡议，推动全球发展共同体、安全共同体建设；主张"弘扬和平、发展、公平、正义、民主、自由的全人类共同价值"，促进各国人民相知相亲；倡导"以文明交流超越文明隔阂、文明互鉴超越文明冲突、文明共存超越文明优越"，推动树立平等、互鉴、对话、包容的文明观……一系列重要理念，超越冷战思维、零和博弈等陈旧观念，充分反映世界各国人民心声，为破解"世界怎么了、我们怎么办"这一时代课题贡献了中国智慧、提供了中国方案，极大地增强了人类社会追求更加光明未来的信心和力量。

"以前无法想象，现在美梦成真！"中老铁路全线开通运营时，老挝网络社交平台上对这条铁路的评价，道出了老挝人民对共建"一带一路"改善民生的赞叹。先进思想辉映非凡事业，科学理论引领伟大实践。新时代十年，是中国与世界关系实现历史性跨越的十年。新时代十年，也是中国为国际社会作出历史性贡献的十年。

放眼世界，高质量共建"一带一路"，让东部非洲有了第一条高速公路，马尔代夫有了第一座跨海大桥，为沿线各国发展注入动力；面对疫情冲击，向120多个国家和国际组织提供超过22亿剂新冠疫苗；中国菌草项目在100多个国家落地生根，给当地创造数十万个就业机会……如今，人类命运共同体理念日益深入人心，世界各国在中国"言必信、行必果"的大国担当中，看到了命运与共、建设更加繁荣美好世界的信心和希望。

实践没有止境，理论创新也没有止境。当今世界百年未有之大变局加速演进，这是世界之变、时代之变、历史之变。当前，新冠疫情反复延宕，世界经济脆弱性更加突出，地缘政治局势紧张，全球治理严重缺失，粮食和能源等多重危机叠加，人类发展面临重大挑战。世界那么大，问题那么多，国际社会期待听到中国声音、看到中国方案，中国不能缺席。习近平总书记在党的二十大报告中强调："我们要拓展世界眼光，深刻洞察人类发展进步潮流，积极回应各国人民普遍关切，为解决人类面临的共同问题作出贡献，以海纳百川的宽阔胸襟借鉴吸收人类一切优秀文明成果，推动建设更加美好的世界。"11月16日，在二十国集团领导人第十七次峰会上，中方提出了《二十国集团数字创新合作行动计划》。习近平总书记指出，"当前，数字经济规模扩大，全球数字化转型加速，成为影响世界经济格局的重要因素""中方愿继续同二十国集团成员合作，携手构建普惠平衡、协调包容、合作共赢、共同繁荣的全球数字经济格局"。坚持胸怀天下，顺大势、行大义、谋大同，不断拓展构建人类命运共同体的思想内涵和实践路径，矢志不渝将这一伟大事业推向前进，这是新时代中国应有的境界。

应时代潮流日新，行人间正道致远。我们所处的是一个充满挑战的时代，也是一个充满希望的时代。在充满光荣与梦想的新征程上，坚持胸怀天下、立己达人，同世界上一切进步力量携手前进，我们一定能不断为人类文明进步贡献智慧和力量，同世界各国人民一道，推动历史车轮向着光明的前途前进！

资料来源：人民日报评论部，2022. 推动建设更加美好的世界：全面把握习近平新时代中国特色社会主义思想的世界观和方法论[N]. 人民日报，11-23（5）.

复习思考题

一、名词解释

全球投资新引擎、全球创新新引擎、全球规则新引擎

二、简答题

1. 构建经济增长新引擎的现实意义是什么？
2. 构建全球投资新引擎主要包含哪些方面？
3. 构建全球创新新引擎主要包含哪些方面？
4. 构建全球规则新引擎主要包含哪些方面？

参考文献

奥尔森，1995. 集体行动的逻辑［M］. 陈郁，郭宇峰，李崇新，译. 上海：生活·读书·新知三联书店.

奥斯本，盖布勒，2006. 改革政府：企业家精神如何改革着公共部门［M］. 周敦仁，等译. 上海：上海译文出版社.

贝利，2006. 地方政府经济学：理论与实践［M］. 左昌盛，周雪莲，常志霄，译. 北京：北京大学出版社.

波特，2002. 国家竞争优势［M］. 李明轩，邱如美，译. 北京：华夏出版社.

布坎南，1993. 民主财政论：财政制度和个人选择［M］. 穆怀朋，译. 北京：商务印书馆.

蔡昉，2013. 中国经济增长如何转向全要素生产率驱动型［J］. 中国社会科学（1）：56-71.

陈诗一，张军，2008. 中国地方政府财政支出效率研究：1978—2005［J］. 中国社会科学（4）：65-78.

陈秀山，孙久文，2005. 中国区域经济问题研究［M］. 北京：商务印书馆.

陈云贤，2004. 经营城市：把城市作为一种资源来管理［J］. 佛山科学技术学院学报（社会科学版）（3）：68-70.

陈云贤，2011. 超前引领：对中国区域经济发展的实践与思考［M］. 北京：北京大学出版社.

陈云贤，2019. 中国特色社会主义市场经济：有为政府＋有效市场［J］. 经济研究，54（01）：4-19.

陈云贤，2020. 探寻中国改革之路：市场竞争双重主体论［J］. 经济学家（8）：16-26.

陈云贤，顾文静，2015. 中观经济学：对经济学理论体系的创新与发展［M］. 北京：北京大学出版社.

陈云贤，顾文静，2017. 区域政府竞争［M］. 北京：北京大学出版社.

陈云贤，李宜达，王方方，2023. "有为政府＋有效市场"运行模式研究——中观经济学的逻辑与框架［J］. 广东财经大学学报，38（4）：4-17.

陈云贤，邱建伟，2013. 论政府超前引领：对世界区域经济发展的理论与探索［M］. 北京：北京大学出版社.

杜人淮，2006. 论政府与市场关系及其作用的边界［J］. 现代经济探讨（4）：67-70.

杜雪君，黄忠华，2015. 以地谋发展：土地出让与经济增长的实证研究［J］. 中国土地科学，29（7）：40-47.

弗里德曼 M，弗里德曼 R，1982. 自由选择：个人声明［M］. 胡骑，席学媛，安强，译. 北京：商务印书馆.

弗里曼，2008. 技术政策与经济绩效：日本国家创新系统的经验［M］. 张宇轩，译. 南京：东南大学出版社.

傅勇，2008. 中国的分权为何不同：一个考虑政治激励与财政激励的分析框架［J］. 世界经济（11）：16-25.

傅勇，张晏，2007. 中国式分权与财政支出结构偏向：为增长而竞争的代价［J］. 管理世界（3）：4-12.

高鸿业，2010. 西方经济学：宏观部分［M］. 5版. 北京：中国人民大学出版社.

高鸿业，2010. 西方经济学：微观部分［M］. 5版. 北京：中国人民大学出版社.

高培勇，2012. 公共经济学［M］. 3版. 北京：中国人民大学出版社.

哈耶克，1997. 通往奴役之路［M］. 王明毅，冯兴元，马雪芹，等译. 北京：中国社会科学出版社.

哈耶克，1997. 自由秩序原理［M］. 邓正来，译. 北京：生活·读书·新知三联书店.

黄睿，2009. 基于地方政府间竞争的区域经济发展研究：以成都、西安地方政府间竞争为例［D］. 西安：西安理工大学.

姜作培，2008. 转变经济发展方式与地方政府的执行力［J］. 当代经济研究（5）：12-16.

凯恩斯，2014. 就业、利息和货币通论［M］. 徐毓枬，译. 南京：译林出版社.

康凌翔，2016. 基于地方政府产业政策干预的产业转型升级模型［J］. 首都经济贸易大学学报，18（1）：58-66.

柯武刚，史漫飞，2000. 制度经济学：社会秩序与公共政策[M]. 韩朝华，译. 北京：商务印书馆.

科斯，诺思，威廉姆森，等，2003. 制度、契约与组织：从新制度经济学角度的透视[M]. 梅纳尔，编. 刘刚，等译. 北京：经济科学出版社.

克鲁格曼，吴剑敏，1984. 工业国家间贸易的新理论[J]. 国际经济评论（4）：37-40.

库兹涅茨，1989. 现代经济增长[M]. 戴睿，易诚，译. 北京：北京经济学院出版社.

李猛，沈坤荣，2010. 地方政府行为对中国经济波动的影响[J]. 经济研究，45（12）：35-47.

李实，奈特，1996. 中国财政承包体制的激励和再分配效应[J]. 经济研究，31（5）：29-37.

李延均，2010. 公共服务领域公私合作关系的契约治理[J]. 理论导刊（1）：21-24.

李颖，2015. 我国科技创新现状与创新能力分析[J]. 科技促进发展（5）：650-655.

林德荣，2009. 可怕的顺德：一个县域的中国价值[M]. 北京：机械工业出版社.

林德荣，2010. 中国千亿大镇[M]. 广州：广东人民出版社.

林毅夫，1999. 要素禀赋比较优势与经济发展[J]. 中国改革（8）：11-13.

林毅夫，2008. 经济发展与转型：思潮、战略与自生能力[M]. 北京：北京大学出版社.

林毅夫，2012. 新结构经济学：反思经济发展与政策的理论框架[M]. 苏剑，译. 北京：北京大学出版社.

刘金石，2007. 中国转型期地方政府双重行为的经济学分析[D]. 成都：西南财经大学.

刘靖华，姜宪利，张胜军，等，2004. 中国政府管理创新（全四册）[M]. 北京：中国社会科学出版社.

刘强，覃成林，2009. 地方政府竞争与地区制度创新：一个制度分析的视角[J]. 中州学刊（6）：46-49.

刘世锦，2006. 经济增长模式转型：我们需要转变什么？[J]. 经济与管理研究（10）：5-10.

刘世锦，2014."新常态"下如何处理好政府与市场的关系［J］．求是（18）：28-30．

刘亚平，2007．当代中国地方政府间竞争［M］．北京：社会科学文献出版社．

刘易斯，1990．经济增长理论［M］．梁小民，译．上海：生活·读书·新知三联书店．

柳庆刚，2013．经济增长、地方政府竞争、国家能力和结构失衡［D］．北京：北京大学．

陆铭，陈钊，严冀，2004．收益递增、发展战略与区域经济的分割［J］．经济研究，39（1）：54-63．

美国国家情报委员会，2013．全球趋势2030：变换的世界［M］．中国现代国际关系研究院美国研究所，译．北京：时事出版社．

缪勒，1999．公共选择理论［M］．杨春学，等译．北京：中国社会科学出版社．

诺思，1994．经济史中的结构与变迁［M］．陈郁，罗华平，等译．上海：生活·读书·新知三联书店．

平新乔，2007．中国地方政府支出规模的膨胀趋势［J］．经济社会体制比较（1）：50-58．

钱颖一，1999．激励与约束［J］．经济社会体制比较（5）：7-12．

钱颖一，2003．现代经济学与中国经济改革［M］．北京：中国人民大学出版社．

萨缪尔森，诺德豪斯，1992．经济学：第12版［M］．高鸿业，等译．北京：中国发展出版社．

森，2002．以自由看待发展［M］．任赜，于真，译．北京：中国人民大学出版社．

沈坤荣，付文林，2005．中国的财政分权制度与地区经济增长［J］．管理世界（1）：31-39．

沈坤荣，付文林，2006．税收竞争、地区博弈及其增长绩效［J］．经济研究，41（6）：16-26．

盛洪，张宇燕，1998．从计划经济到市场经济［M］．北京：中国财政经济出版社．

斯蒂格利茨，1998．政府为什么干预经济：政府在市场经济中的角色［M］．郑秉义，译．北京：中国物资出版社．

斯蒂格利茨，2005．公共部门经济学：第3版［M］．郭庆旺，杨志勇，刘晓路，等译．北京：中国人民大学出版社．

斯密德,2004. 制度与行为经济学[M]. 刘璨,吴水荣,译. 北京:中国人民大学出版社.

孙元元,张建清,2015. 中国制造业省际间资源配置效率演化:二元边际的视角[J]. 经济研究,50(10):89-103.

王焕祥,2015. 新常态下政府有为与市场有效的协同演进[J]. 开放导报(2):18-22.

王珺,2004. 增长取向的适应性调整:对地方政府行为演变的一种理论解释[J]. 管理世界(8):53-60.

王世磊,张军,2008. 中国地方官员为什么要改善基础设施:一个关于官员激励机制的模型[J]. 经济学(季刊)(2):383-398.

沃尔夫,1994. 市场或政府:权衡两种不完善的选择/兰德公司的一项研究[M]. 谢旭,译. 北京:中国发展出版社.

吴先华,郭际,李有平,等,2011. 基于面板数据的世界主要国家全要素生产率的计算[J]. 数学的实践与认识,41(13):10-28.

夏天,2010. 创新驱动过程的阶段特征及其对创新型城市建设的启示[J]. 科学学与科学技术管理,31(2):124-129.

谢晓波,2006. 地方政府竞争与区域经济协调发展[D]. 杭州:浙江大学.

熊彼特,1990. 经济发展理论:对于利润、资本、信贷、利息和经济周期的考察[M]. 何畏,易家详,等译. 北京:商务印书馆.

杨瑞龙,1998. 我国制度变迁方式转换的三阶段论:兼论地方政府的制度创新行为[J]. 经济研究(1):5-12.

杨瑞龙,杨其静,2000. 阶梯式的渐进制度变迁模型:再论地方政府在我国制度变迁中的作用[J]. 经济研究(3):24-31.

姚洋,杨雷,2003. 制度供给失衡和中国财政分权的后果[J]. 战略与管理(3):27-33.

叶托,2012. 中国地方政府行为选择研究:基于制度逻辑的分析框架[D]. 杭州:浙江大学.

詹东新,倪李澜,2016. 基于公共物品理论的后发地区PPP模式实施路径[J]. 福建金融(5):27-32.

张恒龙,陈宪,2007. 政府间转移支付对地方财政努力与财政均等的影响[J]. 经济科学(1):15-23.

张军，高远，傅勇，等，2007. 中国为什么拥有了良好的基础设施？[J]. 经济研究，42（3）：4-19.

张军，施少华，2003. 中国经济全要素生产率变动：1952—1998 [J]. 世界经济文汇（2）：17-24.

张军，周黎安，2007. 为增长而竞争：中国增长的政治经济学 [M]. 上海：上海人民出版社.

张军. 中国经济发展：为增长而竞争 [J]. 世界经济文汇，2005（C1）：101-105.

张清勇，2006. 中国地方政府竞争与工业用地出让价格 [J]. 制度经济学研究（2）：184-199.

张维迎，栗树和，1998. 地区间竞争与中国国有企业的民营化 [J]. 经济研究，33（12）：13-22.

张维迎，马捷，1999. 恶性竞争的产权基础 [J]. 经济研究，34（6）：11-20.

张五常，2017. 中国的经济制度 [M]. 2版. 北京：中信出版社.

张显未，2010. 制度变迁中的政府行为理论研究综述 [J]. 深圳大学学报（人文社会科学版），27（3）：76-81.

周黎安，2004. 晋升博弈中政府官员的激励与合作：兼论我国地方保护主义和重复建设问题长期存在的原因 [J]. 经济研究，39（6）：33-40.

周黎安，2007. 中国地方官员的晋升锦标赛模式研究 [J]. 经济研究，42（7）：36-50.

周其仁，2017. 中国做对了什么 [M]. 北京：中国计划出版社.

周天勇，2001. 新发展经济学 [M]. 北京：经济科学出版社.

周业安，2003. 地方政府竞争与经济增长 [J]. 中国人民大学学报，17（1）：97-103.

周业安，章泉，2008. 市场化、财政分权和中国经济增长 [J]. 中国人民大学学报（1）：34-42.

周业安，赵晓男，2002. 地方政府竞争模式研究：构建地方政府间良性竞争秩序的理论和政策分析 [J]. 管理世界（12）：52-61.

朱进，2008. 财政预算的"公地悲剧"：财政支出规模增长的一种解释 [J]. 当代财经（3）：24-29.

朱卫平，陈林，2011. 产业升级的内涵与模式研究：以广东产业升级为例 [J]. 经济学家（2）：60-66.

卓越，杨道田，2007. 基于战略的公共部门绩效评估模式构建［J］. 天津行政学院学报（4）：45-49.

邹东涛，席涛，2002. 制度变迁中个人、企业和政府行为主体的经济分析［J］. 北京大学学报（哲学社会科学版）（2）：5-15.

ACEMOGLU D，2010. Institutions，factor prices，and taxation：virtues of strong states?［J］. The American economic review，100（2）：115-119.

ACEMOGLU D，GOLOSOV M，TSYVINSKI A，2008. Markets versus governments［J］. Journal of monetary economics，55（1）：159-189.

BAI C E，DU Y J，TAO Z G，et al.，2004. Local protectionism and regional specialization：evidence from China's industries［J］. Journal of International economics，63（2）：397-418.

BUCOVETSKY S，2005. Public input competition［J］. Journal of public economics，89（9-10）：1763-1787.

CHEN B K，YAO Y，2011. The cursed virtue：government infrastructural investment and household consumption in Chinese provinces［J］. Oxford bulletin of economics and statistics，73（6）：856-877.

COASE R H，2013. The problem of social cost［J］. The journal of law and economics，56（4）：837-877.

FAMA E F，1970. Efficient capital markets：a review of theory and empirical work［J］. The journal of finance，25（2）：383-417.

FENGE R，EHRLICH V M，WREDE M，2009. Public input competition and agglomeration［J］. Regional science and urban economics，39（5）：621-631.

KRUGMAN P，1995. Development，geography，and economic theory［M］. Cambridge：The MIT Press.

LEWIS W A，1954. Economic development with unlimited supplies of labour［J］. The manchester school，22（2）：139-191.

SEGERSTROM P S，2000. The long-run growth effects of R&D subsidies［J］. Journal of economic growth，5（3）：277-305.

SONG Z，STORESLETTEN K，ZILIBOTTI F，2011. Growing like China［J］. American economic review，101（1）：196-233.

WILSON J D, GORDON R H, 2003. Expenditure competition [J]. Journal of public economic theory, 5 (2): 399-418.

WILSON J D, WILDASIN D E, 2004. Capital tax competition: bane or boon [J]. Journal of public economics, 88 (6): 1065-1091.

后记

中观经济学的几点共识与理论创新

微观经济学的历史渊源可追溯到斯密的《国富论》和马歇尔的《经济学原理》。20世纪30年代以后，英国的罗宾逊和美国的张伯伦在马歇尔均衡价格理论的基础上，提出了厂商均衡理论，标志着微观经济学体系的最终确立。微观经济学主要包括：均衡价格理论、消费经济学、生产力经济学、厂商均衡理论和福利经济学等。

微观经济学的发展，迄今为止大体上经历了四个阶段：第一阶段，17世纪中期到19世纪中期，是早期微观经济学阶段，或者说是微观经济学的萌芽阶段；第二阶段，19世纪晚期到20世纪初期，是新古典经济学阶段，也是微观经济学的奠基阶段；第三阶段，20世纪30年代至60年代，是微观经济学的完成阶段；第四阶段，20世纪60年代至今，是微观经济学进一步发展、扩充和演变的阶段。

微观经济学的产生和发展历程，完全遵循了生产关系必须适应生产力，上层建筑必须适应经济基础这一社会历史发展的基本规律。

15世纪末、16世纪初的地理大发现，表明了商品生产发展对开拓世界市场的需要，同时，也预告了资本主义新时代的到来。从16世纪中期到18世纪末期，以分工协作为基础的工场手工业作为资本主义生产的特殊形式，在欧洲居于统治地位。

随着18世纪中期工业革命在英国的爆发和兴起，机器代替了手工劳动，大规模工厂化生产取代了个体工场手工生产，资本主义生产完成了从工场手工业向机器大工业的过渡，实现了从传统农业社会转向现代工业社会的重要变革，社会生产力得到了极大的解放和提高，限制经济贸易自由的重商主义政策已经不适应新的社会经济发展实践。在这种背景下，重商主义被自由主义经济理论取代，斯密正式登上了历史舞台。他强调从生产领域来研究财富增长，主张自由放任，这就是西方经济学史上的第一次重大变革。西方人把这次变革称为"古典革命"。通过这场革命，学者们建立了第一个西方经济学的理论体系，即古典经济学。以斯密1776年出版的《国富论》为标志，微观经济学开始建立。

当然，也可以看到，在这一时期，技术的进步和生产方式的改变极大地提升了生产力，世界市场的开辟也大大地增加了市场容量，而生产过剩的矛盾还不突出。因此，当时经济学理论的主要研究对象是单个经济单位，如家庭、厂商等，要解决的是资源配置问题，即生产什么、如何生产和为谁生产的问题，以实现个体效益的最大化。在生产力空前提高、社会经济快速发展的自由资本主义时期，生产关系是适应生产力发展的，还未体现出二者的对立和矛盾之处。在这种背景下，产生以市场出清、完全理性、充分信息为基本假设的，认为"看不见的手"能自动调节实现资源配置最优化生产的微观经济学基本理论，也是理所当然的。

"宏观经济学"一词，最早由挪威经济学家弗里希在1933年提出。经济学中对宏观经济现象的研究与考察，可以上溯到古典学派。法国重农学派创始人魁奈的《经济表》，就是初次分析资本主义生产总过程的经济学文献。

然而，在古典经济学家和后来的许多庸俗经济学家的著作中，并未对宏观经济现象和微观经济现象的分析加以区分。特别是自所谓的"边际主义革命"以来，经济学家大多抹杀经济危机的可能性，无视国民经济总过程中的矛盾与冲突，只注重微观经济分析，而宏观经济分析在一般经济学著作中几乎被淹没了。

随着传统古典经济学在20世纪30年代经济危机袭击下的败落，以及凯恩斯的《就业、利息和货币通论》一书的出版，宏观经济分析才在凯恩斯的收入和就业理论的基础上，逐渐发展成为当代经济学中的一个独立的理论体系。《就业、利息和货币通论》出版以后，许多西方经济学家放弃了传统观点，追随凯恩斯，对凯恩斯的有效需求原理进行注释、补充和发展，形成了一套完整的宏观经济理论体系。在《就业、利息和货币通论》基础上形成和发展起来的凯恩斯主义，对第一次世界大战后的资本主义国家产生过很大的影响。因此，有些西方经济学家把战后二十年左右的时间，称为"凯恩斯时代"。

经济学研究的是由生产力决定的、与生产力相适应的生产关系，因此经济学的产生和发展与生产力和生产关系的发展息息相关。

在斯密所处的时代，虽然工业革命带来了生产力的解放，社会发展迅速，经济增长快，但那个时期的经济总量仍然较为有限。此外，那一时期社会的产业结构也较为简单，主要是初级的工商业和国际贸易，国家财政收入相对有限，国家经济主要交由私人部门完成，国家承担的更多是"守夜人"的职能，即只承担军事、外交、行政、安全等必要的公共事务。在这种生产力和生产关系的背景下，经济学需要更多研究的是如何通过资源配置，解决生产什么、如何生产和为谁生产的问题，以实现个体效益的最大化，这就是微观经济学产生的哲学基础。

而在凯恩斯所处的时代，世界经济有了飞速的发展，更为重要的是，此时的经济结构也发生了重大变化，经济主体更加多元化，出现了很多大型跨国企业以及卡特尔、托拉斯等垄断组织形式。同时，由于科学技术进步，生产力进一步发展，生产出现大量过剩，世界经济面临着重大危机。经济学家们认识到，市场不是万能的，市场也有失灵的时候。自由竞争的市场经济会出现垄断，进而影响市场效率的实现，并造成经济周期的巨大震荡；会导致财富和收入分配的严重不均衡，带来社会矛盾的尖锐冲突。在这种新的生产力和生产关系的背景下，经济学最需要研究的一个中心问题是：国民收入的水平是如何决定的？

因此，产生了现代宏观经济学，把资源配置作为既定的前提，研究社会范围内的资源利用问题，以实现社会福利的最大化。宏观经济学研究作为整体的经济，诸如通货膨胀、失业和经济增长这样一些问题，解释为什么经济会经历衰退和失业不断增加的时期，以及为什么在长期内有些经济体比其他经济体增长得更快。宏观经济学强调市场机制是不完善的，政府有能力调节经济，通过"看得见的手"纠正市场机制的缺陷。

在同一时期，面对市场失灵，还产生了另外一种经济理论体系，即社会主义计划经济理论。在西方资本主义世界面临经济危机的同时，处于东方社会主义阵营的苏联却呈现出一片繁荣的景象。苏联实行计划经济体制，将社会经济资源统筹调配和管理，并在1928年实施了第一个五年建设计划，迅速完成了工业化，从农业国一跃转变为工业国，经济快速增长，社会稳定、欣欣向荣。应该说，当时的社会主义计划经济理论也是在较为落后的半封建生产关系的背景下产生的，在一定的时期内体现了新生产关系和上层建筑的优越性，促进了生产力的发展。但是随着生产力的进一步发展，这种否定市场的经济理论体系又阻碍了生产力的进一步发展，从而引起了社会体制的变化，这也体现了"生产关系必须适应生产力的发展"这一理论的普遍性。

20世纪70年代以后，资本主义世界出现了大量失业与剧烈通货膨胀并存的"滞胀"现象，这一现象标志着凯恩斯主义的失灵。于是，在当时的西方经济学界形成了众多经济思潮和流派纷争的局面。

从某种意义上讲，凯恩斯主义的失灵表明这种经济理论已不再适应当前的生产关系。只依靠微观经济学和宏观经济学已经不能解释复杂的现实经济世界，需要产生新的上层建筑，来适应新的生产关系。

与凯恩斯主义产生的时期相比，当今的世界经济格局已经悄然发生了巨大的变化。

一是经济总量日益庞大,单独依靠简单的宏观和微观管理,已经很难及时有效地对庞大的经济体进行调节。

二是城市化水平快速提高,城市在国民经济中的作用大幅提高。

三是经济结构转型,产业结构深度调整。过去一百多年,世界经济出现过几次大的产业结构调整,主要特点是:①在科技进步的推动下,一批高新技术产业脱颖而出,它们以信息产业为龙头,以生物工程、新材料、新能源等为后续,不仅产值大幅增长,就业也呈上升趋势,在国民经济中所占比重不断上升;②资本密集、技术密集的传统制造业正在运用信息技术实现产业升级,产值继续增长,但速度较慢,就业呈下降趋势,在国民经济中所占比重逐渐降低;③在以劳动密集为特征的制造业中,有一些行业生产萎缩,另一些行业则正运用高新技术进行脱胎换骨的改造,技术水平和竞争力大幅度提高,但整体而言,这些产业在全球化浪潮中正在进行由发达国家向发展中国家的生产转移;④新兴服务业和传统服务业蓬勃发展,在国民经济中所占比重持续上升。当前,又面临着新一轮产业结构大调整。

四是经济全球化。20世纪90年代以来,以信息技术革命为中心的高新技术产业迅猛发展,不仅冲破了国界,还缩小了各国和各区域的距离,使世界经济越来越融为一体。但经济全球化是一把"双刃剑"。它推动了全球生产力的大发展,加速了世界经济增长,为少数发展中国家追赶发达国家提供了一个难得的历史机遇。与此同时,它也加剧了国际竞争,增加了国际投机,增大了国际风险。目前,经济全球化已显示出强大的生命力,并对世界各国的经济、政治、军事、社会、文化,甚至思维方式等方面,都造成了巨大的冲击。

除上述特点外,不同国家在不同的发展阶段还存在很多不同的经济特征,比如中国的二元经济结构、东中西部的经济发展差异等。近些年来,国际上很多著名经济学家,如斯蒂格利茨,高度关注中国,很多诺贝尔经济学家都是中国的常客。中国的经济学家们更是在借鉴和吸收西方经济理论的基础上,对中国经济现象进行了研究,分析和解释中国经济为什么能够成功的文章如雨后春笋般地涌现。

在研究中国经济的过程中,许多经济学家发现,中国经济改革已难以用主流经济学的原理进行解释。回顾历史,可以看到,当时很多西方主流经济学家,甚至是大师级的经济学家,都对中国经济转轨做出了错误的判断和预测。这些著名经济学家对中国改革开放过程中的许多现象屡屡做出不正确的判断,主要是因为现有的经济学理论体系存在缺陷。

任何经济现象如果不能用现有的理论来解释，并不代表它不能用理论来解释。理论的创新总是来自一些新的不能被现有理论解释的现象，而中国经济就充满难以用现有理论解释的新现象。相比国外的经济学家而言，中国的经济学家更加了解中国的经济改革，具有近水楼台先得月的先天优势。中国改革开放成功的经济实践对中国的经济学家来讲，是一个推进理论创新的千载难逢的机会。如果能做到这一点，随着中国经济的发展、中国在世界上地位的提升，很有可能未来世界上绝大多数著名的经济学家也会出现在中国。

在宏观经济学和微观经济学不再适应新的生产力和生产关系的发展时，必然会有一个新的理论体系来替代或者完善这一旧的理论体系，从而适应和促进新的生产力发展。基于政府超前引领理论提出的中观经济学，既是一种偶然，也是历史的必然。中观经济学极大地完善和弥补了当代的经济学理论体系，与宏观经济学和微观经济学一起构成了新的经济学上层建筑，可以更好地促进和服务于生产关系，从而促进生产力的发展。宏观经济、中观经济、微观经济的主体及其主要行为轨迹构成了现代市场经济体系（图A-1）。

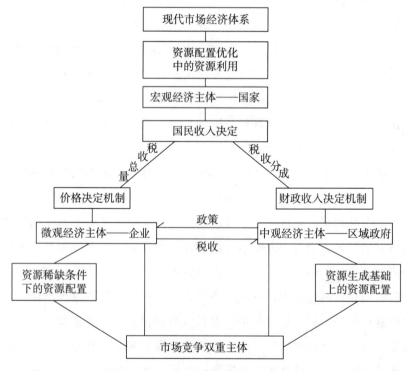

图 A-1 宏观经济、中观经济、微观经济的主体及其主要行为轨迹

中观经济学的创立是对现代经济学理论体系的创新与突破,至少可从以下六个方面的比较中体现其重大理论意义与实践价值。

1. 资源稀缺与资源生成

1776年,斯密发表了著作《国富论》,成为古典经济学和市场价值理论的开山鼻祖。《国富论》所蕴含的基本思想和分析方法影响十分深远,后世几代经济学大师在其基础上大胆创新,提出了一系列新的范畴与概念,推动经济学研究迈上了一个新的台阶。尤其是马歇尔,他的著作《经济学原理》被认为是新古典经济学派的开山之作。

他们理论的共同之处是,都从资源稀缺这个基本的概念出发,认为所有个体的行为准则是利用有限的资源获取最大的收获,并由此来考察个体取得最大收获的条件。正如1970年诺贝尔经济学奖获得者萨缪尔森所说,经济学研究的是一个社会如何利用稀缺的资源生产有价值的商品,并将它们在个体之间进行分配。在此基础上,加上理性人(经济活动的利己性)、完全信息等假设继续往下分析,便构成了微观经济学的主线。

1936年,凯恩斯发表著作《就业、利息和货币通论》,旗帜鲜明地指出,不可能借助市场力量的自动调节功能实现充分就业的均衡状态。凯恩斯主义无法在传统的经济学研究框架中表述,因此这些观点被纳入宏观经济学的范畴,而研究个体经济行为的传统经济学则相对应地被称为微观经济学。

宏观经济学拓展了看待资源稀缺的视角。个人和单个厂商在资源稀缺假设下会形成各自的供给和需求,在技术和自然资源有限的情况下,这个道理对一个地区或一个国家也是成立的,国家会形成总需求和总供给,并达到一个均衡状态,形成一定的收入水平。但是这个均衡的状态往往无法令人满意,周期性的高失业和低增长困扰着各个国家的管理者。同时,人们看到这种状态主要是由总需求的萎缩造成的,面对需求不足,一个很自然的想法就是创造需求。但是需求该如何去创造,又由谁去创造呢?凯恩斯给出了答案——政府,即由政府这个本是超然于市场之外的主体,通过增加支出等一系列手段提升总需求,从而使得市场更加良好地运转。

后来的学者根据凯恩斯的经济思想,总结出从需求侧拉动经济增长的"三驾马车",即投资、消费和出口,认为政府可以从"三驾马车"入手对国家或区域经济发展进行干预和调节。然而,凯恩斯的想法和实践并没有打破微观经济学关于资源稀缺的假设,更多的是从实用主义的角度说明,稀缺资源的供给是可以增加的,对于市场来说是外生条件的稀缺资源,可以由政府来拓展其边界,"生成"更多的资源,从而使得市场更加良好地发展。

对此，中观经济学创造性地提出资源生成的概念。资源生成或生成性资源不是计划设定的产物，而是原已存在或随着时代进程客观需要存在，由静态进入动态、由非生产性进入生产性，并在其中形成经济效应的产物。资源稀缺是经济学研究的起点，中观经济学也不例外，但中观经济学并不仅是在资源稀缺的假定下搭建理论框架，而是研究区域政府如何利用所掌握的稀缺资源创造性地在政府投资下形成一种新型的、可供市场配置的资源，即兼顾资源稀缺和资源生成两方面。

因此，在中观经济学的理论框架下，资源生成与资源稀缺是资源配置中不可分割的两个方面：资源稀缺表现在存量，资源生成表现在增量；市场作用表现在二级市场，政府作用表现在一级市场；市场行为侧重在需求侧，政府行为侧重在供给侧。与此同时，中观经济学的研究认为，区域政府对于资源生成领域的开发建设，会在供给侧形成推动市场经济发展的新的"三驾马车"，即要素供给、环境供给和市场供给。区域政府供给侧"三驾马车"理论是对传统经济学理论中"政府主要在需求侧干预经济"这一认识的重要突破。

存量资源的稀缺主要是针对市场主体而言的，在典型的市场主体——企业的视角下，其可获取的资源即产业经济资源是有限的，因此必须在资源稀缺的约束下做出经营决策，以获得最大的经济利益。而对于整个区域经济而言，尤其是在区域所有主体的代理人——区域政府的视角下，区域内的资源是可以生成的，可以通过一定的手段将其他资源转化为产业经济资源，从而使得资源的边界扩大，使区域经济获得一部分增量资源。如果将区域经济发展理解为市场主体对区域内资源的不断开发、利用的过程，那么资源生成对于经济发展无疑有着"加速器"的作用。经济的增长速度一方面表现为市场主体对区域资源开发程度和利用效率的提升，另一方面表现为区域内可开发利用资源的增加。

2. 市场边界政府行为（外生变量）与市场主体政府行为（内生变量）

对于市场经济中政府的角色定位，斯密在《国富论》中进行了开拓性的论述。斯密认为市场机制如同一只"看不见的手"指引着经济资源往高效领域去配置，而政府只需充当"守夜人"的角色去提供公共物品。延承着这种"守夜人"式政府理论，从李嘉图、萨伊到穆勒等古典经济学家，均将政府定位为一种顺势而为、发挥补充性作用的角色。1929年全球性"大萧条"的到来，暴露出自由主义市场调节机制的严重不足，政府干预市场经济成为迫不得已的现实需要。随后，凯恩斯在《就业、利息和货币通论》中从需求管理的视角提出国家干预的思想，认为政府应刺激有效需求，以推动资源的高效利用。由此，经济学界对于政府的角色定位有了新的理解，认为政府在市场经济中需要根据具体形势和现实情境进行经济调节，包括逆周期调节。不过，对于政府所进行的经济调节，以凯恩斯为代表的国家干预主义实际上仍然只是将其界定为一种辅助性、补充性的机制。这些理论基本上都将政府的经济行为界定在市场的边缘，将政府的经济活动视为市场经济的外生变量。

对此，中观经济学突破性地将政府的经济活动视为市场经济建设的内生变量。在此基础上，结合对中国改革开放成功的实践经验总结，中观经济学创造性地提出了政府超前引领理论。

政府超前引领理论使得在以"企业"为代表的微观经济和以"国家"为代表的宏观经济之间，多了一个以"区域"为代表的中观经济，这不仅从理论上回答了中国经济发展创造奇迹的原因，也丰富和完善了经济学体系。如果说市场经济理论奠定了微观经济学的基础，凯恩斯主义使经济学划分为微观经济学和宏观经济学，政府超前引领理论则使经济学又划分成宏观经济学、中观经济学和微观经济学。它不仅可以填补经济学理论体系的研究空白，指导经济体制改革的重要方向，还可以通过将区域经济和区域政府纳入经济理论体系中，创造出多层次的市场，增强国民经济的稳定性。

3. 企业单一主体与市场双重主体

从微观经济学理论来看，企业竞争是市场经济的作用表现。也就是说，企业竞争来源于市场经济。市场经济主要有三大运行机制：价格决定机制、供求机制和竞争机制。市场机制可以实现资源的有效配置。而企业竞争实际上体现了市场机制在经济中的作用：企业通过价格决定机制获得市场信息，通过竞争机制实现优胜劣汰，通过供求机制决定市场的最优资源配置。此外，企业竞争是在市场规则下进行的。虽然不同类型的企业，最终诉求有所差异，但是在市场规则下，企业寻求自身利益的最大化是其最为重要的问题。因此，按照微观经济学的观点，现代市场经济的主体只有一个，即企业。

中观经济学打破传统经济学关于市场单一主体的认识，创造性地提出市场经济双重主体论，即在现代市场经济中，存在着两大竞争主体，一个是企业，另一个是区域政府。竞争机制在区域政府之间与企业之间始终存在，区域政府之间的竞争和企业之间的竞争是区域经济发展的双重驱动力。区域政府和企业都以利益最大化为最初目标，在此目标下调配资源，并且区域政府之间的竞争和企业之间的竞争都是在尊重市场规则的前提下展开的。

市场经济双重主体竞争关系主要概括为以下三点。

第一，企业竞争主要体现在产业经济领域，区域政府竞争主要体现在城市经济领域。

第二，企业竞争的核心是在资源稀缺条件下的资源优化配置问题，区域政府竞争的核心是在资源生成基础上的资源优化配置问题。

第三，企业竞争的结果与区域政府竞争的结果相似，都会出现"二八定律"现象，即世界各国区域经济的发展在企业竞争和区域政府竞争的双轮动力驱动下，正逐渐出现先行发达国家或先行发展区域的产业集群、城市集群和民生福利越来越集中的现象。

4. 经济增长的二元结构与三元结构

经济增长问题一直以来都是经济学家不懈探讨的核心问题之一，例如，相对遥远的以斯密、马尔萨斯和李嘉图等为主要代表的古典经济学派，随后的以马歇尔为代表的新古典经济学派，以罗默和卢卡斯等人为代表的新经济增长理论学派，以及以诺思为代表的制度经济学派。这些经济学家对经济增长理论的探讨，为全球经济发展作出了卓越贡献。但另一方面，他们的视野仍主要局限在产业经济领域，认为推动经济增长的主体只有企业，经济增长的动力只是与此相关的内生性增长机制。虽然2001年获得诺贝尔经济学奖的斯蒂格利茨教授认为，获得持续增长和长期效率的最佳方法是找到政府与市场之间的适当平衡，使得世界经济回到一个更加公平、稳定的增长进程中，但他仍对这种政府与市场之间的平衡界限描述不清，对于政府的行为模式更没有做进一步的研究。

与此同时，关于经济学的研究，从凯恩斯开始就分为了微观经济学和宏观经济学。但是，面对这些总量越来越大、结构越来越复杂、变化越来越快的经济关系，传统的宏观经济学和微观经济学的二元理论体系已经显得力不从心，既不能很好地回答为何西方国家会同时存在政府失灵和市场失灵，也不能解释中国过去改革开放所创造的经济奇迹。在对经济全球化下中国经济增长的研究中，我们发现区域政府在各国区域经济发展中具有至关重要的作用，由此产生了中观经济学。

中观经济学这一全新经济学分支的创立，在一定程度上完善和弥补了现代经济学理论体系，与宏观经济学和微观经济学一起构成了现代经济学的三元分析框架。由此，对于经济增长的考察，也突破了以往的二元结构视角——国家和企业，形成了全新的三元结构视角——国家、区域和企业。在现代市场经济体系中，宏观（国家）、中观（区域）、微观（企业）三者之间存在着关联效应。宏观经济学的研究焦点是国民收入决定机制，微观经济学的研究焦点是价格决定机制，而价格决定机制背后反映的是企业的利润。中观经济学的研究焦点是财政收入决定机制，而从中国的经济实践来看，财政收入决定机制主要依托于中央与地方的税收分成。因此，国家、区域、企业三者之间的关联效应可以概括为：国家·国民收入——区域·税收分成——企业·税收总量（税种、税率）。

5. 有为政府与有效市场

世界上存在完全的市场经济吗？市场和政府的边界在哪里？政府在市场经济中应该扮演什么样的角色？这是经济学一直试图解决的问题。纵观各国的经济发展史，尤其是近百年的风云变幻，政府在经济发展和科技创新中不仅扮演着"守夜人"的角色，还发挥着重要的调控和引领作用。在中国改革开放的经济实践中，中国的经济体制经历了从计划经济向市场经济的过渡转型，走出了一条中国特色的发展道路。经济发展的道路向来就不是一帆风顺的，经济发展的制度也不是一成不变的，更没有普适的模板。中国的经济建设是在"摸着石头过河"的过程中，不断地进行尝试、总结、突破的，地方政府更是"以经济建设为中心"，投身到市场经济建设中，在基础设施建设、城市资源经营等方面发挥着市场经济主体的作用，直接参与到了区域市场竞争之中。

在以区域生产总值为目标的经济建设中，有为政府行为是一种阶段性现象，还是一种长期需要坚持的行为，我们是不是应以区域生产总值作为经济发展的目标，这些问题仍然需要深入的研究。然而，不可否认的是，强式有为政府与强式有效市场的结合确实是经济发展和经济赶超重要的推动力量。无论是在西方发达国家崛起中，还是在发展中国家的赶超中，一个具有超前引领作用的强式有为政府是必不可少的条件。然而，哪些需要交给市场，哪些应该由政府负责，即政府和市场的边界是什么，至今仍没有定论。自宏观经济学创立以来，应对市场失灵、提供公共物品、稳定经济波动，似乎已经成为强式有为政府不可推卸的责任。但是对于政府与市场关系的探讨，学界却往往忽略了区域的维度。

中观经济学突破性地将区域维度纳入政府与市场关系的分析框架之中，创造性地提出区域政府双重属性理论和区域政府竞争理论。按照传统的西方经济学，无论是国家政府还是区域政府，其主要职责都是维护市场秩序，只有在市场失灵的情况下，政府才会进行调控，政府行为在一定程度上是消极被动的。但是中国改革开放的经济实践却表明，在现代市场经济中，政府这个角色具有一定的复合性：当政府作为一个"准宏观"角色面对自己管理的辖区时，主要从事的是类似国家宏观调控的行为，维护市场经济秩序，这与西方经济学理论所阐述的相同；当政府作为一个

"准微观"角色面对其他区域政府时,各区域为了吸引、争夺更多的地方经济发展所需的经济资源要素(人才、资本和技术等),相互间就会转化为竞争者身份,积极主动地参与到更大范围的市场竞争中来,从而最优化配置其区域资源,不断提升其区域经济效率和收益,这是对传统经济学理论的突破。

1970年法马根据投资者可获取信息的种类,第一次在证券市场中提出有效市场的概念,并将其划分为弱式有效市场、半强式有效市场和强式有效市场三类。与证券市场相比,现代市场经济从纵向来看至少包含市场要素体系、市场组织体系、市场法治体系、市场监管体系、市场环境体系及市场基础设施六大子体系。因此,借鉴法马的划分思路,中观经济学针对市场体系的成熟程度和完善程度的不同,将现代市场划分为弱式有效市场、半强式有效市场、强式有效市场,用于界定不同市场类型,为后续完善市场功能、促进经济发展提供重要的依据。与此同时,中观经济学创造性地将有为政府划分为弱式有为政府、半强式有为政府和强式有为政府这三种类型。按照中观经济学的观点,成熟的市场经济一定是强式有为政府和强式有效市场相结合的经济,它既是现代市场经济主体探寻和开拓资源生成领域的客观要求,也是世界各国经济迈向科学、可持续发展的必由之路。

6. 需求侧的贸易引擎与供给侧的投资、创新、规则新引擎

自2008年金融危机以后,逆全球化趋势愈演愈烈,各国本土保护主义抬头,全球各个国家出口贸易总和占全球生产总值的比重不断降低,贸易对于全球经济增长的促进作用已经在逐步减弱。在这种情况下,有的学者还建议中国或世界继续重新启动贸易引擎,已经不合时宜。而且对外贸易涉及的不可控因素太多,被动性强,例如美国对中国发动的贸易战。因此,要为经济可持续发展提供动力,除了启动需求侧的贸易引擎,更需要从供给侧启动新的引擎。

基础设施是连接企业、社区、国民,推动经济发展、提高生活质量、保障国民健康和安全的基础,基础设施的状况会对企业生产效率、国内生产总值、就业、个人收入、国际竞争力等造成连锁反应。所以,中国在很长一段时间内不断加大基础设施投资,通过基础设施投资带动产业投资和国民消费的提升,进而带动经济的增长。中观经济学的研究认为,以推进基础设施为主体的投资新引擎、创新新引擎和规则新引擎将是从供给侧引领世界经济发展的全新引擎。

随着区域经济进入投资驱动阶段,区域政府需要推进以基础设施开发建设为主体的投资新引擎。通过推进新型城镇建设中的城乡一体化,将城市基础设施概念向全区域基础设施概念延伸,并全力推动新基建在智能城市的开发建设中的使用,实

现城市基础设施建设的新内容和新内涵。在区域进入经济发展更高阶段时，须破除区域隔阻，消除阻碍生产要素自由流动的行政壁垒和体制机制障碍，全力推进诸如都市圈和城市群等经济形式的建设，在更高水平上整合和优化各类资源，提升产业资源和城市资源的配置效率。

区域经过投资驱动阶段的发展之后，城乡一体化和区域智能管理已经形成，同时，城市群框架体系初现，区域经济规模效应显现。然而，城市的治理效能也急需提升，在此情况下，区域政府需要进行理念创新、技术创新、组织创新和制度创新，不断革新能源生产方式、逐步发展既有节能效果又符合低碳转型发展方向的用能新技术，处理好在此阶段所产生的逆生性资源问题，通过对逆生性资源的不断调控与遏制，生成新的经济增长领域，构建区域经济的创新新引擎。

通过在创新驱动阶段对逆生性资源的调控和遏制，以理念创新、技术创新、组织创新和制度创新构成创新发展新体系。集约型、碳中和、数字经济成为创新驱动阶段的主旋律，科技创新带动全面创新与经济社会深度融合，从而形成一国经济发展新的增长极。在全球，由于不同的经济体在地域、文化、经济、政治、意识形态等方面存在差异，要实现经济体之间的相互交流与合作，必须要有相互交流的规则和标准，只有建立起这些规则和标准，相互之间的交流和合作才能更加深入，好的经济发展经验才可以为全球所共享，从而在更高的水平上整合和优化相互之间的资源，进而提高国家相互之间资源配置的效率。

在经过全球规则驱动发展阶段之后，思想性公共物品、物质性公共物品、组织性公共物品和制度性公共物品已经形成，区域发展逐渐由以竞争为主导向竞争与合作、合作共赢发展，全球经济效率达到一个极高的水平。与此同时，全球基础设施互为一体，新型基础设施将全球演变成一个大家庭，全球形成共识，共建美好家园，从而实现人类与自然的和谐共生，形成更高水平的全球经济治理体系——人类命运共同体。